Eva Marquez

Heilungscode der Plejader

Lemurien, Atlantis
und die Befreiung der
Seelenenergie

Vorwort von Pavlina Klemm

*Aus dem Amerikanischen
von Marion Zerbst*

AMRA

Besuchen Sie unseren Shop:
www.AmraVerlag.de

Ihre 80-Minuten-Gratis-CD erwartet Sie.
Unser Geschenk an Sie … einfach anfordern!

Titel des amerikanischen Manuskripts:
Pleiadian Code. The Great Soul Rescue

Eine Welterstausgabe im AMRA Verlag
Auf der Reitbahn 8, D-63452 Hanau
Hotline: + 49 (0) 61 81 – 18 93 92
Service: Info@AmraVerlag.de

Herausgeber & Lektor	Michael Nagula
Einbandgestaltung	Guter Punkt
Layout & Satz	Birgit Letsch
Druck	CPI books GmbH

ISBN 978-3-95447-382-3 (Buch)
ISBN 978-3-95447-383-0 (eBook)
ISBN 978-3-95447-384-7 (Übungs-CD)

Außer der Plejaden-Trilogie liegt von der Autorin bei uns vor:
Seelenheilung und energetischer Schutz (Arbeitsbuch)
Seelenheilung und energetischer Schutz (Übungs-CD)
DNA-Aktivierung durch die kosmische Familie (Arbeitsbuch)
DNA-Aktivierung durch die Sprache des Lichts (Lichtcode-CD)
Kontaktaufnahme mit der kosmischen Familie (Übungs-CD)

Obwohl wir alle verschieden sind,
verfolgen wir dasselbe Ziel:
der Menschheit zu dienen.
Auch wenn wir vielleicht
verschiedene Sprachen sprechen,
kennen unsere Herzen
doch nur eine einzige Sprache:
die der bedingungslosen Liebe.

Dieses Buch widme ich allen Menschen,
die diese universale Sprache
der bedingungslosen Liebe sprechen.

Inhalt

Liebe Leserinnen und Leser,

es ist mir eine große Freude und Ehre, das Vorwort zu diesem wertvollen Buch zu schreiben.

Eva Marquez, die wie ich eine gebürtige Tschechin ist, hat in dieser Inkarnation auf der Erde eine gewaltige Aufgabe auf sich genommen – nämlich den Menschen das Wissen unserer kosmischen Freunde zu übermitteln. Ich schätze Eva sehr und möchte hiermit bekräftigen, dass ihre langjährigen Kontakte mit der Lichtwelt zu einem tiefen Wissen bei ihr geführt haben, das reichhaltig in dieses Buch eingeflossen ist. Die Informationen, die sie von der plejadischen Zivilisation erhalten hat und weiter erhält, sind enorm aufschlussreich. Und es ist die richtige Zeit, detaillierte und gezielte Informationen zu empfangen. Die menschliche Gemeinschaft ist bereit dafür – bereit, sie in die Tat umzusetzen.

Im vorliegenden Buch erhaltet ihr Antworten auf Fragen, die euch vielleicht schon lange auf dem Herzen liegen. Was ihr hier lesen werdet, ist atemberaubend. Unsere kosmischen Begleiter, die Plejader, haben eine gewaltige Mission auf sich genommen: die Menschheit durch *Wissen* zu befreien. Sie teilen dazu detailliert mit, wie sie das Herabkommen auf unseren Planeten erlebt und welche Erfahrungen sie dabei gesammelt haben. Sie beschreiben die Zeit von Lemurien und Atlantis aus ihrer schöpferischen Sicht, und ihr erfahrt, welche Höhen und Tiefen sie auf ihrem Weg erlebt haben.

Wenn ihr euch für die wahre und unverfälschte Geschichte der Menschheit interessiert, seid ihr hier an der richtigen Adresse. Doch am Wichtigsten ist: Die Plejader teilen uns in diesem Buch mit, welche alten Seelenverletzungen die Menschheit in sich trägt. Es sind vor allem drei, die uns heute noch zu schaffen machen: *die Zerstörung von Atlantis, der Tod Jesu Christi und die Prozesse, bei denen weise Frauen und Hexen den Tod fanden.* Aber die Plejader bieten auch Techniken an, die uns dabei helfen, die Traumata, die wir durch diese Verletzungen als menschliches Kollektiv noch immer tief in uns tragen, zu heilen – ein für alle Mal. Eine dieser Techniken ist das »Tor zu deiner Vergangenheit«.

Eva beschreibt außerdem persönliche Erlebnisse mit ihren Klienten. Sie zeigt an den Erinnerungen und Reinkarnationsgeschichten der Menschen, die zu ihr kamen, dass wir die Ereignisse von Atlantis immer noch in uns tragen. Und ebenso die Erinnerung an unsere Vergangenheit auf anderen Welten. Das vermittelt eine segensreiche Tiefe und befreit uns. Spürt hinein! Wir gewinnen dadurch die Erkenntnis, dass wir die Vergangenheit jederzeit verlassen und diese Traumata durch die Frequenz der Liebe heilen können.

Ja, Liebe. Wie die Plejader auch in meinen Büchern nicht müde werden zu betonen: *Liebe kann alles heilen.* Mit Worten der Liebe beginnt dieses Buch und Worte der Liebe schließen dieses Buch wieder ab. Jeder Bewohner des himmlischen Planeten Erde trägt Liebe in seinem Herzen. Möglicherweise hat der eine oder andere es nur vergessen.

Aber wir tragen nicht allein Liebe in uns. Wir tragen auch alle Informationen über unseren Ursprung in uns – jeder Bewohner der Erde. Informationen sind pures Wissen, und Wissen ist der Schlüssel zum Verständnis und zur Heilung der gesamten Situation unserer Zeit. Je mehr Menschen sich an dieses Wissen erinnern, etwa an das Wissen der weisen Frauen, desto schneller kann sich die Liebe auf unserem wunderschönen Planeten verbreiten.

Eva und die Plejader helfen uns mit diesem großartigen Buch. Sie bringen uns Heilung. Sie rufen Wissen in uns wach. Sie erinnern uns an unseren wahren Wert und an die Liebe in unserem Herzen, die uns Menschen und alle friedliebenden Wesen verbindet.

Ich wünsche euch, liebe Leserinnen und Leser, viel Freude beim Entdecken dieses Wissens, des Wissens um die Fakten wie auch um die Bedeutung der Liebe. Es wird euch auf dem Weg zur Heilung und zum Verständnis unterstützen. Dafür, dass ihr diesen Weg mit den Plejadern und Eva geht, danke ich euch schon jetzt.

Und ich danke dir, liebe Eva, für deine Ausdauer und dein Vertrauen in die Lichtwelt. Dein Vertrauen hat dieses Geschenk an die Leserinnen und Leser überhaupt erst möglich gemacht. Dieses Geschenk in Form eines Buches, das zweifellos ein grandioser Helfer für alle menschlichen Wesen ist, die den lichtvollen Weg der irdischen Inkarnation eingeschlagen haben: *den Weg des Lichts, der Liebe und des Verständnisses.*

Ich schätze Eva sehr, und wie sehr ich die Plejader schätze, brauche ich wohl nicht zu betonen. Je näher wir dem Goldenen Zeitalter kommen, desto klarer werden ihre Informationen. Wir erhalten von ihnen Ratschläge, die uns dabei helfen, unseren Weg zu gehen und gleichzeitig unsere Vergangenheit zu reinigen, die uns so lange belastet hat. Wir schreiten voran – hinein in eine wundervolle Zukunft …

In Licht und Liebe!

Eure Pavlina Klemm

Einleitung

»Liebe ist die Essenz deines Seins
und das Wundermittel, das dir bei deiner Heilung helfen wird.
Liebe ist das Tor zu deiner Reise zu den Sternen.«

Der *Heilungscode der Plejader* ist ein Werkzeug, mit dessen Hilfe Sternenkinder ihre persönliche Geschichte und die Geschichte der Welt durchgehen können, um zu tieferen Erkenntnissen zu gelangen. Er kann dir auf diesem Weg, auf dem du dich daran erinnern wirst, wer du in Wahrheit bist, als Orientierungshilfe dienen. Außerdem wirst du deinen inneren Kompass mithilfe dieses Codes leichter auf dein Ziel ausrichten können. Das ist der Beginn deiner Seelenheilungsreise. Der eigentliche Zweck des *Heilungscodes der Plejader* besteht darin, dir den Weg zurück ins Universum zu zeigen, sobald du bereit dafür bist.

Alles besteht aus Energie. Alles, was je existiert hat, besitzt eine energetische Prägung. Diese Energie kann man nicht zerstören, sondern nur bewegen oder – besser gesagt – verwandeln.

Alle Energieprägungen, die es je gegeben hat, werden aufgezeichnet, und man kann vom Geist des Universums aus darauf zugreifen. Diese Aufzeichnungen sind allen Menschen zugänglich, die nach dem Wissen suchen, um sich spirituell weiterzuentwickeln. Es ist ein Wissen, ebenso kostenlos wie die Luft, die du atmest. Einen Teil der Weisheit, die in dieser Akasha-Chronik liegt, findest du in diesem Buch wieder.

Während deiner irdischen Existenzen wirst du verschiedene Stufen und Formen von Angst erleben. Angst hat nämlich schon immer dazu gedient, dich unter Kontrolle zu halten und auf diese Weise dein Überleben zu sichern. Das einzige echte Gegenteil von Angst ist bedingungslose Liebe. Wenn dein Denken von Angst bestimmt wird, empfindest du die Vorstellung bedingungsloser Liebe als unnatürlich. Um diese Angst zu überwinden, muss man Liebe entdecken und sein Denken darauf programmieren.

Zurzeit könnt ihr Menschen nur zu diesem Zustand reiner Liebe finden, indem ihr euch von den negativen Emotionen befreit, die im untersten Bereich eures Unterbewusstseins eingeschlossen sind. Diese negativen Emotionen können zum Beispiel Verleugnung, Zorn, Eifersucht, Verzweiflung, Schuldzuweisungen, Hass oder ein schlechtes Gewissen sein. Um die Wahrheit zu erkennen, müsst ihr zunächst einmal eine Seelenreise durchmachen, das göttliche Wissen erkennen und euch diesem Wissen hingeben. Das öffnet euch die Tür zu einem Zustand bedingungsloser Liebe. Wenn man den Zustand der Angst überwinden muss, bevor man sich dem Zustand bedingungsloser Liebe hingibt, könnte man sagen, dass Liebe aus Angst geboren wird.

In diesem Buch werde ich den Ursprung aller Dinge/das Universum/den Schöpfer als *Gott* bezeichnen. Dieses Wort wurde in der Menschheitsgeschichte immer wieder missbraucht, und zwar häufig zu dem Zweck, uns in einem Zustand der Angst gefangen zu halten. Auf diese Weise konnten diejenigen, die euch fälschlicherweise einredeten, sie seien der höchste Gott, euch leicht unter Kontrolle halten. Doch schon allein das Wort Gott beinhaltet eine hohe, starke Frequenz; und diese Frequenz liegt auch in euch. Sie ist die Essenz eures Seins.

Gott (oder die Frequenz, die dieses Wort beinhaltet) liegt in allem, was existiert oder irgendwann einmal existieren wird. Gott wohnt sowohl der Dunkelheit als auch dem Licht inne und repräsentiert uns alle. Diese Energie hat die Plejader erschaffen, genau wie sie dich erschaffen hat.

Alles entsteht aus dieser Energie, die ich in diesem Buch als *Gott* bezeichne. Gott hat keine bestimmte Emotion, Form oder Farbe, keinen bestimmten Charakter oder Klang. GOTT IST EINFACH! Gott kann alles sein, was du dir darunter vorstellen möchtest. Gott ist du, und du bist Gott. Wir sind alle aus demselben Gott entsprungen, genau wie wir uns alle auf einer ähnlichen Reise zurück zu Gott befinden. Auf deiner Rückkehr ins Universum wirst du vielleicht Zwischenstation auf bestimmten Planeten wie beispielsweise denen der Plejaden machen; denn diese Planeten waren früher – vor langer Zeit – einmal deine Heimat. Da all diese Reisen dem Zweck dienen, neue Erfahrungen zu sammeln, ist es uns eine Ehre, diesen Weg gemeinsam mit dir zu gehen.

In bedingungsloser Liebe

Die Plejader

1

Zwillingsflammen

In seinem Reich war Gott vollkommener Frieden. Ruhig und gelassen breitete sich die Energie Gottes über den drohenden Wolken aus Licht und Dunkelheit aus, und bedingungslose Liebe ergoss sich in diese Wolken hinein.

Gott liebt alle seine Geschöpfe, denn er hat sie alle mit derselben Energie – der Energie der Einheit – erschaffen. Wir (auch die Plejader) sind Kinder ein und desselben Universums. Wir nehmen erst unterschiedliche Eigenschaften und Persönlichkeiten an, nachdem wir uns von Gott getrennt haben. Gott hört all unsere Bitten.

Und er hat auch allen gutwilligen außerirdischen Wesen Gehör geschenkt, die das Gefühl hatten, sich stärker von ihrem Ursprung trennen zu müssen, um im Licht sein zu können, weil sie daran glaubten, dass Licht das einzig Wahre ist.

Gott hörte aber auch die Stimmen der böswilligen Wesen, die das Gefühl hatten, alles erobern und beherrschen zu müssen, weil sie die Dunkelheit für das einzig Wahre hielten. Gott fällt keine Werturteile und liebt alle seine Geschöpfe gleichermaßen. Deshalb hat die Energie, die wir Gott nennen, eine Frequenz bedingungsloser Liebe ausgesendet, um die Frequenz beider Gegenpole zu erhöhen in der Absicht, dass Gegensätze sich anziehen. So wurden Zwillingsflammen vereinigt, um der Trennung ein Ende zu bereiten.

Tia-La und Aro (Akasha-Chronik)

Diese Geschichte ist vor langer, langer Zeit passiert, als unsere Galaxis sich in einem ständigen Kriegszustand befand – als die Allianz der Dunkelheit und die Allianz des Lichts getrennt voneinander existierten und beide Seiten fest davon überzeugt waren, besser zu sein als die andere.

Tia-La war eine wunderschöne sirianische Prinzessin, die zusammen mit ihrer Familie und ihren Freunden in einer abgeschiedenen Gegend von Sirius A lebte. Am liebsten durchstreifte sie die herrlichen Gärten, die den Wohnsitz ihrer Familie umgaben. Tia-La war die perfekte Verkörperung der Energie von Liebe, Frieden und Unschuld – wie eine reine weiße Rosenblüte, in der die Tautropfen in der Morgensonne glitzerten. Ihre Energie war in ihrer Aura stets als silberner Schimmer sichtbar. Tia-La war ein lichtvolles Wesen – gütig, liebevoll, geduldig, sanft und verständnisvoll. Den größten Teil ihrer Zeit widmete sie der Aufgabe, Kinder zu unterrichten: Sie half ihnen dabei, ihre Fantasie, Kreativität, Intuition und ihre telepathischen Fähigkeiten zu entwickeln. Tia-La war ebenso dankbar wie weise. Alle vergötterten sie. Ihre sirianische Mission bestand darin, Lichtwesen,

Lehrerin und Bewahrerin der Weisheit zu sein, so wie ihre sirianischen Vorfahren.

Auf Sirius A wuchs Tia-La wie in einer utopischen Welt in dem Glauben daran auf, dass alles perfekt ist. Sie war ein direkter Abkömmling einer sehr alten, einflussreichen sirianischen Familie, trug also die uralte Blutlinie – die ursprüngliche sirianische DNA – in sich. Ihre Familie hatte beschlossen, dass es besser für Tia-La war, sie ohne Wissen um die Existenz niedrigerer Schwingungen aufwachsen zu lassen, denn sie galt als Zukunft der sirianischen Rasse. Und so hatte diese Prinzessin nie etwas von Kriegen, von der Allianz der Dunkelheit oder gewalttätigen Auseinandersetzungen im Universum gehört. Manchmal reiste sie mit ihrer Familie zu den Plejaden oder nach Andromeda. Ihre Familie sorgte stets dafür, dass das sehr schöne, friedliche Aufenthalte waren, bei denen Tia-La vor sämtlichen galaktischen Neuigkeiten abgeschirmt wurde.

Sirius, Andromeda und die Plejaden sind eine Seelenwelten-Dreiheit. Diese Dreiheitsenergie wirkt wie ein Katalysator und wird im ganzen Universum respektiert. Deshalb sind diese drei Seelenwelten eine kriegsfreie Zone des Universums. Das hat Gott schon vor langer Zeit so festgelegt, und alle halten sich daran.

Eine der ehrenhaftesten Aufgaben der Sirianer besteht darin, an der Akasha-Chronik mitzuschreiben. Das ist eine freiwillige Entscheidung. Tia-La war ehrgeizig und stolz darauf, Sirianerin zu sein. Sie befasste sich gern mit Geschichte und konnte es gar nicht mehr erwarten, sich endlich um einen Posten als Schreiberin für die Akasha-Chronik zu bewerben, um ihrer Pflicht als Sirianerin nachzukommen. Ihre überfürsorgliche Familie versuchte ihr dieses Vorhaben natürlich auszureden, denn als Akasha-Chronik-Schreiberin würde sie die Wahrheit über das Universum und über die ernsten Probleme erfahren, die es dort gab. Doch Tia-La ließe sich nicht von ihrem Plan abbringen; also sorgte ihre Familie insgeheim dafür, dass ihr nur Aufgaben zugewiesen wurden, die mit den höchsten Schwingungen der Geschichte einhergingen. Eine Zeitlang ging das tatsächlich gut.

Doch eines Tages – ihre Familie lebte immer noch in dem Glauben, dass Tia-La bei ihrer Arbeit als Akasha-Chronik-Schreiberin nicht mit unangenehmen Tatsachen konfrontiert werden würde – öffnete sie die verbotenen Schriften, in denen es um die Kriege im Universum ging. Diese Neuigkeiten erschreckten und verwirrten sie. Wie kam es, dass sie davon nichts gewusst hatte? Warum hatte ihr das niemand erzählt? Zum ersten Mal in ihrem Leben geriet Tia-La in Zorn und inneren Aufruhr; ihr innerer Frieden war erschüttert. Doch irgendwie gelang es ihr, diese Entdeckung geheimzuhalten, damit sie sie in aller Ruhe verarbeiten konnte.

Die Akasha-Chronik beinhaltet sehr umfangreiches historisches Material. In einigen dieser Aufzeichnungen ist eine sogenannte *lebendige Bildenergie* verschlüsselt. Das ist so, wie wenn man einen Videoclip an einen Zeitungsartikel anhängen würde. »Lebendige Bildenergie« bedeutet, dass in diesen Aufzeichnungen die Energie des betreffenden Augenblicks eingefangen wurde. Wenn man sich ein Foto anschaut, in dem diese Energie verschlüsselt ist, hat man das Gefühl, ein kurzes Video zu sehen, das die betreffende Person oder Szene darstellt.

Eines dieser Bilder faszinierte Tia-La ganz besonders: Sie las sehr viel über einen dunklen Krieger namens Aro, der vom Sternbild Orion stammte. Aro war furchtlos, kalt und arrogant. Tia-La stellte sich diesen Krieger als schrecklichen Mann in einem alten, abstoßenden Körper vor und fühlte sich von seinen Taten abgestoßen – von all den Kriegen, die er geführt, und den Planeten, die er erobert hatte. Aber warum interessiert es mich dann so sehr, immer mehr über seine Entdeckungsreisen und Eroberungszüge zu lesen?, fragte sie sich. Bis sie eines Tages auf ein lebendiges Bild von ihm stieß, das sie total verblüffte. Sie wusste gar nicht, was sie davon halten sollte! Sie blickte in ein Paar wunderschöner, durchdringender, hellblauer Augen, die sie direkt anschauten. Diese Augen blickten tief in ihre Seele hinein und schienen all ihre Gedanken lesen zu können.

Tia-La hatte das Gefühl, diese Augen schon lange zu kennen! Verwirrt starrte sie den gutaussehenden Krieger mit der hellen, makellosen Haut und den hervortretenden Wangenknochen an. Er hatte dunkles, welliges, nach hinten gekämmtes Haar, volle Lippen, die einen zu allem überreden konnten, und über seinen scharfen, durchdringenden Augen wölbten sich dichte, markante Augenbrauen. Schnell wendete Tia-La den Blick von dem Bild ab. Ihr Herz klopfte, als wollte es zerspringen; der Anblick dieser Augen verwirrte sie. Sie wirkten eigentlich gar nicht so böse, wie sie sie sich vorgestellt hatte. Irgendetwas an diesem Mann war anders. Trotz der negativen Darstellungen, die sie über ihn gelesen hatte, lag in diesen Augen etwas, das sie ansprach.

Diese Geschichte ist passiert, als das Sternbild Orion noch der Führung der Dunklen Allianz unterstand. Der Orion-Krieger Aro hatte sich in einer Familie inkarniert, die dem Reich der Dunkelheit angehörte und diese düstere Herkunft auch nie in Frage gestellt. An seine Eltern konnte er sich nicht mehr erinnern, nur seine strenge militärische Ausbildung war ihm im Gedächtnis geblieben. Um zu überleben, musste man hart sein, und er war der härteste Krieger, den es gab. Aro wollte nichts über Gott erfahren und auch nichts davon hören, dass wir alle demselben Ursprung entstammen und unseren Weg nach unserer Erschaffung selbst gewählt haben, um etwas daraus zu lernen. Er wusste nicht, dass er im einen Pol einer Dualität gefangen war, und glaubte ernsthaft, dass seine Mission darin bestand, andere Planeten zu zerstören und zu erobern. Aro wusste nichts von Glück oder Liebe und machte sich auch keine Gedanken darüber. Männliche Energie hatte ein Bedürfnis, und dieses Bedürfnis musste er erfüllen, indem er das Richtige tat. Daran glaubte er. Dazu war er schließlich erzogen worden. Ohne etwas von dem Geschehen um sich herum zu ahnen, führte Aro ein Leben am Abgrund, denn in spiritueller Hinsicht lag er in einem tiefen, unbewussten Schlaf. Doch für ihn war alles gut so, wie es war.

Bis sein Leben sich eines Tages von Grund auf änderte.

Aro hatte einen Traum, in dem er einen Garten voll wunderschöner Blumen betrat und sich zum ersten Mal in seinem Leben sicher und entspannt fühlte. Eigentlich wusste er gar nicht, was Schönheit war, aber diese Blumen und ihr magischer Duft stellten etwas mit seinen Sinnen an, was er nicht begriff. Und dann sah er, wie *sie* den Weg entlanggewandert kam. Ihre hochgewachsene, schlanke Gestalt, die von einem silbernen Schimmer umgeben war, bewegte sich mit ungeheurer Eleganz, das dichte braune Haar fiel ihr bis über die Schultern. Aro verspürte den Impuls, sie zu berühren – nur um festzustellen, ob sie auch wirklich existierte. Da versenkte sie ihre goldenen Augen in seine und lächelte ihn an. Ihr Blick war sanft und mitfühlend, und er spürte, wie ein Gefühl der Wärme sich in seiner Brust ausbreitete. Diese Frau sah aus wie eine zarte, zerbrechliche Blüte. Etwas in seinem Inneren wollte diese Blüte ganz für sich allein haben.

Während dieses Traums wälzte Aros schlafender Körper sich unruhig im Bett hin und her. Im Traum murmelte er ihren Namen – Tia-La –, als ob er diese Frau schon immer gekannt hätte. In diesem Augenblick verbanden ihre Seelen sich miteinander wie die entgegengesetzten Pole zweier Magneten, als hätten sie schon immer zusammengehört. Licht und Dunkelheit zogen sich gegenseitig an, und die Zwillingsflamme wurde geboren.

Nachdem Tia-La von Aro erfahren hatte, verging die Zeit sehr schnell. Dieser Krieger vom Orion faszinierte sie immer mehr, und sie las alles über seine vielen Reisen. Obwohl sie sah, wie bedrohlich er war, nahm sie auch eine verborgene Güte an ihm wahr, von der sie wusste, dass sie bisher noch niemandem aufgefallen war, denn Aro tat alles, um diesen Wesenszug zu verheimlichen. Trotzdem gab es Wesen, deren Leben er geschont, und Planeten, die er unversehrt gelassen hatte, obwohl es ein Leichtes für ihn gewesen wäre, sie zu zerstören. Tia-La schien zu wissen, dass nicht alles an diesem Mann finster und bedrohlich war. Sie schaute ihm jeden Tag in die Augen, und wenn er ihren Blick erwiderte, füllte ihre Aura sich mit der rosafarbenen Energie der Liebe, und ihr Herz fing an zu schlagen wie verrückt. Doch sie hielt das alles nur für eine Ausgeburt ihrer Fantasie.

Aros Träume von der schönen Tia-La wurden immer intensiver und fingen an, ihn wahnsinnig zu machen. Und nicht nur das: Allmählich begann er sich zu verändern. Plötzlich empfand er Mitgefühl gegenüber Menschen und Orten, die er früher ohne mit der Wimper zu zucken vernichtet hatte. Doch Einfühlungsvermögen ist in der Dunklen Allianz fehl am Platz, also musste er seine gelegentlichen Anwandlungen von Güte sehr gut verstecken. Das verunsicherte und ärgerte ihn. Warum veränderte er sich plötzlich so? Was war mit ihm los? War er etwa krank? Aro hatte keine Ahnung, dass er sich für das Licht zu öffnen begann.

Gleichzeitig begann Tia-La ein Gespür für die dunkle Seite des Universums zu entwickeln. Sie erlebte ganz neue Gefühle, empfand plötzlich Angst, Wut und Entsetzen und wünschte sich, die Kriege würden endlich aufhören. Ihr wurde klar, dass sie sich in Aro verliebt hatte, aber sie konnte nichts dagegen tun. Wie gern hätte sie ihm geholfen! Tia-La wusste, was Liebe ist. Sie war in einer Welt voller Liebe aufgewachsen und glaubte fest daran: Wenn sie Aro begegnen und ihm erklären könnte, dass Liebe die höchste Energie ist, die es gibt, würden diese dummen, sinnlosen Kriege endlich aufhören. Er würde sie beenden, und sie würde ihm dabei helfen. Also nahm Tia-La sich vor, Aro zu finden, ihm beizubringen, was Liebe ist, und gemeinsam mit ihm den Kriegen ein Ende zu bereiten.

Seitdem Tia-La ihre dunkle Seite kennengelernt hatte, hörte sie nicht mehr auf Gott und meditierte auch nicht mehr über ihre Entscheidungen. Sie wurde von *bedürftiger Liebe und Verlangen* angetrieben. Das machte sie naiv und engte ihren Denkhorizont ein. Irgendwie war ihr nicht klar, dass Aro nicht der einzige Krieger war, der für diese Kämpfe im Universum verantwortlich war. Aro war nämlich nur eine kleine Schachfigur in der Dunklen Allianz und unterstand dem Befehl anderer, mächtigerer Wesen.

Bedürftige Liebe kann blind machen, bedingungslose Liebe hingegen kann heilen.

Tia-La erzählte ihrer Familie, was sie in der Akasha-Chronik entdeckt hatte, und verschwieg ihnen lediglich, dass sie in Aro verliebt war. (Bisher hatte sie noch nie irgendwelche Geheimnisse gehabt – Geheimnisse gehören der Energie der dunklen Seite an.) Natürlich riet die Familie ihr davon ab, irgendetwas zu unternehmen. Tia-La erklärte, sie wolle sich beim Rat des Lichts um einen Posten als Friedensstifterin bei anderen Sternenvölkern bewerben. Sie glaubte, da sie eine Prinzessin war, würde sie diese Position erhalten, aber ihre Bewerbung wurde abgelehnt. Der Rat des Lichts weigerte sie, ihr diesen Posten einfach nur deshalb zu geben, weil sie eine Prinzessin war.

Inzwischen war Tia-La bereits von dunkler Energie verunreinigt und wollte das Universum so verändern, wie sie es für richtig hielt. In Aro dagegen war zum ersten Mal in seinem Leben die Energie des Lichts eingedrungen. Er wollte sein Leben ändern. Die Pole dieser beiden Sternenwesen zogen sich gegenseitig an. Also nahm Tia-La ihr Schicksal selbst in die Hand. Heimlich verließ sie ihre Familie, um nach diesem Krieger zu suchen.

Wenn ich ihn davon überzeugen kann, all diese Kriege zu beenden und im ganzen Universum den Frieden auszurufen, werden wir beide zu Helden, verlieben uns unsterblich ineinander und werden glücklich bis ans Ende unserer Tage, dachte sie. Es hörte sich an wie ein hervorragender Plan.

Doch leider wurde Tia-La schon bald nach ihrer heimlichen Abreise von dunklen Wesen vom Stern Mintaka gefangen genommen, und mit ihrer Freiheit war es vorbei. Die Amtsträger der dunklen Macht erkannten, dass sie eine Prinzessin vom Stern Sirius war, und hielten sie als Geisel fest. Gleichzeitig wurden Aros Träume von der schönen Prinzessin immer intensiver. Intuitiv fühlte er sich dazu getrieben, nach Mintaka, wo Tia-La gefangen gehalten wurde, zu reisen, um dort etwas zu erledigen. Aro war ein sehr mächtiger, hochrangiger Kommandant, der oft mit dem Hohen Rat zu tun hatte.

Bei seiner Besprechung mit den Beamten des Nachrichtendienstes der Dunklen Allianz erfuhr er von der Gefangennahme der sirianischen Prinzessin. Sein Herz machte einen Sprung, und in seinem Bauch krampfte sich alles zusammen, als wolle ihm jemand einen Faustschlag in den Magen versetzen, doch sein Gesicht blieb unbewegt. Wer ist diese Prinzessin?, fragte er sich. Warum reagiert mein Körper so heftig auf diese Nachricht?

Bei der nächsten sich bietenden Gelegenheit ging er die gefangene Prinzessin besuchen und erkannte beim ersten Blick in ihr Gesicht die Frau aus seinen Träumen wieder. Wie konnte das sein? Gab es diese Prinzessin tatsächlich? Die Frau, die ihn in seinen Träumen verfolgt hatte, stand vor ihm und schaute ihn an, als kenne sie ihn genauso gut wie er sie. Hoffnungsvoll hingen ihre Blicke an seinem Gesicht. Aber vor den Augen der Wächter wagte Aro nicht, ihr zu zeigen, dass er sie erkannte oder Mitleid mit ihr hatte, also drehte er sich auf dem Absatz um und verließ das Gefängnis. Er war wütend, und Tia-La war verwirrt und ungeduldig. Ihre Augen waren einander nur für ein paar Sekunden begegnet, und doch hatte sie gespürt, dass er sie erkannte – oder bildete sie sich das nur ein? Sein Gesicht blieb unbewegt, er sprach kein Wort und ging genauso schnell wieder weg, wie er gekommen war.

Was ging nur in ihm vor? Aro schüttelte verwirrt den Kopf und versuchte Ordnung in seine Gedanken zu bringen. Normalerweise war er immer zufrieden, und eigentlich war ihm alles egal. Er erledigte einfach seine Arbeit, und Gefühle hatten in seinem Leben bisher keine große Rolle gespielt – bis *sie* ihm im Traum erschienen war. Diese Frau brachte eine Saite in ihm zum Klingen, von deren Existenz er bisher nichts gewusst hatte. Plötzlich begann er für all diese Planeten, die er erobern sollte, Gefühle zu entwickeln. Plötzlich hatte er Mitgefühl mit unschuldigen Geschöpfen und sehnte sich nach dieser Prinzessin. Seiner Meinung nach war das alles ihre Schuld. In diesem Augenblick hasste er sie und sich selbst.

Bei der Konferenz erfuhr Aro, dass die Dunkle Allianz vorhatte, Tia-La an denjenigen zu verkaufen, der am meisten für sie bieten würde. Da wurde ihm klar, dass ihre Zukunft genauso finster aussah, wie seine Seele es gewesen war, bevor er begonnen hatte, von ihr zu träumen. Doch wenn er für sie bot, würde er sich bei den anderen Kriegern der Dunklen Allianz verdächtig machen. Er konnte sich diese Prinzessin nicht einfach kaufen und dann glücklich mit ihr zusammen sein bis an sein Lebensende. Das liegt auch nicht in meiner Bestimmung, dachte er, doch seine Gedanken eilten in Lichtgeschwindigkeit weiter und entwickelten einen raffinierten Plan. Er konnte Tia-La nur durch ein Ablenkungsmanöver retten und sein jetziges Leben einzig dadurch hinter sich lassen, dass er seinen eigenen Tod vortäuschte.

Dieser Gedanke traf Aro wie eine Erleuchtung. Das Bedürfnis, diese Prinzessin zu retten, war wie ein Schock für ihn, der ihm die Augen für neue Erkenntnisse öffnete: Er hatte diese endlosen Kriege so satt. Bei diesen kriegerischen Auseinandersetzungen ging es immer nur darum, zu siegen oder besiegt zu werden – und zwar in dem Wissen, dass niemand die Absicht hatte, alldem irgendwann einmal ein Ende zu setzen. Es war die Macht der Liebe, die Aro die Augen öffnete, aber das wusste er damals noch nicht.

Nach ein paar Tagen hatte er sein Überraschungsmanöver ausgeklügelt. Doch er konnte Tia-La nicht einfach besuchen und ihr auch nicht darüber Bescheid geben, dass sie bald in Sicherheit sein würde, denn das hätte zu großen Verdacht erweckt. Dieser innere Zwiespalt machte Aro wahnsinnig. Sein Gehirn war von Sorgen umnebelt, und er konnte die Prinzessin in seinen Träumen nicht mehr sehen. Zum ersten Mal in seinem Leben nagten Schuldgefühle an ihm. Er hatte beschlossen, sein eigenes Volk zu verraten, um Tia-La zu retten!

Heimlich gab Aro den Feinden Tipps, wie sie in das Hauptquartier von Mintaka eindringen könnten. Als die Invasion begann, griff er zu einer List und erbot sich, dafür zu sorgen, dass die hochrangige Gefangene den Feinden nicht in die Hände fiel. Die anderen schöpften keinen Verdacht und waren einverstanden. Kurz nachdem Aro das Gebäude betreten hatte, in dem Tia-La gefangen gehalten wurde, explodierte es und fiel in Schutt und Asche. All das gehörte zu seinem genialen Plan: Es sollte eine Explosion geben, und alle sollten glauben, er und Tia-La seien dabei umgekommen.

Nachdem Aro das Gebäude betreten hatte, tötete er alle Wächter. Kurz vor der Explosion forderte er Tia-La auf, in ein Raumschiff zu steigen. Inmitten der Verwirrung der Invasion und des Staubs, den die Explosion aufgewirbelt hatte, konnten die beiden unbemerkt entfliehen. Endlich waren sie zusammen und reisten mit Lichtgeschwindigkeit ins Unbekannte hinein. Jetzt hatten sie jede Menge Zeit, sich über ihre Gefühle füreinander klar zu werden, sich gegenseitig zu bekämpfen und zu lieben. Die beiden waren wie Spiegel füreinander: Jeder zeigte dem anderen das, was er an sich selbst vermisste.

So verging die Zeit, und sie hatten keine Ahnung, wie es weitergehen sollte.

Beide hatten ihr bisheriges, gewohntes Leben aufgegeben. Nichts war so, wie sie es sich vorgestellt hatten. Obwohl das Gefühl leidenschaftlicher Liebe für sie beide überraschend und unerwartet kam, gab es doch ungeheilte Seelenerinnerungen, die unerwünschten Seelenschmerz erzeugten. Tia-La war es nicht gelungen, die Kriege zu beenden; außerdem vermisste sie ihre Familie und hatte ein schlechtes Gewissen, weil sie ihre Angehörigen ohne ein Wort des Abschieds verlassen hatte. Nun würde sie sie nie mehr wiedersehen. Auch Aro hatte alles verloren, was er kannte und woran er glaubte. Er hatte sein eigenes Volk verraten, und das jagte ihm Angst ein, denn wenn die Dunkle Allianz hinter die Wahrheit käme, würde sie womöglich Jagd auf ihn und seine Prinzessin machen und nicht eher ruhen, als bis sie die beiden gefunden hatte. Aro wusste genau, was diese Krieger Tia-La antun würden, und die Angst davor, sie nicht beschützen zu können, verursachte ihm Albträume. Außerdem übermannten ihn jetzt auch allmählich Schuldgefühle wegen der Missetaten, die er vor seinem inneren Erwachen begangen hatte.

Die Zwillingsliebe dieser beiden Sternenwesen beruhte auf Bedürftigkeit: Sie brauchten sich gegenseitig und brauchten die Energien (Puzzleteile), die dem jeweils anderen fehlten. Sie gaben und nahmen, verletzten und heilten, liebten und hassten, bettelten und forderten, aber sie hatten immer noch nicht gelernt, Kompromisse zu schließen, einander auf neutralem Boden zu begegnen – *ebenbürtig* zu sein.

Schließlich einigten die beiden sich darauf, heimlich Kontakt mit Tia-Las Familie auf Sirius aufzunehmen, damit ihre Angehörigen erfuhren, dass die Prinzessin noch am Leben war. Über diese Nachricht war Tia-Las Familie überglücklich. Doch Tia-La und Aro konnten nicht zum Stern Sirius reisen, da alle die Prinzessin für tot hielten. Wenn sie jetzt plötzlich auf wundersame Weise wieder auftauchte, würde sie damit alle in große Gefahr bringen. Also lebten die beiden weiter im Verborgenen, und ihr Märchendasein war nicht so glücklich, wie sie geglaubt hatten.

Tia-Las Familie rief Gott um Hilfe an: Er sollte den beiden Liebenden helfen, damit auch sie ewiges Glück und immerwährenden Frieden finden konnten, ohne ein Leben im Verborgenen führen zu müssen. Gott gab den beiden den Plan ein, sich mit den Plejadern zu verbünden und bei ihrem Erdprojekt mitzuwirken. Der Zweck dieses Projekts bestand darin, alle Aspekte der Dualität – Dunkelheit und Licht – kennenzulernen, um den Weg zu Gott zu finden. Das Zwillingsflammenpaar freute sich über diese Chance.

Mussten die beiden unbedingt auf die Erde kommen, um das zu lernen und ihre gegensätzlichen Pole miteinander zu vereinen? Die Antwort lautet *Nein*. Es gibt immer mehrere Möglichkeiten. Wenn Tia-La und Aro Gottes Führung gefolgt wären, nachdem ihnen klar geworden war, dass sie zusammengehörten, statt auf ihr Ego zu hören, hätte Gott ihnen gezeigt, wie sie sich miteinander vereinen, den Kriegen ein Ende setzen und in Frieden und Harmonie zusammenleben konnten. Doch nun – auf der Erde – blieb ihnen nichts anderes übrig, als loszulassen und ihr Schicksal in die Hände Gottes zu legen.

Sie kamen im Atlantischen Zeitalter auf die Erde. Die Dichte der Erde erhöht Emotionen niedriger Schwingung wie Scham, Schuldgefühl, Angst, Sorge und Begierde. Das war eine große Hürde für die beiden, mit der sie nicht gerechnet hatten. Aber zum Glück wurden sie in die plejadische Seelenfamilie des Lichts aufgenommen. Die Plejader sind Seelenheiler und halfen den beiden, ihre Gefühle besser zu verstehen.

Sie zeigten ihnen die ursprünglichen Verletzungen/Schmerzen ihrer Seele. Und so erfuhren Aro und Tia-La, wie und warum das alles passiert war und wie sie diese Gefühle niedrigerer Dichte in Emotionen höherer Schwingungsfrequenz verwandeln konnten, um ihre Seelen zu heilen.

Jede Veränderung erfordert Zeit. Du kannst dich erst dann verändern, wenn du alles so siehst, wie es ist. Dir muss erst bewusst werden, dass du dir dein Unglück selbst erschaffen hast und dass nur du etwas daran ändern kannst. Du bist kein Opfer, sondern hältst dich nur dafür, weil du von deinem höheren Selbst und von Gott abgeschnitten bist.

Tia-La und Aro hatten tatsächlich das Gefühl, Opfer ihrer eigenen Lebensumstände zu sein. Beide waren eigensinnig und hielten ihren eigenen Weg für den richtigen.

Irgendwann war Aro von dem emotionalen Schmerz, den er tagtäglich erlitt, weil er sich an allem die Schuld gab, innerlich ausgelaugt. Er hatte das Bedürfnis, ihrer beider Zukunft selbst in die Hand zu nehmen – doch diese Zukunft lag im Dunkeln. Das erfüllte ihn oft mit Zorn und Selbsthass. Wie kann mich denn überhaupt jemand lieben?, fragte er sich. Er hatte das Gefühl, des Lebens überdrüssig und völlig am Ende zu sein. Egal was er tat – er konnte Tia-La ja doch nicht glücklich machen.

Doch auch Tia-La war frustriert. Sie genoss ihr neues Leben in Atlantis. Dort hatte sie so viele Seelenbrüder und Seelenschwestern kennengelernt, die ihr das Gefühl gaben, immer noch zu Hause auf Sirius zu sein. Wieder unterrichtete sie Kinder und ging in wunderschönen Gärten spazieren. Sie liebte die Erde, und sie liebte auch Aro, aber die Liebe der beiden war in ernste Schwierigkeiten geraten. Tia-La fragte sich, warum Liebe so wehtun musste. Sie hatte die Liebe als schönste, intensivste Energie in Erinnerung, die sie je erlebt hatte, aber jetzt war ihre Liebe von Angst und Kontrollsucht vergiftet. Egal was ich tue – ich kann Aro ja doch nicht glücklich machen, dachte sie.

Als Tia-La eines Tages wieder einmal im Garten spazieren ging, bückte sie sich und betrachtete ihr Spiegelbild im Bach. Der silberne Schimmer, der sie früher immer umgeben hatte, war verschwunden, und sie war müde und traurig. Ihr war klar, was für Fehler sie begangen hatte, und sie wusste, dass das ganz allein ihre Schuld war. Plötzlich erinnerte sie sich daran, wie sie früher in ihrer Kindheit immer mit Gott gesprochen hatte. Ohne weiter darüber nachzudenken, begann sie Gott plötzlich ihr Herz auszuschütten. Sie erzählte ihm ihre ganze Geschichte, und ihre Tränen strömten in den Bach.

An diesem Morgen erwachte Aro mit dem intuitiven Gefühl, sich endlich ergeben zu müssen. Zum ersten Mal gestand er sich ein, dass er so etwas wie ein Innenleben besaß. Er begann zu meditieren und wagte sich in die Tiefen der Dunkelheit in seinem eigenen Inneren hinein. Plötzlich verspürte er nicht mehr den Drang, alles zu vergessen, was er in seinem bisherigen Leben getan hatte. Er war bereit, seinen Taten ins Auge zu sehen, egal was für Konsequenzen das hatte – selbst wenn es ihm den Tod bringen würde.

Und so durchwanderte Aro die Dunkelheit seiner Seele wie einen Tunnel, und sein ganzes Leben lief noch einmal vor seinem inneren Auge ab. Er bereute seine Vergehen und weinte. Er gestand sich all seine Missetaten ein und sah den Lektionen ins Auge, die er daraus gelernt hatte. Dann sah er vor seinem inneren Auge ein Schild, auf dem stand: »Verzeih dir selbst und allen anderen Geschöpfen.« Unter verzweifeltem Schluchzen vergab Ari sich und allen anderen. Er wusste nicht, wie lange er in seiner inneren Finsternis verweilt, wie lange er geweint und wie lange er gebraucht hatte, um sich selbst zu vergeben. Endlich hatte Aro seinen inneren Widerstand aufgegeben und die dunkle Seite in seinem Inneren akzeptiert in dem Wissen, wie zerstörerisch diese Seite sein konnte.

Das erfüllte ihn mit einer ganz neuen Energie. Zum ersten Mal in seinem Leben spürte Aro die Liebe Gottes. Er fühlte sich von wunderbaren, gütigen Wesen aus allen Teilen des Universums – Wesen der Dunkelheit und Wesen des Lichts – umgeben. All diese Wesen hüllten ihn in bedingungslose Liebe ein. Zum ersten Mal in seinem Leben spürte Aro, wie Dunkelheit und Licht in seinem Inneren zu einer Einheit verschmolzen. Es gab weder Bedürftigkeit noch Verlangen – die Liebe, die er spürte, war bedingungslos. Sie öffnete das hintere Ende des Tunnels, so dass Licht hineinströmen konnte. In diesem Licht kam Aro ein wunderschönes weibliches Wesen entgegen, das von einem silbernen Schimmer umgeben war. Das weiße Gewand der Frau warf weiche Falten, als sie sich bewegte, langes braunes Haar fiel ihr über den Rücken, ihre goldenen Augen lächelten, und sie rief seinen Namen. Da stand Aro auf und lief Tia-La entgegen.

Beide ergaben sich, akzeptierten das Licht und die Dunkelheit in ihrem eigenen Inneren und in ihren Lebensumständen. Von bedingungsloser Liebe erfüllt, verziehen sie einander. Ihre Seelen erstrahlten in leuchtenden Regenbogenfarben, so dass auch andere Zwillingsflammen diesen Weg – den Zwillingsflammen-Regenbogenweg der Seelenheilung – gehen konnten.

Durch dieses Erlebnis sind die beiden wieder ganz geworden. Er brauchte sie nicht mehr, und sie brauchte ihn nicht mehr, aber trotzdem wollten sie zusammen sein. Ihre bedingungslose Liebe war rein, stark und grenzenlos. Sie hätten jetzt ohne Weiteres getrennte Wege gehen können und dabei trotzdem immer noch die gleichen starken Gefühle füreinander gehabt, hätten sich gegenseitig unabhängig von den Umständen das Beste gewünscht. Doch da sie einander eine so bedingungslose Liebe entgegenbrachten, beschlossen die beiden, zusammenzubleiben. Gemeinsam wollten sie ihr Leben der Aufgabe widmen, Wissen über Zwillingsflammen zu verbreiten und mit dieser Information auch andere Zwillingsflammen zu erreichen. Schließlich ist universale Liebe die höchste Frequenz, die es gibt. Und so erbauten Tia-La und Aro den Zwillingsflammentempel in Atlantis, der genauso aussieht wie der Tempel auf Sirius B, und widmeten dieser heiligen Reise ihr ganzes Leben.

Die Lehre von den Zwillingsflammen

Die Zwillingsflammenenergie intensiviert das Gefühl gegenseitiger Anziehung und Leidenschaft. Diese Energie erzeugt *Wünsche und Bedürfnisse*, die oft mit Liebe verwechselt werden, obwohl diese Energie in Wirklichkeit wie ein Spiegel wirkt: Sie zeigt dir das, was dir fehlt. Die Intensität einer Zwillingsflammenbeziehung bietet uns eine Chance, unsere Seele zu heilen, indem wir in unserem Partner Eigenschaften entdecken, die uns selbst fehlen. Die Zwillingsflammenenergie hilft uns, die Gegenpole in unserem eigenen Inneren zu finden: die Dunkelheit und das Licht, die wir miteinander vereinen sollen. *Bedürftige* Zwillingsflammenliebe kann durchaus zu bedingungsloser Liebe, Einheit und Ganzheit werden – aber erst dann, wenn beide Gegenpole sich gegenseitig so akzeptieren, wie sie sind, und sich dem Willen Gottes ergeben, statt ihren eigenen Willen durchsetzen zu wollen.

Du kannst einen anderen Menschen nicht verändern, damit er so wird, wie du ihn haben möchtest. Akzeptiere ihn lieber so, wie er ist. Respektiere seine Seelenentscheidungen – liebe ihn bedingungslos.

Frage dich: Was vermisse ich? Was triggert heftige Emotionen in mir? Statt andere Menschen verändern zu wollen, ändere lieber dich selbst. Arbeite an dir, mach dir deine Schwächen und Blockaden bewusst. Heile deine Seele, finde zu einem Zustand bedingungsloser Selbstliebe und beobachte, wie deine Veränderung sich auf den anderen Menschen auswirkt.

Versenke dich so oft wie möglich in dich selbst. Hab keine Angst davor, das Tor zur Dunkelheit und zum Licht zu öffnen und beide Seiten als ebenbürtige Kräfte zu akzeptieren. Es ist völlig normal, Angst vor der Dunkelheit zu haben; doch diese Dunkelheit ist ein natürlicher Bestandteil deiner selbst, und wenn du sie akzeptierst, kannst du die verborgene Tür zu der Kraft öffnen, die in dir schlummert und vor der du dich fürchtest. Genau wie Gott kannst auch du mit einem bloßen Gedanken etwas erschaffen oder zerstören – je nachdem, wie du dich entscheidest. Wer diese Macht in Händen hält, ist eine integre Persönlichkeit und orientiert sich an seinem höheren Selbst und an Gott.

Die Dualität zu überwinden, Gegensätze zu einer Einheit zu verschmelzen und diese Einheit in sich selbst zu verkörpern, ist der Schlüssel zur höchsten Seelenkraft.

Eduardo und Natalia

Im Jahr 2018 arbeitete ich mit meinem Klienten Eduardo daran, seine frühere Beziehung zu bewältigen. Die Geschichte, die du gerade gelesen hast, stammt aus Eduardos Akasha-Chronik.

Eduardo (Aro) hatte sich nach fünfjähriger Ehe von seiner Ehefrau Natalia (Tia-La) getrennt, und es war keine friedliche Scheidung gewesen. Beide waren wütend, eigensinnig und schoben sich gegenseitig die Schuld am Scheitern ihrer Ehe zu. Eduardo ist durch diesen persönlichen Kummer und die Probleme in seinem Geschäft zur Spiritualität erwacht. Er war bereit, sich mit seiner dunklen Seite auseinanderzusetzen und um ihrer beiden kleinen Kinder willen alles zu bewältigen, was zwischen ihm und seiner Frau schiefgelaufen war.

Dank unserer Zusammenarbeit begann er sein eigenes Ego zu erkennen, das damals ziemlich überhöht war. Zu meiner freudigen Überraschung verwandelte sich sein Eigensinn in die positivste Willenskraft, die man sich vorstellen kann. Das brachte ihn auf seiner Heilungsreise einen großen Schritt weiter.

Der Beginn dieser bewussten Reise war hart und schmerzhaft, mit vielen Höhen und Tiefen. Eduardo begann spirituelle Bücher zu lesen, die ihn interessierten, wendete das, was er daraus lernte, auf sein eigenes Leben an und veränderte sich allmählich. Und das Erstaunlichste daran war: Sobald er sich selbst änderte, begann seine ganze Familie einen Heilungsprozess zu durchlaufen. Seine Mutter, seine Schwester und andere Menschen in seinem Umfeld begannen sich ebenfalls zu verändern und die Wahrheit zu sagen. Es gelang Eduardo sogar, sein Geschäft wieder auf Vordermann zu bringen, und ihm kamen viele neue Ideen.

Eduardo akzeptierte, dass seine Exfrau und er in diesem Leben nicht wieder zusammenfinden würden. Das war für ihn eine lebensverändernde Erfahrung. Eduardo wusste, was bedingungslose Liebe ist und dass er Natalia bedingungslos lieben konnte. Er konnte akzeptieren, dass sie einen anderen Mann heiratete, sie aber trotzdem unterstützen, wenn sie seine Hilfe brauchte, und ein wunderbares Leben ohne sie führen – ohne Eifersucht, Zorn, Schuldgefühle oder Schuldzuweisungen. Er konnte seinen Kindern ein guter Vater sein und ein erfolgreiches Geschäft führen, das auf Integrität, Ehrlichkeit, Erfolg und innerem und äußerem Reichtum beruhte und allen Beteiligten Vorteile brachte.

Das ist die Kraft einer *geheilten* Zwillingsflammenliebe. Eine solche Liebe manifestiert sich in deinem Leben, um dir zu helfen, und nicht, um dir zu schaden.

Aber warum hat sich das Problem der beiden in diesem Leben erneut manifestiert, obwohl Aro seine Seele doch bereits in Atlantis geheilt hatte?, wirst du dich jetzt vielleicht fragen.

Nach dem Untergang von Atlantis gerieten die Seelen, die beschlossen, auf der Erde zu bleiben und der Menschheit zu dienen (wie Tia-La und Aro), irgendwann in die *Reinkarnationsfalle*[1] und litten unter spiritueller Amnesie.

Zurzeit lebst du in der Dynamik einer Energie, die dir hilft, dich daran zu erinnern, wer du in Wirklichkeit bist. Trotzdem brauchst du eine Erinnerungshilfe, die wir (die Plejader) als *Trigger* bezeichnen. Trigger erzeugen Leid mit dem Ziel, uralte Erinnerungen in dir zu wecken. Um diese Erinnerungen richtig verstehen zu können, musst du zunächst einmal deine Seele heilen.

Die Seelen handeln diese Trigger schon vor ihrer Geburt miteinander aus. Diesen Vorgang bezeichnet man als Seelenverträge. Vor seiner jetzigen irdischen Existenz hatte Eduardo mit Natalia einen Seelenvertrag abgeschlossen, der besagte, dass sie einander finden und all die gegenseitige Anziehung und Leidenschaft, aber auch das Unglücklichsein, das aus den *Wünschen und Bedürfnissen* einer Zwillingsflamme entsteht, noch einmal neu durchleben würden. Sie hatten vereinbart, zwei Kinder zu bekommen, denn ihre Liebe zu diesen Kindern würde ihnen helfen, Frieden miteinander zu schließen, und das würde sich auch positiv auf die Seelenverträge ihrer Kinder auswirken.

In ihrem Seelenvertrag für ihr jetziges Leben hatten Eduardo und Natalia sich darauf geeinigt, die Energie der Ganzheit und bedingungslosen Liebe zu verkörpern, um zu *Frequenzhaltern*

---

1 Über die Reinkarnationsfalle schreibt auch der Rückführungstherapeut Jan Erik Sigdell in seinem Buch *Der Geheime Krieg der Anunnaki*, Amra Verlag, Hanau 2020. Dieses Thema ist bisher noch weitgehend unerforscht, scheint aber darauf hinauszulaufen, dass die Umstände des Todes durch das Gesetz der Resonanz wesentlich darüber mitentscheiden, in welche Umstände hinein man reinkarniert. Wird man zum Beispiel in einer kriegerischen Situation getötet, werden die damit verbundene Angst und Aggressivität und dieses Umfeld auch das neue Leben wesentlich bestimmen. So können natürlich Machthaber über zahlreiche Leben hinweg Menschen in ihren Diensten halten. – *Der Verlag*

für andere Menschen zu werden – nicht als Paar, sondern als voneinander getrennte Individuen, um ihren Mitmenschen zu zeigen, dass man nicht im begrenzten Zustand des Unglücklichseins zu leben braucht. Es ist völlig normal, sich zu verlieben, etwas daraus zu lernen, innerlich daran zu wachsen und sich dann wieder zu entlieben. Niemand ist für immer und ewig an einen anderen Menschen gebunden, nur weil er ihm irgendwann einmal eine Leidenschaft entgegengebracht hat, die später zu Eifersucht und Kontrollsucht wurde. Diese beiden Seelen mussten ihre Erfahrungen noch einmal durchleben, um sich ihre uralten Seelenerinnerungen ins Gedächtnis rufen zu können, die ihnen (und anderen Menschen) bei der Erfüllung ihrer Mission im Leben helfen werden.

Wahre Liebe

Die gegenseitige Anziehung und Leidenschaft, die man erlebt, wenn man diesen richtigen Menschen findet, ist in Wahrheit nur die Energie des fehlenden Puzzleteils – etwas, wovon man unbewusst das Gefühl hat, es sich zu wünschen oder zu brauchen.

Wenn du dich das nächste Mal zu jemandem hingezogen fühlst, solltest du dich fragen: Was zieht mich an diesem Menschen besonders an? Vielleicht ist er offen und freimütig, während du eher schüchtern bist, dir insgeheim aber wünschst, gut reden zu können. Vielleicht hat er einen schönen Körper, und du wünschst dir insgeheim, dein Körper wäre auch schöner. Oder vielleicht ist er ein großzügiger Mensch, und du wünschst dir insgeheim, ebenfalls großzügiger zu sein. Es gibt unendlich viele Möglichkeiten. Sei ehrlich zu dir selbst; und bevor du dich in jemanden verliebst, versuche dir das, was du an diesem anderen Menschen so anziehend findest, zunächst einmal selbst zu geben. Wenn du zum Beispiel schüchtern bist, arbeite an deinem Selbstbewusstsein. Wenn du dann selbstbewusster geworden bist und dich trotzdem immer noch zu dieser Person hingezogen fühlst, könnte es sich dabei tatsächlich um wahre, dauerhafte Liebe handeln und nicht nur um die Anziehungskraft einer Eigenschaft, die du unbewusst selber brauchst oder gerne besitzen möchtest.

Du musst also tapfer sein und darfst Liebe nicht mit irgendeiner Eigenschaft verwechseln, die dir fehlt. Wenn du deiner Zwillingsflamme begegnest, versuche zu erkennen, welche »Puzzleteile« dir fehlen, verändere dich und warte ab, ob eure Beziehung sich dann zu einer bedingungslosen Liebe entwickelt. Frage dich: Ist dieser Mann oder diese Frau wirklich jemand, mit dem ich *dauerhaft glücklich werden* kann, oder war diese Begegnung einfach nur eine Chance, etwas zu finden, was ich für die Heilung meiner eigenen Seele *brauche oder haben möchte*? Das Leben ist zu kurz, um es mit Liebeskummer, Bitterkeit, Zorn oder Traurigkeit zu verschwenden.

2

Die Seele, dein Ego und du

Die Seele ist ein Teil Gottes, so wie das Ego ein Teil des Menschen ist; und du bist ein Teil von beidem. In diesem Buch steht das Wort »Ego« für deine menschliche und das Wort »Seele« für deine göttliche Energie.

Wenn ein Baby im Mutterleib heranwächst, entwickelt sich als erstes Organ sein Herz. Das Herz repräsentiert dein unverwechselbares physisches ich – einen Platzhalter mit unbegrenzten Möglichkeiten. Dieses Herz ist in jeder Inkarnation direkt mit der Seele verbunden.

Du besitzt in jeder Inkarnation ein anderes Herz in einem anderen Körper, aber stets ein und dieselbe Seele.

Die Seele

Die Seele ist ein Funke Gottes, der den Körper belebt. Deine Seele kehrt immer wieder in verschiedenen Körpern auf die Erde zurück. Das kann man sich ungefähr so vorstellen wie einen Schrank voller Kleidungsstücke (Körper). Jede Inkarnation besitzt eine besondere Persönlichkeit, die dir das Gefühl gibt, dein Schicksal selbst in der Hand zu haben. Doch leider ist dir dabei nicht bewusst, dass jedes dieser Kleidungsstücke, die du trägst, in seinen Möglichkeiten stark eingeschränkt ist, weil deine Seele sich in einem Zustand der Verwirrung befindet. Du sollst nicht voll und ganz erwachen und dir deines Lebens bewusst werden, denn sonst würdest du dich danach sehnen, geheilt zu werden, und wenn du deine Seele heilst, wirst du nie wieder freiwillig auf die Erde zurückkehren wollen – und dann hast du einen ganzen Schrank voller ungetragener Kleider.

Seele und Ego beginnen ihre gemeinsame Reise im Augenblick der Empfängnis. Zu diesem Zeitpunkt existiert die Energie für ein neues Leben bereits hinter den Kulissen. Bei deinem ersten Atemzug treten deine Seele und dein Ego Hand in Hand in dein Herz ein. Beide sind während deines ganzen Lebens präsent.

Deine Seele steht mit deinem höheren Selbst in Verbindung, und dieses höhere Selbst, das *Erinnerungen an deine außerirdischen Leben* in sich trägt, ist wiederum mit der Einheit Gottes verbunden. Das Ego dagegen steht mit der Energiequelle der Erde in Verbindung, die wir als Surrogatgott bezeichnen. Diese Energiequelle wurde durch Genmanipulation zu einem Abbild Gottes gemacht und irgendwann missbraucht. (Auf dieses Thema werde ich später noch näher eingehen.) Dein Geist ist auf künstliche Art und Weise blockiert; und selbst wenn du das in einer deiner irdischen Existenzen herausfindest, wirst du es doch wieder vergessen, wenn du aus dem Himmel in deine nächste Inkarnation hinabsteigst. Auf deinem Weg in die nächste irdische Existenz musst du nämlich den Fluss des Vergessens durchqueren, der deine bewussten Erinnerungen auslöscht. Manche Seelen, denen es gelingt, diesen Fluss sehr schnell zu durchqueren, können sich auf diese Weise ein paar ihrer Erinnerungen bewahren.

Das Ego

Das Ego repräsentiert deine menschliche Energie, die tief in der Energie der Erde (dem Surrogatgott) verankert ist, und erfüllt die wichtige Funktion, dich im Reinkarnationskreislauf festzuhalten. Das Ego ist damit ein *Anker für deine Seele*, der es dir ermöglicht, auf der Erde in einem physischen Körper zu leben und zu gedeihen. Vorläufig ist dieses Ego also dein Helfer und Beschützer.

Wenn Herz, Seele und Ego einander zum ersten Mal begegnen (wodurch eine Energie-Dreiheit entsteht), tauschen Seele und Ego sofort Dateien miteinander aus, die Informationen über deine früheren Seelenreisen und deine Seelenverletzungen beinhalten. Das ist ungefähr so, wie wenn man Informationen von einem Smartphone auf das andere überträgt, indem man die beiden Telefone durch Kabel miteinander verbindet.

Das Ego nimmt Seelenverletzungen als potenziell lebensbedrohlich wahr, und seine Lebensaufgabe besteht darin, dich zu beschützen. Mit anderen Worten: Dein Ego ist wie eine Schwimmweste, die dich am Leben erhält, während deine Seele seine Lebenserfahrungen oder dein Lebensabenteuer durchläuft. Dein höheres Selbst wartet indessen geduldig darauf, dass du herausfindest, was es mit alldem auf sich hat, damit du nicht weiter im Kreis herumirrst, sondern geheilt und ganz werden und wieder nach Hause zurückkehren kannst.

Das Ego ist dein wichtigster Beschützer, aber gleichzeitig auch deine größte Blockade. Seine Hauptaufgabe besteht darin, dafür zu sorgen, dass du überlebst, dich fortpflanzt und im Reinkarnationskreislauf verbleibst. Dein Ego interessiert sich nicht für Spiritualität, für die Weiterentwicklung deiner Seele oder für deine Sehnsucht danach, wieder nach Hause zurückzukehren; doch um dir einen Gefallen zu tun, tut es so, als ob ihm etwas daran läge.

Im Alter von sieben Jahren steigt dein Ego in dein drittes Chakra hinab, während deine Seele in deinem vierten Chakra verbleibt.

Du

Wenn dir all das bewusst wird, ist das für dich ein großes Aha-Erlebnis. Endlich begreifst du, dass es viel mehr gibt als das Leben, das du zurzeit führst. Nun hast du es plötzlich mit zwei verschiedenen Energiekräften zu tun, die fast ständig miteinander darum konkurrieren, das Steuer deines Lebens in der Hand zu halten. Jetzt wirst du große Höhen und Tiefen erleben.

Denk daran: Dein Ego, das sich stark mit dem Menschen identifiziert, der du bist, hat die Aufgabe, dich um jeden Preis zu beschützen, während deine erwachte Seele dich so schnell wie möglich auf eine Seelenheilungsreise bringen will. Diese beiden verschiedenen Energiekräfte solltest du bewusst wahrnehmen und dir ihrer Existenz stets bewusst sein. Da auf der Erde das Prinzip der Dualität herrscht, musst du dich stets mit zwei Hauptinstanzen (deinem menschlichen Ego und deiner unendlichen Seele) identifizieren. Diese beiden Instanzen – deine beiden aktiven DNA-Hauptstränge – werden durch das Symbol des Kreises dargestellt.

Ein Wagen mit drei Rädern

Die Zahl Drei hat eine sehr positive Wirkung. Wenn du mit einem Prozess der inneren Wandlung, Heilung und Weiterentwicklung beginnen möchtest, musst du dir zunächst einmal über das Wesen deiner Seele und deines Egos klar werden. Als Nächstes kannst du durch Hinzufügung deiner Energie eine Dreiheit schaffen, die als Katalysator für eine Veränderung wirkt.

> Der erste Aspekt dieser Dreiheit ist deine erwachte Seele.
> Der zweite Aspekt ist dein Ego.
> Das dritte Element ist dein physisches Du,
> ein Bewusstsein.

Durch eine Kombination dieser drei Elemente kann die innere Wandlung entstehen, nach der du dich sehnst. Wir wissen, dass das verwirrend klingt, weil wir damit ein ganzes Wesen in drei verschiedene Teile aufsplitten, die alle von einem Herzen zusammengehalten werden. Stell dir einfach vor, du seist ein Wagen mit drei Rädern. Jedes Rad steht für eines der obengenannten Elemente. Bei den meisten Menschen bewegen sich diese drei Räder in verschiedene Richtungen: Du hast das Gefühl, dich vorwärtszubewegen, obwohl du in Wirklichkeit nicht vom Fleck kommst. Um deinen Bestimmungsort zu erreichen, musst du jedem dieser drei Räder die gleiche Aufmerksamkeit schenken. Eigentlich brauchst du nur zu lernen, wie man es schafft, dass alle drei Räder zur selben Zeit in dieselbe Richtung fahren.

Ego und Seele sitzen abwechselnd auf dem Fahrersitz deines Wagens, wobei jede dieser Phasen sieben Jahre dauert. Und natürlich hat es großen Einfluss auf dein Leben, wer das Steuer in der Hand hält. Was bedeutet das? In den Seelenjahren hat deine Seele ein bisschen mehr Einfluss auf deine Lebensreise. Diese Zeiten eignen sich am besten dazu, aus deinem Herzen und deiner Seele heraus etwas zu erschaffen. Du fühlst dich kreativer und freier. In den Egojahren konzentrierst du dich dagegen mehr auf deine Sicherheit im irdischen Leben und leidest stärker unter Ängsten. Wenn dir diese energetischen Muster bewusst werden, kannst du dich leichter durch sie hindurchmanövrieren und dafür sorgen, dass sie dir etwas Positives bringen, statt dein Leben zu sabotieren.

0-7:	Seelenjahre
7-14:	Egojahre
14-21:	Seelenjahre
21-28:	Egojahre
28-35:	Seelenjahre
35-42:	Egojahre
42-49:	Seelenjahre
49-56:	Egojahre
56-63:	Seelenjahre
63-70:	Egojahre

70-77:	Seelenjahre
77-84:	Egojahre
84-91:	Seelenjahre
91-98:	Egojahre ... *und so weiter*

Das Ende des Zyklus

Am Ende deines dreidimensionalen physischen Lebens ermöglicht dein letzter Herzschlag dir einen letzten Atemzug. Ego und Seele verlassen ihr Gefäß und trennen sich teilweise voneinander: Das Ego ruht jetzt in der dreidimensionalen Energie der Erde und die Seele im vierdimensionalen Himmel. Die Symbiose zwischen diesen beiden Energien lässt sich mit der Zwillingsflammenenergie einer Liebe/Hass-, Bedürfnis-/Verlangen-Beziehung vergleichen.

Wenn dein Ziel darin besteht, den Kreislauf der Reinkarnationen zu beenden, musst du bewusst an einer Heilung dieser verschiedenen Teile arbeiten. Du bist das dritte Partikel und besitzt enorme Selbstheilungsfähigkeiten. Der physische Körper ist ein Geschenk, dessen du dir gar nicht bewusst bist. Dieser Heilungsprozess beginnt damit, dein Ego und deine Seelenverletzungen liebevoll anzunehmen. Versuche einfach mit beiden enge Freundschaft zu schließen. Jeder dieser beiden Aspekte hat dir eine Geschichte zu erzählen und kann dir eine große Hilfe sein.

Das posttraumatische Belastungssyndrom der Seele (s-PTBS)

Einfach nur von einem Leben zum nächsten zu wandern, ohne deine Seele zu heilen, bringt Probleme für die Seele und für die

Qualität dieser verschiedenen Existenzen mit sich. Das Hauptproblem besteht darin, dass du dann im Reinkarnationskreislauf – zwischen der Erde und dem, was ihr Menschen als Himmel bezeichnet – gefangen bleibst. In deinem physischen Leben musst du oft Herausforderungen bestehen, die dir großen Schmerz bereiten. Vielleicht hast du Missbrauch, Armut, Hoffnungslosigkeit, Krankheit oder irgendein anderes Unglück erlebt, das dich quält und unsichtbare emotionale Narben auf deiner Seele hinterlässt. Nur Energien mit niedriger Schwingung hinterlassen solche Spuren. Wenn du dir nicht die Chance gibst, diese Narben in derjenigen Existenz zu heilen, in der sie entstanden sind, kehren die Aufzeichnungen dieser Traumata zusammen mit deiner Seele zum Himmel zurück und werden in deiner Akasha-Chronik und deiner Seelenhöhle aufgeschrieben. Prägungen dieser Narben wirst du in deine nächste Inkarnation mitnehmen. Wenn deine Seele mit Traumata (Zukunftsaufzeichnungen) überlastet ist, entwickelt sie ein seelisches posttraumatisches Belastungssyndrom (s-PTBS) und vergisst, dass sie ein Teil von Gott ist. Allmählich verliert die Seele ihre Hoffnung und ihren Glauben und verirrt sich. Das ist die jetzige Situation vieler auf der Erde inkarnierter Seelen – je nachdem, wie viele ungeheilte Existenzen sie seit dem Atlantischen Zeitalter durchlebt haben.

Die Seele ist unendlich, Liebe ist unendlich, und Liebe ist die höchste Energie, mit der man seine Seele heilen kann.

Du bist ein Seelenheiler

Die Plejader sind Seelenheiler. Auch Sternenkinder von den Plejaden sind Seelenheiler. Die Erde braucht zurzeit viele Seelenheiler. Wenn du dich mit den Plejadern oder irgendeinem anderen Sternenvolk verbunden fühlst, gehörst du zu diesem Volk. Wir sind deine Vorfahren. Du trägst unsere DNA in dir und besitzt (wie wir es gerne ausdrücken, weil das aufregender klingt) »besondere Fähigkeiten« – bis du zu der Erkenntnis kommst, dass daran eigentlich gar nichts Besonderes ist. Solche Fähigkeiten sind genauso normal, wie blondes oder schwarzes Haar zu haben. Unsere kollektive Mission besteht darin, der Erde und ihren Bewohnern bei der Heilung ihrer Seele zu helfen, damit sie aus der Energie der Angst zu einer Frequenz bedingungsloser Liebe aufsteigen und letztlich universalen Frieden erreichen können.

Außerirdische oder Menschen – wir sind alle eins. Keiner ist besser als der andere. Das Leben auf der Erde ist eine Lernerfahrung. Du kehrst in verschiedenen Körpern, Rassen und Hautfarben und mit wechselnden sexuellen Präferenzen auf diese Welt zurück. Vielleicht sprichst du dabei immer wieder eine andere Sprache und hast andere spirituelle oder religiöse Überzeugungen. Auf der Erde lernst du, diese Unterschiede zwischen dir und anderen Menschen beiseitezuschieben und die Welt für deine Mitmenschen zu bewahren, und kehrst dann wieder nach Hause zurück. Vielleicht weiß ein Mensch mehr oder besitzt mehr Fähigkeiten als ein anderer; doch jeder kann etwas lernen, wenn er den Willen dazu hat.

LETZTLICH SIND WIR ALLE EINS!

4D ist eine Falle für die Seele

Die vierdimensionale Welt ist ein faszinierender Ort, aber auch eine Falle für die Seele. Wenn die Seele ein s-PTBS entwickelt, verfängt sie sich im Reinkarnationskreislauf. Auf der Erde gilt nämlich das Gesetz, dass alles, was auf der Erde geschieht, auch auf diesem Planeten wieder geheilt werden muss. Wenn du in deinem physischen Gefäß (Körper) ein Trauma erlebt hast, muss dieses Trauma auch in deinem physischen Körper oder durch ihn geheilt werden. Ein s-PTBS lässt sich nicht heilen, während die Seele sich außerhalb des Körpers befindet (nach dem Tod) oder sich in der vierdimensionalen Energie (dem Himmel) von ihrem irdischen Leben erholt. Der Himmel ist ein wunderschöner Ort, an dem du das Gefühl hast, einen herrlichen Urlaub zu genießen und dir deinen Urlaubsort dabei selbst aussuchen zu können, denn du kannst gehen, wohin du willst! Im Himmel erlebt deine Seele einen Zustand ekstatischen Glücks und unendlichen Friedens, fern vom Leid der Erde, und vergisst ihren ursprünglichen Wunsch, den Weg zu den Plejaden oder zu Gott zurückzufinden, völlig.

Irgendwann wird die Seele von der Energie des Egos aus dem Himmel wieder zur Erde hinuntergezogen, um eine weitere Lektion zu lernen. Doch keine dieser Lektionen führt zu einer bewussten Seelenheilung – das ist das Problematische daran. Oft bringen einem diese Lektionen nur weitere Formen des Leidens, so dass noch eine s-PTBS-Schicht entsteht. Und dadurch kann es passieren, dass die Seele für immer in diesem Reinkarnationskreislauf gefangen bleibt und immer wieder das Bedürfnis verspürt, zur Erde zurückzukehren. Das ist ein »wunderbares« Muster ohne Ende.

Der Einzige, der dieses Muster durchbrechen kann, bist du, denn du besitzt die Kraft deines physischen Körpers und deiner bewussten Seele! Deshalb können wir an dieser Stelle nur noch einmal wiederholen: »Einen physischen Körper zu haben, ist ein Geschenk.«

Keine Panik!

Bitte erschrick jetzt nicht. Dieses Reinkarnationsmuster setzt sich so lange fort, bis dir klar wird, dass du aus diesem Kreislauf entfliehen möchtest und bereit bist, dich von deinem s-PTBS zu heilen. Der plejadische Code erschließt dir die riesige Bibliothek in deinem Inneren, in der du uraltes Wissen über deine Herkunft und deine Heilung entdecken kannst. Wissen ist Macht; und deine Macht ist in deiner Seele gespeichert und wird von deinem höheren Selbst bewacht. Wenn deine Seele geheilt wird, gewinnst du deine Macht zurück. Wie wir bereits in Kapitel 1 erwähnt haben, umfasst diese Macht beide Pole – das Schöpferische und das Zerstörerische –, und du lernst, sie alle beide zu meistern.

Die Heilung deines s-PTBS ist ein langsamer Weg, der dich von deinem jetzigen Leben bis zu deiner allerersten irdischen Existenz zurückführt. In diesem Buch werden wir dir ein paar Geschichten von solchen Heilungen erzählen. Sie sollen dir als Anregungen für das Finden deiner eigenen Geschichte dienen. Lass dich von deinem Ego oder deiner ungeheilten Seele nicht herumschubsen, sondern werde zu deinem eigenen Heiler! Durch dieses Buch liefern wir dir die fünfdimensionale Energie bedingungsloser Liebe. Deine Aufgabe besteht darin, Selbstliebe, innere Kraft und Güte in deinem dreidimensionalen irdischen Körper zu erwerben. Denke daran: Ein s-PTBS muss aus und mit der *Energie deines dreidimensionalen Körpers* geheilt werden. Sobald du das geschafft hast, kann deine Seele sich mühelos zwischen der drei- und fünfdimensionalen Energie hin und her bewegen, obwohl sie sich immer noch in deinem physischen Körper befindet. Das haben unsere Vorfahren in Atlantischer Zeit getan, und sie waren nicht an den Reinkarnationskreislauf gebunden und auch nicht im Himmel gefangen, wenn ihre Seele ihr irdisches Gefäß verließ.

Es gibt keine einfachen Abkürzungen. Diese Reise ist wie ein Weg, den man an einem nebligen Tag zurücklegt: Man kann dabei immer nur ein paar Meter weit sehen. Du musst lernen, auf deine innere Führung zu vertrauen, dich auf deine eigenen Entscheidungen zu verlassen und keine Angst mehr vor dem

Unbekannten zu haben. Vertraue einfach darauf, dass die Plejader, das Universum und Gott hinter dir stehen. Falls du je einem Geistführer begegnen solltest, der dir vorschreiben will, was du zu tun hast, oder deinem Ego mit faszinierenden Informationen über frühere Leben schmeichelt: STOPP! Auch wenn Geistführer dir Angst einjagen oder mit dir verhandeln wollen, solltest du es dir zwei Mal überlegen, bevor du dich darauf einlässt, mit ihnen zu arbeiten.

Siobhan (Akasha-Chronik)

Barfuß stand Siobhan auf einem von Wildblumen übersäten Feld. Sie trug eine hübsche, einfache kurzärmelige Bluse, die sie in ihren knöchellangen Leinenrock hineingesteckt hatte. Siobhan war siebzehn Jahre alt und furchtbar verliebt. Sie sog den Duft des nahegelegenen Waldes tief in ihre Lungen hinein und staunte über die Schönheit der Natur. Sie fühlte sich frei wie ein Vogel, der überall hinfliegen kann, wohin er will. Sie war glücklich. Hinter ihr stand Aiden, ein hübscher junger Mann mit dunklem Haar und azurblauen Augen, der einen Kopf größer war als sie. Er hatte seine starken Arme um sie gelegt und küsste sie sanft auf die Schläfe. Aiden hatte etwas gefunden, wonach andere Menschen viele Leben lang suchen: wahre Liebe – die Frau seiner Träume, eine Mutter für die Kinder, die er später einmal haben würde. Er war genauso glücklich und zufrieden wie Siobhan. Liebevoll glitt ihre Hand über das schlichte Amulett, das er ihr geschenkt hatte: eine Münze, die an einem Lederband um ihren Hals hing. Es war ein Glücksbringer.

Der nächste Schauplatz, den wir sahen, war ein Steinhaus. Wir befanden uns um ungefähr 350 vor Christus in Irland. Siobhan wollte nicht in das Haus hineingehen; sie glaubte einfach nur, dort einen furchtbaren Schmerz erlebt zu haben. Ich bat sie, mir zu zeigen, was dort passiert war. Widerstrebend führte ihre Seele uns in das Haus hinein. Siobhan und Aiden waren verheiratet gewesen und hatten für kurze Zeit in diesem Haus gelebt. Als Nächstes beobachteten wir einen Streit zwischen den beiden. Es fühlte sich so an, als wollte Aiden unbedingt an einem Krieg teilnehmen. Offenbar handelte es sich dabei um einen Krieg gegen die Römer. Aiden hatte ein hitziges Temperament. Er war wütend, weil Siobhan nicht verstand, dass es seine Pflicht als irischer Kelte war, zusammen mit seinen Kameraden in den Krieg zu ziehen. Doch sie machte sich Sorgen um ihn. Wütend stürmte Aiden aus dem Haus. Siobhan stand mit tränenüberströmtem Gesicht in der Küche und strich mit den Händen sanft über ihren geschwollenen Leib. Sie war ungefähr im dritten Monat.

Wir gingen ein Stück weiter in die Zukunft und sahen Siobhan hysterisch schluchzen. Aiden war in einer Schlacht gefallen, und seine Kameraden brachten seine Leiche nach Hause, damit Siobhan sie zur ewigen Ruhe betten konnte. Siobhan lief in den Vorgarten ihres Hauses und sah eine einfache, von zwei Pferden gezogene Kutsche. Darin lag der kalte, tote, mit einem Tuch bedeckte Körper ihres Mannes. Siobhan war untröstlich. Sie trugen die Leiche ins Haus, damit sie sie für die Beerdigung vorbereiten konnte. Siobhan wollte es so. Sie wollte die letzten Stunden bei der großen Liebe ihres Lebens wachen, bevor sie Aidens toten Körper in die Erde legte. Die Wehen kamen zu früh, und an diesem Tag verlor Siobhan nicht nur ihren Seelengefährten, sondern auch ihr gemeinsames ungeborenes Kind. Sie war zornig und verzweifelt und gab sich selbst die Schuld an allem, was passiert war. Wenn es ihr doch damals nur gelungen wäre, Aiden dazu zu überreden, dass er bei ihr zu Hause blieb! Wenn sie doch nur nicht so wütend auf ihn geworden wäre; und wenn sie doch nur nicht ihr ungeborenes Kind verloren hätte – dann wäre ihr jetzt wenigstens noch ein Teil von ihm geblieben. Siobhan versank in einer tiefen, trostlosen Depression. Sie blieb weiter in dem Haus wohnen, zog sich aber von allen Menschen zurück. Freunde und Angehörige brachten ihr etwas zu essen in der Hoffnung, dass sie sich eines Tages wieder von ihrem Kummer erholen würde.

Siobhan lehnte die Gesellschaft anderer Menschen ab, wollte keine Freundschaften schließen und auch nicht wieder heiraten. Sie vergrub sich allein in ihrem Schmerz und hielt sich für die größte Versagerin aller Zeiten. So vergingen Jahre. Siobhan war immer noch eine gesunde Frau, aber das war ihr egal. Sie hatte beschlossen, dass sie es nicht verdiente, glücklich zu sein. Wenn sie doch nur einschlafen und nie wieder aufwachen würde! Eines Tages legte jemand Papier, Farben und Pinsel auf ihre Türschwelle. Skeptisch nahm Siobhan die Malutensilien an sich und ließ sie in ihrem Haus liegen. Eines Tages jedoch – immer noch wie betäubt vor Schmerz – nahm sie sie mit in den Garten hinaus und begann zu malen. Zu ihrem großen Erstaunen bewegten ihre Hände sich anmutig über das Papier, und sie malte die Natur, die sie umgab, wie eine begnadete Künstlerin. Es war, als stünde jemand hinter ihr, der sie fest umarmt hielt und ihre Hand führte. Während Siobhan malte, war sie von bedingungsloser Liebe erfüllt. Sie hatte das Gefühl, wieder in den Armen ihres geliebten Aiden zu liegen.

Leider zeigte Siobhan ihre Kunstwerke niemandem. Sie schämte sich, denn sie war überzeugt davon, als Ehefrau und Mutter versagt zu haben. Und sie schämte sich auch dafür, eine Künstlerin zu sein, denn zu jener Zeit wurden weibliche Künstler schief angesehen. Wenn in ihrer Seele ein Feuer gebrannt hätte, das ihr einen echten Glauben an ihre Kunst eingegeben hätte, wäre sie vielleicht eine erfolgreiche Malerin geworden und hätte den Respekt der Menschen in ihrem Dorf erworben. Siobhan wurde sehr alt. Sie malte viele Bilder, die vor allem Vögel und andere Motive aus der Natur darstellten, aber sie hat diese Bilder nie jemandem gezeigt. Sie starb allein und mit gebrochenem Herzen. In der Stunde ihres Todes lag ihre Hand auf dem Medaillon, das Aiden ihr geschenkt hatte, als sie noch jung und wahnsinnig ineinander verliebt gewesen waren.

Jamie

Jamie (Siobhan) ist ein Sternenkind von den Plejaden. Ich arbeitete ein paar Monate lang mit ihr, um sie in ihrem Leben vorwärtszubringen. Wir begannen jede Sitzung ihrer bewussten Seelenheilungsreise mit einer geführten Meditation (keiner Hypnose) und ließen uns von den Plejadern in die früheren Inkarnationen hineinführen, die Jamie noch einmal durchleben musste, um die Seelentraumata zu heilen, die sich in ihrer jetzigen Existenz manifestierten. Rätselhafte Blockaden hinderten sie nämlich daran, ein glückliches Leben zu führen.

Jamie hatte schon ihr Leben lang das unerklärliche Gefühl gehabt, sich verstecken und von einem Ort zum anderen flüchten zu müssen. Nach Beendigung ihres ersten Studiums hatte sie ein neues Studium begonnen. Unbewusst zögerte Jamie auf diese Weise den Beginn ihres Erwachsenenlebens hinaus. Das lag daran, dass ihre Seele immer noch schmerzliche Erinnerungen an den damaligen Verlust ihres Seelengefährten und ihres ungeborenen Kindes in sich trug. Aber nicht nur ihre Traumata aus früheren Leben, sondern auch ihre geheime Leidenschaft für die Kunst stürzten sie in heftige Schamgefühle. Ihr Ego manifestierte all diese wunderbaren Chancen, zu reisen und zu studieren, und gab ihr das Gefühl ein, dass sie noch nicht bereit war, ein Leben als erfolgreiche Künstlerin zu beginnen, denn die Aufgabe des Egos bestand darin, sie davor zu bewahren, dass das gleiche oder ein ähnliches Szenario wie damals sich in ihrem jetzigen Leben wiederholte.

Diese Sitzung war ein bisschen anders, denn bei den Rückführungen in ihre frühere Existenz änderten wir nichts am Ausgang dieses Lebens, sondern brachten ihrer Seele nur bedingungslose Liebe, damit sie geheilt werden konnte. Wir verstanden und akzeptierten die Geschichte jenes Lebens und heilten sie mit Liebe. Diesmal leiteten die Plejader Siobhans Seele dazu an, all ihre Gemälde draußen in ihrem Hof auszustellen und die Dorfbewohner zu sich einzuladen, damit sie sich die Bilder anschauen konnten. Es war wichtig für ihre Seele, ihr Schamgefühl zu überwinden: Sie durfte sich nicht dafür schämen, eine Künstlerin zu sein, denn das ist in ihrem jetzigen Leben Jamies wichtigste Gabe.

Sie hat das Talent, anderen Menschen durch den Ausdruck ihrer künstlerischen Fähigkeiten Seelenheilung zu bringen. Die Augen sind das Tor zur Seele, und Kunst spricht unsere Seele in ihrem tiefsten Inneren an. Selbst in ihrem früheren Leben hatten Kunst und die Leuchtkraft der Farben Siobhans Seele Frieden gebracht. Sie brauchte sich nur zu verzeihen, denn das Unglück, das sie in ihrer damaligen Inkarnation erlebt hatte, war nicht ihre Schuld gewesen. Ihre Seele wollte geheilt werden, und das gelang Jamie auch.

In unserer Sitzung schaffte Jamie es unter Anleitung der Plejader, allen Beteiligten ihres damaligen Lebens zu verzeihen: sich selbst, Aiden, ihrem gemeinsamen ungeborenen Kind, den Feinden, die Aiden getötet hatten, und den Menschen, die ihn dazu angestiftet hatten, in den Krieg zu ziehen. Jamie ließ bedingungslose Liebe in alle Personen hineinströmen, die damals an diesem Unglück beteiligt gewesen waren, ging in den Garten und betrachtete ihre Bilder. Als sie sah, wie andere Menschen die Bilder lächelnd anschauten, Freude daran hatten und sie als den Menschen akzeptierten, der sie war, ließ sie bedingungslose Liebe in sich selbst hinein, bis sie ganz erfüllt davon war. Als wir ihre frühere Existenz in Irland hinter uns ließen, hatte Jamie alles, was damals passiert war, hingenommen und akzeptiert. Jetzt gab es nichts mehr zu heilen.

Nach dieser Meditation sah Jamie alles mit ganz anderen Augen. Sie begriff, dass sie vor ihrem Leben davongelaufen war, weil sie Angst davor gehabt hatte, verletzt zu werden. Sie gestand mir, dass sie sich vor einer langfristigen Partnerbeziehung fürchtete und ihre bisherigen Beziehungen unbewusst selbst sabotiert hatte.

Ihre Seele erinnerte sich daran, wie schmerzhaft ihr damaliges Leben für sie gewesen war, und gab diese Information bei ihrer Empfängnis an ihr Ego weiter, damit es sie daran hindern konnte, sich zu verlieben. Jamie hatte nämlich Angst davor, dass ihre Seele dann einen Nervenzusammenbruch erleiden würde. Ihre Seele fürchtete sich davor, noch einmal das Gleiche wie damals zu erleben. Gleichzeitig hinderte Jamies Ego sie auch daran, die Berufung ihrer Seele zu erfüllen und eine erfolgreiche Künstlerin zu werden. Denn laut dem Informationsstand ihrer Seele würde Kunst nur ihre früheren negativen Schuld- und Versagensgefühle wieder zum Leben erwecken, was zu selbstzerstörerischem Verhalten führen könnte. Ihr Ego und ihre Seele orientierten sich immer noch an diesem uralten Programm und machten Jamies Leben zu einem verworrenen Chaos.

Nach dieser Sitzung vertraute Jamie mir an, dass sie ein paar Wochen zuvor wieder begonnen hatte, sich mit einem Mann zu treffen, den sie bereits seit mehreren Jahren kannte, aber schon seit einiger Zeit nicht mehr gesehen hatte. Die beiden begannen eine Liebesbeziehung, und er schenkte ihr eine goldene Münze. Dieser Mann erklärte Jamie, dass sie nicht immer davonlaufen musste, sondern die Freiheit besaß, zu tun, was auch immer sie wollte. Jetzt gehört ihr die Zukunft, und sie kann sie in allen Farben ausmalen, nach denen sie sich sehnt, und die ganze Welt an diesen Bildern teilhaben lassen!

3

Die plejadische Mission

»Die Menschheit durch Wissen zu befreien.«

Gott hat alles Leben im Universum erschaffen. Wir, die Plejader, haben ein paar Experimente durchgeführt, um die Wege Gottes so genau wie möglich zu erforschen. Später sind andere Sternenvölker zu uns gestoßen und haben an diesen Experimenten mitgewirkt. Bei einem unserer Experimente (das auch dich betrifft) haben wir das Leben auf der Erde gentechnisch verändert, um unseren eigenen Zwecken zu dienen: Wir haben einen außerirdischen Lebenssamen (Seele) mit einem Samen des Lebens von Gott (tierischer DNA) kombiniert. So entstand ein physischer Körper, der höhere Schwingungen in sich tragen und als irdisches Gefäß für ein Sternenkind dienen konnte.

Als wir zum ersten Mal auf die Erde kamen, gründeten wir Lemurien, wo wir aber immer nur kurze Zeit bleiben konnten, weil unsere Körper nicht für die Erdatmosphäre geschaffen waren. Wir bauten mehrere Verjüngungstempel in Lemurien, Atlantis und auf den nahegelegenen Planeten Maldek und Mars, die für uns leicht erreichbar waren. Außerdem diente der Mars uns als wichtigster intergalaktischer Flughafen, und wir beschafften uns auch einen Großteil unserer sehr fortgeschrittenen Technologien von dort. Vom Mars flogen wir dann in unseren Raumschiffen zurück zu den Plejaden, zu Sirius, Andromeda und Orion. Wieder zu Hause angekommen, verjüngten wir unsere Körper in ihrer natürlichen Umgebung. Doch dieser Prozess kostete uns viel Zeit und zehrte an unserer Energie.

Die gentechnische Veränderung

Unsere gentechnischen Experimente begannen zur Mitte des Atlantischen Zeitalters, als unsere außerirdische Bevölkerung sehr stark zunahm, da immer mehr andere Sternenvölker nach Atlantis kamen. Inzwischen hatten wir mehrere blühende Siedlungen in Atlantis gegründet, und der Bedarf an Verjüngungstempeln stieg schneller, als wir mit dem Bau dieser Tempel nachkamen. Der Zweck der Verjüngungstempel bestand darin, unsere Körper gesund und kräftig zu erhalten. Außerdem blieb unser Geist durch diese Tempel mit dem Geist des Universums in Verbindung, denn unser Bewusstsein war auf die fünfdimensionale Energie (und höhere Energien) eingestimmt.

Wir wollen nun in Gedanken ein paar Milliarden Jahre zurückgehen und uns vor Augen führen, wie das Leben auf der Erde sich entwickelt hat. Auch vor der Gründung von Lemurien waren schon ein paar außerirdische Siedler auf die Erde gekommen. Lemurien war eine außerirdische Zivilisation mit begrenzter Einwohnerzahl. Wir brachten viele Pflanzen, Bäume und das, was ihr als magische Wesen bezeichnen würdet – beispielsweise Feen, Elfen, Meerjungfrauen, Delfine, Drachen und Einhörner – nach Lemurien mit. In unserer Welt sind diese Wesen allen anderen Geschöpfen gleichwertig. Sie wollten ebenfalls zur Kultur von Lemurien gehören. Das Leben in Lemurien war organischer Natur. Alle außerirdischen Wesen ernährten sich von spiritueller Energie und von ihrer engen Verbindung zur Energie des Universums. Sie bereiteten pflanzliche Heilmittel aus Bäumen und anderen Pflanzen zu, die sie von ihren Heimatplaneten auf die Erde gebracht hatten. Die ersten dieser Pflanzen stammten von den Plejaden.

Wesen mit dichteren Körpern nutzten physische Energie, um Häuser, Dörfer, Städte und Verkehrsmittel zu bauen und Lebensmittel zu erzeugen. Diese Wesen brauchten die Verjüngungstempel besonders dringend. Die Wirkung dieser Verjüngung hielt lange an – ungefähr einhundert Jahre.

Die Lemurer brachten sehr fortgeschrittene Technologien mit, die sie aber nur dann nutzten, wenn sie sie brauchten. Sie lebten nämlich am liebsten im Einklang mit der unberührten Erde und ließen sich dabei von ihrer starken Intuition und inneren Führung leiten, die von ihrer Verbindung zu Gott herrührte. Diese Zivilisation wurde hauptsächlich von Frauen – Hohenpriesterinnen oder Göttinnen, wenn man sie so nennen will – angeführt. Die weibliche Energie ist nährend, liebevoll und mitfühlend, und genau so könnte man die Energie von Lemurien bezeichnen: nährend, liebevoll und voller Mitgefühl wie das Herz einer Mutter.

Die Wesen, die sich dort angesiedelt hatten, lernten, in der dreidimensionalen Welt der Erde aus ihrem Herzen heraus zu leben und dabei gleichzeitig in ihrem fünfdimensionalen Bewusstsein zu bleiben. Sie hatten kein Bedürfnis, megalithische Bauwerke zu errichten, neueste Hightech-Geräte zu nutzen, in materieller Hinsicht vorwärtszukommen oder die Erde in irgendeiner Weise zu verändern. Sie ehrten und liebten die Erde und ihre Fülle an natürlichen Kristallen, unberührter Natur und reinen Gewässern. Dieses Einssein mit ihrer Umwelt erleichterte es ihren Körpern, sich an das Leben auf der Erde anzupassen. Durch Zeremonien, durch ihre Ehrfurcht vor der Erde und dadurch, dass sie die Energien der Erde und des Universums miteinander verbanden, wurde die Intuition der Lemurer im irdischen Bereich immer stärker. Sie entwickelten sich zu Meistern der Pflanzenheilkunde und kombinierten dabei die natürlichen Schätze der Erde mit Pflanzen aus dem Universum.

Die erste DNA-Mutation fand in Lemurien statt – allerdings nicht absichtlich. Im Pflanzenreich sind immer noch Informationen von den alten Lemurern gespeichert, die damals auf der Erde lebten. Das ist einer der Gründe, warum alle physischen Erkrankungen des menschlichen Körpers sich durch Pflanzenheilkunde beheben lassen. Wer sich mit dieser Heilkunde und mit ätherischen Ölen beschäftigt und die Sprache der Pflanzen und Bäume intuitiv versteht, tritt mit dem Geist der alten Lemurer in Verbindung.

Natürlich entwickelte das von Gott geschaffene Leben, das schon vor unserer Ankunft auf der Erde existiert hatte, sich auch ohne Eingreifen der Lemurer langsam und allmählich weiter. Auf der Erde waren bereits das Mineralreich, das Pflanzenreich und das Tierreich entstanden. Das Tierreich war am primitivsten, aber es war das einzige Reich mit einem belebten physischen Körper. (Beachte auch hier wieder die Energie-Dreiheit.)

Lemurien wurde als erfolgreiches Experiment beurteilt. Ungefähr im dritten Viertel unserer Zeit in Lemurien äußerten viele andere Sternenvölker – vor allem die Lyraner – Interesse daran, zu uns auf die Erde zu kommen, und wir waren einverstanden damit. Da wir wussten, dass wir unseren Lebensraum auf der Erde dann vergrößern mussten, begannen wir den Innenraum der Erde zu erforschen. Im Laufe der Zeit gründeten wir Städte im Erdinneren, die auch heute noch existieren und voll funktionsfähig sind. Einige Sternennationen waren unzufrieden damit, in einer natürlichen Umgebung zu leben; sie sehnten sich nach hochentwickelten Zivilisationen, die denen ihrer Heimat ähnelten. So sind die Inseln von Atlantis entstanden. Obwohl diese atlantischen Siedlungen auf dem Festland errichtet wurden, nannten wir sie »Inseln«, da sie sich von dem natürlichen Leben auf der Erde absondern wollten.

In dieser Geschichte, die wir euch jetzt erzählen wollen, kommen wir zur Zeit der herrlichen Atlantischen Inseln auf die Erde – blühender außerirdischer Siedlungen mit einem hohen Bedarf an Verjüngungstempeln. Physische 3D-Siedlungen lassen sich nicht durch Gedankenkraft manifestieren, wie man es in vielen Science-fiction-Filmen sieht. Um auf physischem Weg etwas zu erschaffen, braucht man physische Materialien, die auf der Erde in Hülle und Fülle vorhanden waren. Man muss dazu Werkzeuge (die wir besaßen) und physische Kraft einsetzen. Aber auch wenn diese Werkzeuge noch so hochentwickelt sind, benötigt man trotzdem nach wie vor körperliche Kraft, um etwas zu erschaffen – und wenn diese Kraft nur darin besteht, auf die Knöpfe der Geräte zu drücken. Und wir haben mehr getan, als nur ein paar Knöpfe zu drücken!

Wir erklären dir das alles in sehr einfachen Worten, damit dir klar wird, dass wir gar nicht so viel anders waren, als du es heute bist. Unsere Körper in Atlantis waren nicht gut für die Ausführung körperlicher Arbeiten ausgerüstet, außerdem machte die Erdatmosphäre sie in zunehmendem Maße krank. Deshalb mussten wir uns oft – viel häufiger als die Lemurer – in den Verjüngungstempeln erholen. Das alle zehn Jahre tun zu müssen, erschien uns schon zu viel, doch allmählich wurden diese Zeitabstände immer kürzer, bis schließlich einmal pro Jahr eine solche Verjüngungskur erforderlich war. Das war für uns eine große Belastung, denn unsere Lebensspanne umfasste mehrere tausend Jahre.

Die Lyraner empfahlen uns, unsere außerirdischen Körper gentechnisch zu verändern. Sie hatten bereits Erfahrung damit gesammelt, denn sie hatten schon auf Centaurus erfolgreich gentechnische Experimente und DNA-Verschmelzungsprojekte durchgeführt. Alle Vertreter der zwölf wichtigsten ursprünglichen Sternennationen auf der Erde hielten diese gentechnische Veränderung für sinnvoll und sprachen sich einstimmig dafür aus.

Ursprünglich hatten wir vorgehabt, dafür tierische DNA zu verwenden, da der physische Körper, den wir brauchten, mit pflanzlicher DNA nicht so gut überlebensfähig war. Wir verwendeten damals verschiedenes tierisches Erbgut, aber keine DNA von Primaten. Es sollte ein kontrolliertes Experiment sein und sich *ausschließlich* auf unsere Sternenvölker beschränken.

An dieser Stelle möchten wir noch einmal betonen, dass alle Vertreter der zwölf wichtigsten ursprünglichen Sternennationen auf der Erde sich einstimmig für diese gentechnischen Veränderungen ausgesprochen hatten. Man darf die Schuld daran also nicht nur den Plejadern, Sirianern oder irgendeinem anderen einzelnen Sternenvolk geben.

Wir hatten uns alle damit einverstanden erklärt und tragen somit auch alle die Verantwortung dafür, was später mit den Menschen auf der Erde geschah.

Im Grunde verfolgten wir mit diesen gentechnischen Experimenten ähnliche Ziele wie ihr heute, wenn ihr plant, in Zukunft irgendwann einmal auf dem Mars leben zu können. Wenn ihr das dazu erforderliche Wissen besäßt, würdet auch ihr eure Körper gentechnisch so verändern, dass ihr für längere Zeit auf dem Mars leben und dabei gleichzeitig immer noch mit euren Familien auf der Erde in Verbindung bleiben könntet. Wir waren damals gar nicht so viel anders als ihr heute; wir verfügten einfach nur über fortschrittlichere Technologien.

Wir besaßen also das praktische Wissen und die Technologie, um auf gentechnischem Weg einen physischen Körper zu schaffen, der in der Erdatmosphäre überleben und gesund bleiben konnte. Aber wir hatten damals noch keine Erfahrung damit, so etwas in einer dreidimensionalen Welt zu tun. Wie schon in dem Buch *DNA-Aktivierung durch die kosmische Familie* erwähnt, hatten die Lyraner auf Centaurus bereits ein paar genetische Hybridprojekte gestartet. Dabei hatten sie außerirdische DNA verschiedener Sternenvölker miteinander verschmolzen und in unsere außerirdischen Körper implantiert. Doch um eine höherentwickelte Seele in einen dreidimensionalen physischen Körper einzupflanzen, war das lebendige Element der Erde – ein Teil von Gottes ursprünglicher Schöpfung – erforderlich.

Spirituelle und mathematische Codes

Wie haben wir das gemacht? Wir orientierten uns dabei an spirituellen und mathematischen Codes, die der Erschaffung des Universums zugrunde lagen. Um das zu verstehen, muss man sich vor Augen halten, dass die außerirdische Zivilisation der Lemurer in spiritueller, die außerirdische Zivilisation der Atlanter dagegen in technologischer Hinsicht zur Blüte gekommen war. Diese beiden Zivilisationen existierten lange Zeit nebeneinander auf der Erde; also kombinierten wir bei unserem Experiment Aspekte von Atlantis und Lemurien miteinander.

In spiritueller Hinsicht ist die Erde als Ort der Dualität bekannt: Sie lebt von einem Muster des »Gebens und Nehmens«. Da wir diesen Avatar (Körper), den wir erschaffen hatten, bewohnen wollten, mussten wir damit eins werden und »geben«.

Surrogatgott Kristall

Als wir anfingen, tierische DNA (die wir von nun an als physische DNA bezeichnen werden) mit unserer außerirdischen DNA (die wir von nun an spirituelle DNA nennen wollen) zu verbinden, gelang es uns zunächst nicht, unsere Seelen in den gentechnisch hergestellten Körpern zu halten. Die Energie der Seele fühlte sich nämlich zu den höheren Dimensionen hingezogen. Das lässt sich mit einem Boot auf dem Ozean vergleichen: Die Seele segelt in göttlicher Energie über das Meer und richtet ihren Kompass darauf aus, wieder nach Hause zurückzukehren. Sie möchte naturgemäß nicht in einem physischen Körper verankert sein, und das stellte uns vor große Probleme. Wir mussten unsere Seelen also in diesen Körpern *einschließen*, so wie man einen Vogel in einen Käfig sperrt, damit er nicht wegfliegt.

Da kamen unsere Gentechniker auf die spektakuläre Idee, einen Surrogatgott-Simulator zu schaffen, um der Energie der Seele vorübergehend vorzugaukeln, dass sie zu den Tieren auf der Erde gehörte. Da der gentechnisch hergestellte neue Körper der Seele jetzt tierische DNA enthielt, funktionierte das tatsächlich: Statt sich zur wahren Gottesenergie hingezogen zu fühlen, gab sich die Seele nun mit dem Surrogatgott zufrieden. Genau wie ihr einen Server konstruiert, der mehrere Computer steuert, konditionierten wir das Kristallreich der Erde darauf, diese kombinierte DNA in sich einzuschließen, um alle Seelen auf der Erde zu steuern. Wir spielten also praktisch Gott und schufen einen gottähnlichen Simulator (einen starken Seelenmagneten), damit unsere Seelen sich in ihren physischen Körpern wohl fühlten, statt »wegfliegen« zu wollen. Wir haben unsere Seelenessenz also willentlich in der irdischen Dimension eingefangen und verankert.

Der Surrogatgott Kristall wurde zum zentralen Aufbewahrungsort unserer DNA. Bald stellten wir fest, dass das einen unerwarteten Vorteil hatte: Wenn der Körper funktionsunfähig wird (stirbt) und die Seele ihn verlässt, kann die Seele anschließend leicht wieder in die irdische Dimension zurückkehren. Diese Entdeckung begeisterte uns. Unser Anker entfaltete also tatsächlich die gewünschte Wirkung! Das eröffnete uns unglaubliche Chancen, über längere Zeit in verschiedenen Körpern auf der Erde zu leben. Den meisten Sternenwesen gefiel es auf der Erde. Sie sollte ein Paradies sein, in dem unsere Sternenbrüder und -schwestern uns besuchen konnten. Irgendwann machten wir uns keine Gedanken mehr darüber, dass wir den Gang unserer eigenen Evolution dadurch drastisch verändert hatten. Schließlich sollte das ja nur eine vorübergehende Lösung sein.

Später haben die Annunaki mithilfe derselben Technologie die natürliche Evolution der Primaten beschleunigt und menschliche Sklaven erschaffen. (Darüber werdet ihr später noch mehr erfahren.)

Eigentlich hatten wir geglaubt, dass diese DNA-Veränderung sich wieder rückgängig machen ließ, indem wir den Anker einfach wieder aus dem Surrogatgott Kristall herausholten, so wie man eine Datei von seinem Computer löscht. Doch leider war das, wie sich später herausstellen sollte, nicht ganz so einfach. Wir hatten uns einfach in dieses Genveränderungsprojekt hineingestürzt, ohne vorher irgendwelche Experimente dazu auf der Erde durchgeführt zu haben. Da wir nicht genau wussten, wie die tierische DNA unser Bewusstsein verändern würde, wirkten die meisten von uns einfach an diesem Experiment mit, ohne Fragen zu stellen. Nun begannen mit der Zeit bei vielen Sternenwesen unerwünschte Nebenwirkungen der niedrigen Schwingungsenergie der Erde aufzutreten. Wir erfuhren vom Ego. Mit anderen Worten: *Das Ego definiert die tierische DNA.* Wir entwickelten Emotionen wie Habgier, Stolz, Angst, Hass, Scham- und Schuldgefühle, und einige von uns begannen sich diesen Gefühlen entsprechend zu verhalten. Diese Sternenwesen nannten wir »vom Ego besessene« Geschöpfe. Im Laufe unserer Geschichte wurden sie auch immer wieder als »Söhne Belials« bezeichnet, und sie befinden sich auf dem Weg der Dunkelheit. Die anderen Sternenwesen, denen es gelang, auf einem spirituellen Weg des Lichts zu bleiben, sind in unserer Geschichtsschreibung unter dem Namen »Kinder des Gesetzes des Einen« bekannt.

Bei alldem dürft ihr nicht vergessen, dass wir uns ursprünglich mit guten Absichten auf dieses Experiment eingelassen hatten – es war einfach nur außer Kontrolle geraten. Wir verschmolzen die 5D-Energie der Seele mit der 3D-Energie des tierischen Egos und blieben dadurch letztlich auf der Erde gefangen. Das liegt daran, dass die Erde ein dreidimensionaler Bereich ist und die 3D-Energie viel dichter ist als die 5D-Seelenenergie, von der aus wir operierten. Das kann man sich ungefähr so vorstellen wie den Unterschied zwischen Gestein und Luft in eurer irdischen Welt: Man kann einen Stein leichter sehen und von A nach B bewegen als die unsichtbare Luft.

Viele Sternenwesen begeisterten sich so sehr für ihre neuen, äußerst funktionsfähigen Körper, dass sie geradezu besessen davon waren. Die Technologie funktionierte hervorragend, und die Ressourcen der Erde waren unerschöpflich. Und so kam es, dass diese Sternenwesen sich mit der Zeit immer weniger um ihre Seele und ihre spirituelle Energie kümmerten. Sie waren wie besessen vom Ego ihres Körpers. Sicherlich kennt ihr alle das Sprichwort, dass man niemandem helfen kann, der sich nicht helfen lassen will. Dieses Sprichwort galt auch damals in Atlantis schon.

Insgesamt *zwölf Sternennationen* verankerten einen Teil ihrer Seelenessenz im Kern der Erde und speicherten diese Energie im Kristallreich. Wenn du dir die Erde wie eine Art Computerprogramm vorstellen kannst, haben wir unseren

Speicherchip ins Kristallreich – den wichtigsten Bestandteil eurer Hauptplatine – gelegt. Unsere Energie befindet sich auch heute noch dort.

Die Sternenkarte

Genau wie ein Künstler seinen Namenszug auf seine Werke setzt, haben wir im physischen Körper eine Sternenkarte hinterlassen. Die Erde war einer von zwölf Planeten eures Sonnensystems. Ihr besitzt zwölf DNA-Stränge. Es gibt aber auch noch einen weiteren DNA-Strang: den dreizehnten Strang. Diesen Strang bezeichnen wir als *Gotteslinie*: Er verschmilzt alle Lebewesen miteinander und ist gewissermaßen unsichtbar. Dein DNA-Code lautet also 12 + 1. Der dreizehnte Strang ist ein Funke Gottes. Wir alle (auch die Außerirdischen) besitzen diesen Strang – unabhängig davon, wie wir aussehen, wer wir sind oder in welchem Teil des Universums wir leben. Wir sind alle Gott.

Doch um zu Gott werden zu können, muss man mehr wissen, als nur über die Existenz dieser dreizehn DNA-Stränge informiert zu sein.

Wenn du das ganze Kapitel gelesen hast, wirst du die Informationen in der untenstehenden Tabelle besser verstehen. Dort ist von drei Strahlen in drei verschiedenen Farben die Rede: Rot, Blau und Grün. In Ermangelung von Farben arbeiten wir hier mit Linien und nennen die Farben einfach beim Namen:

Rot (Platzhalter für die Vergangenheit) wird symbolisiert durch schräge Linien von links oben nach rechts unten; diese Farbe liefert den unteren drei Chakras und sechs Meridianen Energie – die Energie der Erde.

Sternenkartentabelle

Zukunft (Grün)		
Zukunft (Grün)		
Zukunft (Grün)		
Zukunft (Grün)		
Zukunft (Grün)		
Zukunft (Grün)		
Zukunft (Grün)		
Gegenwart (Blau)		
Gegenwart (Blau)		
Gegenwart (Blau)	7. Chakra (Grün)	7. Chakra (Violett)
Gegenwart (Blau)	6. Chakra (Grün)	6. Chakra (Blau)
Gegenwart (Blau)	5. Chakra (Grün)	5. Chakra (Hellblau)
Gegenwart (Blau)	4. Chakra (Blau)	4. Chakra (Grün)
Gegenwart (Blau)	3. Chakra (Rot)	3. Chakra (Gelb)
Vergangenheit (Rot)	2. Chakra (Rot)	2. Chakra (Orange)
Vergangenheit (Rot)	1. Chakra (Rot)	1. Chakra (Rot)
Vergangenheit (Rot)		
Vergangenheit (Rot)		
Vergangenheit (Rot)		
Vergangenheit (Rot)		
Vergangenheit (Rot)		

Blau (Platzhalter für die Gegenwart) wird symbolisiert durch Querlinien von links nach rechts; diese Farbe liefert dem ersten Chakra (der Basis) und zwei Meridianen Energie – die Energie des Nervensystems.

Stufe 21: Seele	5D	Fibonacci-Zahl 21
Stufe 20: Ego		
Stufe 19: Seele		
Stufe 18: Ego		
Stufe 17: Seele		
Stufe 16: Ego		
Stufe 15: Seele		
Stufe 14: Ego		
Stufe 13: Seele	4D	Fibonacci-Zahl 8
Stufe 12: Ego		
Stufe 11: Seele		
Stufe 10: Ego		
Stufe 9: Seele (Grün)	Fibonacci-Zahl 1 (Grün)	Fibonacci-Zahl 2
Stufe 8: Ego	Fibonacci-Zahl 1 (Gelb)	
Stufe 7: Seele		
Stufe 6: Ego		Fibonacci-Zahl 5
Stufe 5: Seele	3D	
Stufe 4: Ego		
Stufe 3: Seele		
Stufe 2: Ego		
Stufe 1: Seele		Fibonacci-Zahl 13

Grün (Platzhalter für die Zukunft) wird symbolisiert durch schräge Linien von links unten nach rechts oben; diese liefert den oberen drei Chakras und sechs Meridianen Energie – die Energie eurer außerirdischen Vorfahren.

3 + 6 + 1 + 2 + 3 + 6 = 21 2 + 1 = 3
Sieben Chakras: 4 x physische DNA, 3 x spirituelle DNA, in drei Gruppen unterteilt

Die Chakras umkreisen dein Herz. Sie stehen miteinander in Verbindung. Einige davon liegen auf derselben Umlaufbahn (3 & 5, 2 & 6, 1 & 7). Jede dieser Verbindungen ergibt die Zahl 8 (3 + 5 = 8, 2 + 6 = 8, 1 + 7 = 8). Die spirituelle Bedeutung der Zahl Acht verweist auf deine Unendlichkeit und auf das Wissen, dass du Gott bist.

Zwei DNA-Hauptstränge: physische DNA (Ego) und spirituelle DNA (Seele); jede der 21 Stufen wird von einer Haupt-DNA geprägt.

Acht Fibonacci-Zahlen: Man braucht acht Fibonacci-Zahlen, um die 21. Stufe zu erreichen und den Reinkarnationsprozess abzuschließen. Auch die spirituelle Bedeutung der Fibonacci-Zahlen weist darauf hin, dass du zu deinem eigenen Gott wirst.

Die Chakras

Wenn du dich nicht mit Energieheilung auskennst, wirst du diese Ausführungen vielleicht nicht richtig verstehen, doch wir wissen: Sobald deine Seele diese uralten Lehren wiedererkennt, wird sie Synchronizitäten in deinem Leben herbeiführen, die dir ein Verständnis dafür vermitteln.

Im physischen Körper gibt es sieben Hauptchakras, weil die Erde der siebte Planet aus dem äußeren Ring war. Die Chakras sind deine horizontale Energie. Jedes Chakra ist wie ein separater Planet und von Ringen umgeben. Jeder dieser Ringe bildet eine Schicht deiner Aura (deines elektromagnetischen Schutzfeldes).

In euren Schöpfungsmythen werden die Plejaden immer als die Sieben Schwestern bezeichnet. Wenn du zum Sternenhimmel emporschaust, kannst du die sieben Sterne der Plejaden erkennen (obwohl in Wahrheit noch ein paar weitere zu den Plejaden gehören). Diese sieben Sterne sind die wichtigsten – genau wie eure Woche sieben Tage hat.

Sieben Hauptchakras, in drei Gruppen unterteilt

Gruppe 1 besteht aus Basischakra, Sakralchakra und Solarplexus. Diese drei Chakras werden vom roten Strahl der Heilung mit Energie genährt. In ihnen ist die energetische Information der Vergangenheit und früherer Leben gespeichert. Sie stehen eng mit der physischen Energie der Erde (Mineralreich, Pflanzenreich und Tierreich) in Verbindung.

Gruppe 2 besteht aus dem Herzchakra, dem Sitz deiner Seele. Dieses Zentrum steht mit deinem höheren Selbst in Verbindung und wird vom blauen Strahl der Heilung mit Energie genährt. Das Herz steuert dein Nervensystem und ist für sämtliche Aktivierungen zuständig. Dieses Chakra ist das wichtigste Zentrum deines irdischen Gefäßes, deiner Gegenwart, deines erwachten Bewusstseins. Es hat nichts mit Vergangenheit oder Zukunft zu tun, sondern ist das Zentrum des Jetzt (der Gegenwart). Du hältst die Zügel deines DU fest in der Hand.

Gruppe 3 besteht aus Kehlkopfchakra, Stirnchakra und Kronenchakra. Diese drei Chakras werden vom grünen Strahl der Heilung mit Energie regiert. Sie stehen mit deinem höheren Selbst, deiner Sternenfamilie, dem Geist des Universums und der Zukunft in Verbindung.

Dein Herz ist deine Sonne, deine Solarbatterie, der Mittelpunkt deines Universums. Genau wie die Erde um die Sonne kreist, umkreisen diese Chakras dein Herz. Sie stehen miteinander in Verbindung; einige davon liegen auf derselben Umlaufbahn (3 & 5, 2 & 6, 1 & 7). Jede dieser Verbindungen ergibt die Zahl Acht (3 & 5, 2 & 6, 1 & 7). Die spirituelle Bedeutung der Zahl Acht verweist auf deine Unendlichkeit und auf das Wissen, dass du Gott bist.

$$3 + 5 = 8$$
$$2 + 6 = 8$$
$$1 + 7 = 8$$

Jedes deiner Chakras ist in zwei verschiedene Energien unterteilt. Diese beiden Energien sind zwei DNA-Hauptstränge: der spirituelle (Seele) und der physische Strang (Ego). Erinnerst du dich noch daran, dass wir damals eine Surrogatgott-Energie erschaffen mussten, um unsere Seele im Kern der Erde zu verankern? Wir mussten Codes in der physischen Energie installieren und haben dabei genau auf alle Details geachtet.

1. Chakra: physisch (Ego)

Mutter/Vater – Surrogatgott-Partikel: Du wolltest auf die Erde hinabsteigen; wir statteten dich mit den dazu notwendigen Überlebensfähigkeiten aus.

2. Chakra: spirituell (Seele)

Du – die ursprüngliche Energie deiner Blaupause: Kind, jugendliche Emotionen, Kreativität. Die ursprüngliche Energie hat keine Angst davor, dass irgendjemand dir einen Schaden zufügen könnte. Sie besitzt keine Überlebensfähigkeiten wie beispielsweise die Gabe zur Suche nach Nahrung oder Obdach. Diese Energie ist rein, unschuldig und liebevoll.

3. Chakra: physisch (Ego)

Mutter/Vater – Surrogatgott-Partikel: Wenn du (an irdischen Jahren gemessen) heranwächst, lernst du, selbst für dein Überleben zu sorgen. Außerdem kannst du die nötigen Voraussetzungen für das Überleben der nächsten Generationen schaffen und dafür sorgen, dass der Reinkarnationskreislauf immer weitergeht. Angst sichert das Überleben.

4. Chakra: spirituell (Seele)

Du – die ursprüngliche Energie deiner Blaupause: Liebe heilt alle Wunden. Durch Akzeptanz, Liebe und Vergebung werden Seelenverletzungen geheilt. Das ist deine ursprüngliche Blaupausenenergie. Bedingungslose Liebe ist die höchste Energie, die es gibt. Dies ist der Seelenheilungscode, der deiner Seele eingeprägt worden ist.

5. Chakra: physisch (Ego)

Mutter/Vater – Surrogatgott-Partikel: Wir haben dir eine Stimme gegeben, damit du deine Bedürfnisse äußern kannst, eine Stimme, um dich auszudrücken, und die Fähigkeit, die Realität zu erschaffen, die DU in der physischen Welt gern erleben möchtest. Wir haben das echte Gottpartikel (kein Surrogat) in dir belassen, damit du zum Schöpfer deiner eigenen Realität werden kannst.

6. Chakra: spirituell (Seele)

Du – die ursprüngliche Energie deiner Blaupause: Dieses Chakra ist die Verbindung zu deinem höheren Selbst. Du kannst ein Walk-in-Erlebnis herbeiführen, bei dem dein höheres Selbst in dich eintritt. Dein höheres Selbst lässt Ideen und Inspirationen in dich hineinfließen, damit du deine Seele befreien kannst.

7. Chakra: physisch (Ego)

Mutter/Vater – Surrogatgott-Partikel: Wir sind während der ganzen Zeit, die du auf der Erde verbracht hast, mit dir in Verbindung geblieben. Vertrauen ist der Schlüssel, der dir die Tür von der Gefangenschaft des physischen Lebens zum Reich Gottes öffnet.

Die Meridiane

Die Meridiane, die die chinesische Medizin beschreibt, sind deine vertikalen Energielinien. Es gibt zwölf Meridiane, deren Energie ineinanderfließt, so dass ein *Meridianrad* entsteht. Jeder Meridian versorgt mindestens ein physisches Organ mit Energie und leitet auch wiederum Energie daraus ab. Die Meridiane gehören zu deiner axiatonalen Linie (Pranaröhre).

Es gibt aber auch noch zwei weitere Meridiane – einen Hauptmeridian und einen Nebenmeridian –, die nicht zu dem aus zwölf Meridianen bestehenden Meridianrad gehören. Die Energiebahnen dieser beiden Meridiane verlaufen ein bisschen anders, weil sie miteinander zu einem Kreislauf verbunden sind. Beide Meridiane versorgen das Nervensystem, sämtliche Organe und alle sieben Chakras mit Energie. Sie sind deine angeborene Energie. Außerdem steuern sie deine Zirbeldrüse (vertikale Energie) und deine Thymusdrüse (horizontale Energie).

Die Haupt- und Nebenmeridiane verschmelzen miteinander zu einem Kreislauf und bilden die dreizehnte Meridianbahn, die wir als *Gotteslinie* bezeichnen. Du besitzt 12 + 1 Meridiane, und jeder Meridian beinhaltet die Informationen eines DNA-Strangs. Noch einmal zur Wiederholung: Dein DNA-Code lautet 12 + 1.

Doch vorläufig wollen wir uns nur auf zwölf Meridiane konzentrieren. Sechs dieser Meridiane stehen mit der Erdenergie in Verbindung: physische DNA (Dünndarm, Nieren, Dreifacher Erwärmer [dein Immunsystem], Leber, Dickdarm, Milz). Die anderen sechs Meridiane stehen mit der Energie des Universums (vor allem mit der Energie deiner Sternennation) in Verbindung: spirituelle DNA (Herz, Harnblase, Kreislauf, Gallenblase, Lungen, Magen).

Diese Information wird dir beim Energieheilen helfen: Die Erdmeridiane brauchen Erdenergie, und die dem Universum zugeordneten Meridiane brauchen Universumsenergie. Wenn du weißt, zu welcher Sternennation du gehörst, solltest du am besten Energie von deiner Sternenfamilie nutzen, um diese Universumsenergie zu channeln.

Ebenso wie die Chakras werden auch die Meridiane entweder mit Farben oder Zahlen gekennzeichnet. Wir geben dir hier den Farbcode, der ein bisschen anders ist als bei diesen Organen üblich. Bitte beachte, dass diese Farbcodes sich bei den Erd-DNA-Meridianen überlappen, während bei den Universums-DNA-Meridianen jeder Meridian nur einen Farbcode hat.

Rot: Dreifacher Erwärmer (Immunsystem), **Gallenblase**, Leber
Orange: Leber, **Lungen**, Dickdarm
Gelb: Dickdarm, **Magen**, Milz
Grün: Milz, **Herz**, Dünndarm
Blau (Hell- und Dunkelblau): Dünndarm, **Harnblase**, Nieren
Violett: Nieren, **Kreislauf**, Dreifacher Erwärmer

Die Kombination aus Chakra-, Meridian- und Gotteslinien-Heilung ist der Kernaspekt der uralten atlantischen Heilkunst. In Wahrheit ist sie sehr viel komplizierter, als wir sie hier dargestellt haben. Aber vorläufig liefern wir dir nur die Informationen, die du brauchst, *um zu erkennen, wer du bist.* Mit diesen

Informationen möchten wir in dir Erinnerungen an deine uralte DNA wecken, durch die diese DNA spontan aktiviert wird, wenn deine Seele sich das wünscht. Du kannst deine Absicht aber auch darauf richten, mit der Heilenergie für deine Seele und deinen Körper verbunden zu werden.

Der Zahlencode

Eigentlich könnte die Sprache Gottes auch in Zahlen gesprochen werden, denn Zahlen sind die universale Sprache, die von den Annunaki nicht verändert wurde. (Darüber wirst du in Kapitel 8 noch mehr erfahren.) Die Lichtsprache besteht teilweise aus Zahlen, in denen sich die heilige Geometrie ausdrückt. Heilige Geometrie ist ein Bewusstseinsmuster. Der Goldene Schnitt ist in deinem eigenen Körper zu finden.

Außerdem besteht deine Seelen-Körper-Existenz im Reinkarnationskreislauf – mathematisch gesprochen – aus 21 Stufen.

Es gibt sieben gleiche Teile, die für die Vergangenheit stehen, sieben gleiche Teile, die für die Gegenwart stehen (die sieben Hauptchakras), und sieben gleiche Teile, die die Zukunft repräsentieren (siehe auch die *Sternenkartentabelle*).

Stell dir diese drei Siebenergruppen nun wie eine Treppe mit 21 Stufen vor (3 x 7 = 21). Zurzeit lebst du in der Gegenwart; also solltest du dich in der zweiten Siebenergruppe auf den Stufen 8, 9, 10, 11, 12, 13 und 14 befinden. In diesem Buch gehen wir ausschließlich auf diesen mittleren Teil – *deine Gegenwart* – ein, damit du deine Seele von der Gegenwart aus von den Verletzungen heilen kannst, die ihr in der Vergangenheit zugefügt wurden. Du wirst lernen, all diese Stufen mithilfe der Fibonacci-Sequenz ineinander zu integrieren.

Die spirituelle Bedeutung der Fibonacci-Sequenz

Eine Lehre aus den Mysterienschulen

Die Fibonacci-Sequenz findet sich in der Natur, in Pflanzen, Tieren, Orkanen, den Proportionen deines Körpers und dergleichen mehr, aber auch in der Spiralform unserer Galaxis und an vielen anderen Orten. Sie gehört zu den 21 Stufen deiner Vergangenheit, Gegenwart und Zukunft. Daraus lassen sich wichtige Anhaltspunkte für die Seelenheilung und die Beendigung des Reinkarnationskreislaufs ableiten.

Falls du nicht mit der Fibonacci-Zahlensequenz vertraut sein solltest: Zu diesem Thema gibt es viele Informationen im Internet und in öffentlichen Bibliotheken. Wir werden hier mit der Zahlenfolge 1, 1, 2, 3, 5, 8, 13, 21 arbeiten.

Schau dir noch einmal die Tabelle mit den 21 Stufen an. Jede dieser Stufen repräsentiert Schwingung, Weisheit und Lehre. Die Stufen sind in drei Siebenersequenzen unterteilt, weil die Zahl Drei ein Katalysator ist.

Wie bereits erwähnt, solltest du dich in deinem JETZIGEN Leben auf den Stufen 8, 9, 10, 11, 12, 13, 14 befinden (jede Stufe repräsentiert eines deiner sieben Hauptchakras). Doch als wir die Seele und die tierische DNA im Surrogatgott Kristall verankerten, mussten wir die Schwingung des Körpers um zwei Stufen absenken, um in harmonischem Einklang mit der tierischen DNA zu bleiben und damit unsere Körper diese DNA nicht abstießen. Seit jenem Tag ist *deine Energie* ständig in der Energie der Vergangenheit eingesperrt. Deine Lebensstufen für dein JETZIGES Leben sind also 6, 7, 8, 9, 10, 11, 12.

Man kann das auch auf andere Weise erklären: Dein erstes und dein zweites Chakra sind in der vergangenen Energie gefangen und arbeiten mit einem sehr, sehr alten Programm. Zum

Zeitpunkt deiner Geburt hattest du noch ein paar Erinnerungen an frühere Existenzen (du erinnertest dich an die Essenz deiner wahren Identität), aber als Baby konntest du das der Welt noch nicht verständlich machen. In deiner Kindheit, die von deinen Seelenjahren geprägt war, konntest du dich immer noch an ein paar solche Erlebnisse zurückerinnern. Doch leider konntest du dir mithilfe dieser Erinnerungen nicht darüber klar werden, *wer du wirklich bist*, sondern wurdest von der Gesellschaft so geformt, wie sie dich haben wollte.

Als du dann im Alter von sieben Jahren in deine Ego-Jahre eintratst, bist du allmählich in dein drittes Chakra – deine Erwachsenenidentität – hineingewachsen.

Das dritte Chakra und dein Erwachsenen-Ich begannen dann mit der zweiten Siebenersequenz, und du warst fest davon überzeugt, dass dieses Erwachsenen-Ich der Mensch war, der du sein solltest. In dieser Phase hast du entweder versucht, dich an deine Gesellschaft anzupassen, oder du hast dagegen rebelliert. Du gingst dir praktisch in deinem eigenen Reich verloren. Dieses Vergessen deiner wahren Identität wurde von den Annunaki bewirkt, und zwar absichtlich. (Darauf werden wir später noch näher eingehen.)

Wie du dein Schicksal mithilfe der Fibonacci-Sequenz gestalten kannst

1, 1, 2, 3, 5, 8, 13, 21

Zahl 1 – *4. Chakra:* Die spirituelle Bedeutung der Fibonacci-Sequenz deiner Existenz als Sternenkind beginnt im Zentrum deines eigenen Universums, deinem Herzen – dem vierten Chakra, dem Sitz deiner Seele. Das Herz ist das erste Organ, das sich beim ungeborenen Kind entwickelt.

Wenn du durchs Leben gehst, ohne spirituell zu erwachen, hat die spirituelle Fibonacci-Sequenz für dich keine Bedeutung. Dann wird deine Energie ständig zwischen dem dritten und vierten Chakra, zwischen Seele und Ego hin und her gezogen und geschoben. Auch auf diese Weise kann man ein gutes Leben führen – je nachdem, welche Ansprüche du an ein gutes Leben stellst, das dich glücklich macht. Dagegen ist überhaupt nichts einzuwenden.

Doch oft werden dein viertes Chakra und deine Fibonacci-Sequenz durch irgendein Schockerlebnis aktiviert, zum Beispiel durch einen Unfall, sexuellen Missbrauch, großes Leid oder ein tragisches Ereignis. Durch glückliche Erlebnisse lässt sich diese Energie der inneren Wandlung – von einigen wenigen Ausnahmen abgesehen – leider nicht aktivieren. Wenn du nämlich zufrieden, glücklich, fröhlich, verliebt bist und/oder dich in einem Zustand spiritueller Unbewusstheit befindest, hat es für dich keine hohe Priorität, etwas an deinem Leben zu verändern. Nicht wir sind diejenigen, die das Unglück in deinem Leben herbeiführen – *deine Seele hat dieses innere Erwachen bereits vor rund vierhundert Jahren vorausgeplant.*

Die spirituelle Ankunft im vierten Chakra zu überstehen, ist ein Schock für Geist (Seele) und Körper (Ego). Das ist so, wie wenn man in einen lebensgefährlichen Unfall hineingerät und nur wie durch ein Wunder überlebt. Plötzlich ist alles in bewusster Energie deutlich sichtbar. Die Seele wird wahrgenommen, deine zentrale Sonne erstrahlt – vielleicht zum ersten Mal in dieser Inkarnation – in hellem Glanz. Jetzt wirst du bewusst Gefühle positiver Energie empfinden, wie du sie noch nie zuvor hattest, und spirituelle Höhenflüge erleben. Die bewusste Ankunft im Herzen ist eine lebensverändernde Erfahrung. Es ist sehr wichtig, jetzt bewusst und innerlich präsent zu sein. Dann wird dir klar, dass du dein Leben bisher durch eine rosarote Brille betrachtet hast: Du hast versucht, alles positiver zu sehen, als es in Wahrheit war. An diesem Punkt musst du dein Leben neu bewerten und dir darüber klar werden, was gut für dich ist und was nicht. Stell dir die Frage: »Wie geht es von nun an mit mir weiter?«

Jetzt wirst du allmählich deine »Ich«-Identität verlieren. Das wird dich vielleicht für eine Weile traurig machen und verwirren, und du wirst dir verloren vorkommen. Das ist ein guter Zeitpunkt, um mit der Energie der Vergebung zu arbeiten: dir und anderen Menschen zu verzeihen. Du solltest jetzt sehr behutsam und liebevoll mit dir selbst umgehen. Eines Tages wirst du erwachen und die Energie deiner inneren Kraft – deiner wahren Seelenkraft – spüren. Das ist ein unglaubliches Gefühl, denn dabei handelt es sich nicht um dein verändertes Ego, sondern um deine *Seelenkraft.* Es ist, als hätte dein inneres GPS sich aktiviert und würde dich nun zu deiner Lebensmission hinführen. Du musst nur deine Gedanken zum Schweigen bringen, um das zu spüren. Folge deiner Leidenschaft – der Freude, die aus deinem Herzen kommt – und fange an, aus dem Herzen heraus etwas zu erschaffen.

Zahl 1 – *3. Chakra:* Aus dem Herzchakra wandert die Spirale im Uhrzeigersinn nach unten zu deinem dritten Chakra. Diese Energie steht für deine physische Erschaffung. Das dritte Chakra ist das Ego. Die Gallenblase ist das zweite Organ, das sich beim physischen Embryo entwickelt. Gallenblase und Leber stehen stark unter dem Einfluss der Energie des Egos und speichern physische Emotionen wie Zorn und Angst.

Als du in deinem Herzen ankamst, spürte dein Ego, dass es jetzt Schwierigkeiten bekommen würde. Die Energie des Egos sichert dein Überleben und sorgt vielleicht auch für deine Fortpflanzung – aber das war es dann auch schon. Dein Ego wird viele »Tiefpunkte« in deinem Leben herbeiführen. Seine Energie wird entweder dazu führen, dass du dich selbst zum Opfer machst, oder dich zu einem Tyrannen werden lassen, der andere Menschen beherrscht und drangsaliert. Das soll dich ständig daran erinnern, wie gefangen du in deinem Leben bist – egal ob reich oder arm, gesund oder krank. Das Ego führt gern Leiden herbei, damit es so tun kann, als sei es dein Held, der dich wieder aus dieser Misere errettet.

Wenn du anfängst, mit deinem Ego zu arbeiten, kannst du es als eine Art Haustier betrachten, das Angst hat und Aufmerksamkeit braucht. Du kannst ihm einen Namen und ein lustiges Kostüm geben oder es mit einer komischen Stimme sprechen lassen, um dich zum Lachen zu bringen. Arbeite mit der Energie der Akzeptanz; akzeptiere alles, was in deinem Leben passiert ist. Achte darauf, wann du dich wie ein Opfer oder wie ein Tyrann fühlst. Mach dir deine physischen Handlungen und dein physisches Verhalten bewusst. Denke daran: Das dritte Chakra ist ein physisches Energiezentrum. An späterer Stelle in diesem Buch werden wir dir zeigen, wie du die Energie des Opfers und des Tyrannen heilen kannst.

Zahl 2 *(1 + 1 = 2) – 4. und 3. Chakra:* Dies ist deine erste energetische Verbindung, bei der zwei verschiedene Chakra-Energien miteinander interagieren. Das vierte Chakra (deine Seele) und das dritte Chakra (dein Ego) treten in einen Tanz der Dualität ein und bilden zusammen einen Bewusstseinskreis. Dabei handelt es sich um eine Push-pull-Energie. Du erlebst spirituelle Höhen und Tiefen. Diese Energie ist deine erste Falltür, denn sie stellt eine Herausforderung für dich dar. In den Mysterienschulen waren Herausforderungen ein fester Bestandteil des Lehrplans. Doch in ihrem jetzigen Leben haben die meisten Menschen keine Zeit, sich ein paar Jahre lang richtig in so einer Mysterienschule ausbilden zu lassen. Deshalb wurde der Lehrplan dieser Schule in dein Alltagsleben integriert, das ebenfalls viele Bewährungsproben beinhaltet.

Wenn du die erste Falltür öffnest und deiner ersten energetischen Feuerprobe begegnest, wirst du mit der Energie von Scham- und Schuldgefühlen überflutet. Diese Energie spürst du sowohl auf emotionaler als auch auf physischer Ebene. Selbst wenn du zur Spiritualität erwachst, kann es passieren, dass du ein Leben lang auf dieser Stufe gefangen bleibst. Diese Falltür kannst du überwinden, indem du dich um Akzeptanz und Vergebung bemühst.

Hierzu geben wir dir eine Energieübung: Lege die linke Hand auf deinen Solarplexus und die rechte Hand auf dein Herz. Schließe die Augen und konzentriere dich auf deine Atmung. Bleibe eine Minute lang (oder so lange, bis deine Atmung sich ein wenig verlangsamt) in dieser Position.

Stell dir vor, in dein Herz (deine Seele) einzutreten und dann in deinen Solarplexus (dein Ego) hinabzusteigen. Begegne deinem Ego. Du kannst dir dieses Ego so vorstellen, wie du möchtest: als Haustier oder als einen Teil deiner selbst – jede Vorstellung, die dir hilft, mit deinem Ego in Kontakt zu treten, ist gut.

Sprich mit deinem Ego! Führe ein gutes Gespräch mit dir selbst und frage dich, was dich aus der Fassung bringt, was dir Angst einjagt und dergleichen mehr. Besprich all dies der Reihe nach mit deinem Ego. Deine linke Hand liegt dabei immer noch auf deinem Solarplexus, und die rechte Hand ruht auf deinem Herzen. Frage, ob ihr beide das betreffende Problem akzeptieren könnt.

Sobald du einen Zustand der Akzeptanz erreicht hast, bring dieses »Problem« in dein Herz hinein. Verzeihe dir und allen anderen, die an diesem »Problem« beteiligt sind. Lerne Freundschaft mit deinem Herzen und deinem Ego zu schließen.

Zahl 3 *(2 + 1 = 3) – 5. Chakra:* Folge der Fibonacci-Spirale im Uhrzeigersinn und steige aus dem dritten ins fünfte Chakra auf.

Bitte orientiere dich dabei nicht an den visuellen Proportionen, sondern folge der Zahlensequenz:

(4. Chakra + 3. Chakra) + 5. Chakra, oder 2 + 1 = 3

Die Zahl drei ist ein Katalysator; jetzt wirst du mit zwei physischen Chakras und einem spirituellen Chakra arbeiten. Das aktiviert dein Nervensystem, den Träger deiner DNA. Deine Wirbelsäule ist das dritte Organ, das sich beim Embryo entwickelt, um deinen ganzen physischen Körper zusammenzuhalten.

Jetzt trittst du in eine Phase der Angst vor Selbstausdruck ein. Du wirst daran arbeiten, deine Ängste zu heilen, und eine erste Chance erhalten, deine Energie neu zu programmieren. Akzeptanz, Vergebung und bedingungslose Liebe sind die Energie-Dreiheit, die einen starken Katalysator in deinem Leben erzeugen kann. Jetzt kannst du beginnen, neue Frequenzen in deinem Leben zu erforschen und dich darauf einzustimmen. Zum Beispiel: Vielleicht hast du eine vorprogrammierte Frequenz, die dich in einem Zustand der Armut festhält. Jetzt erhältst du eine Chance, diese Frequenz zu ändern und dich auf eine Frequenz des Reichtums einzustimmen.

Wenn du dich bei allem Guten und Schlechten, das dir widerfährt, in dieser neuen positiven Frequenz ausdrückst, kannst du dich aus der Gefangenschaft dieser Falltür befreien. Neues positives Verhalten wird das Tor zu Synchronizitäten in deinem Leben öffnen. Jetzt wirst du eine stärkere Führung wahrnehmen. In Wahrheit war diese Führung schon immer da; sie ist dir vorher nur nicht so sehr aufgefallen.

Zahl 5 *(3 + 2 = 5) – 1. Chakra:* Nun wanderst du im Uhrzeigersinn vom fünften zum ersten Chakra hinab – in die Energie des physischen Überlebens hinein. Jetzt wirst du mit drei physischen und zwei spirituellen Chakras arbeiten.

(5. Chakra + 4. Chakra + 3. Chakra) + (2. Chakra + 1. Chakra) = 5, oder 3 + 2 = 5

Wenn du dieses Energieniveau erreichst, befindest du dich höchstwahrscheinlich schon seit einiger Zeit – vielleicht sogar seit vielen Jahren – auf deiner spirituellen Reise. Vielleicht zweifelst du am Sinn deiner irdischen Inkarnationen und würdest gerne wieder in deine Heimat im Universum zurückkehren. Jetzt wirst du mit weiteren Ängsten, Scham- und Schuldgefühlen konfrontiert. Du wirst diese Energien schichtweise von dir abwerfen, so wie man eine Zwiebel schält.

Diese Energie bringt dich an die Schwelle der zweiten Falltür. Deine Seele möchte diese zweite Falltür gerne überwinden, während dein Ego jetzt größere Angst um dein physisches Überleben hat als je zuvor. Am liebsten würde es dich an diesem Punkt festhalten; vielleicht macht es dich sogar krank oder manifestiert alle möglichen chaotischen Situationen, nur um dich hier zu halten. Dein menschliches Ego ermöglicht es dir, ein spirituelles Leben zu führen und erstaunlich hohe Bewusstseinsstufen zu erreichen, andererseits ist es nun einmal darauf programmiert, dich in Sicherheit und am Leben zu erhalten. Diesen Punkt zu überschreiten, ist unbekanntes Terrain für dein Ego. Du kannst dir dein Ego wie eine Art Haushund vorstellen, der gerade furchtbare Angst hat und laut bellt.

Auch jetzt musst du dich aber wieder deinen Ängsten stellen. Diesmal verbinden diese Ängste sich zu einem »Angstmonster«, das dein Ego aus lauter Liebe – um dich zu beschützen – erschaffen hat. Um dir verzeihen zu können, musst du deine Ego-Energie verstehen.

Du bist ein Teil dieses Egos, so wie es ein Teil von dir ist. Vergebung, bedingungslose Liebe und göttliches Licht, das dir deinen künftigen Weg erhellen wird, ist genau die Energie-Dreiheit, der Katalysator, den du jetzt brauchst.

Auf dieser Stufe ist es wichtig, deine früheren Inkarnationen bewusst zu heilen. Jetzt wirst du mit der Heilung deines s-PTBS beginnen – das heißt, du wirst Seelenverletzungen heilen, die dich im Reinkarnationskreislauf gefangen halten. Diese Lebensphase ist wie das Durchqueren eines dunklen Tunnels. Lange Zeit kannst du das Licht am anderen Ende dieses Tunnels nicht erkennen. Das macht keinen Spaß. Doch sobald du den ersten Lichtschimmer siehst und die göttliche Führung zu spüren beginnst, kannst du anfangen, deinen Überlebensmodus auf das höhere Bewusstsein umzuprogrammieren und dabei trotzdem noch in deinem physischen Körper bleiben. Das ist der Punkt, an dem du bewusst mit der 4D- und 5D-Energie in Verbindung zu treten beginnst, so wie unsere Vorfahren es getan haben. Jetzt zapfst du diese Energie nicht mehr zufällig an, sondern verkörperst sie.

Liebe ist die wichtigste Frequenz, die du brauchst, um diese Stufe zu überwinden. Wenn man jemanden oder etwas mehr liebt als sich selbst, kann man unglaubliche Dinge bewirken. Ein verliebter Mensch befindet sich in einem Fluss wunderbarer energetischer Frequenz, in der alles möglich ist. Auf diesem Weg schreitet man von Angst über Liebe bis zum inneren Frieden voran. Die Liebesfrequenz ist der beste Weg. Hab keine Angst davor, Gefühle in deinem menschlichen Herzen zu hegen!

Zahl 8 *(5 + 3 = 8)* – Der achte Schritt führt dich von deinem ersten Chakra in den Energiepunkt oberhalb deines Kopfes hinein.

(1. Chakra + 2. Chakra + 3. Chakra + 4. Chakra + 5. Chakra) + (6. Chakra + 7. Chakra + 8. Punkt) = 8, oder 5 + 3 = 8

Wenn du noch einmal einen Blick auf die Tabelle wirfst, siehst du, dass du dich immer noch im Zeitfenster der Gegenwart befindest, obwohl du jetzt eigentlich schon in der Zukunft sein solltest. Das ist die dreizehnte unserer 21 Stufen und deine dritte Falltür.

Die Zahl Acht beinhaltet die Energie des Übergangs. Auf diesem Energieniveau begibt deine Seele sich nach deinem Tod aus dem physischen Körper in den Himmel hinein. Wenn du diese Energie erreichst, während du dich immer noch in deinem physischen Körper befindest, trittst du bewusst mit den 4D-Energien in Verbindung – zum Beispiel bei einer Astralreise, wenn du mit anderen Dimensionen Kontakt aufnimmst oder mit Parallelleben experimentierst. An solchen Orten kann man sich verlieren, und das kann sich als psychische Erkrankung in deinem Körper manifestieren.

Deshalb raten wir davon ab, Halluzinogene, Drogen, Alkohol oder bewusstseinsverändernde Pflanzen zur Stimulation deines Geistes zu konsumieren. Du solltest lernen, in einem klaren, bewussten Geisteszustand mit diesem Energieniveau zu arbeiten, und dich nicht unvorbereitet in diese Energie hineinbegeben – nicht einmal für kurze Zeit. So aufregend dir das auch erscheinen mag – es lohnt sich nicht. Dieses Energieniveau ist nämlich mit allen möglichen negativen Energien behaftet, die sich nur deines Körpers bemächtigen wollen. Diese Energien möchten gern in einen physischen Körper eintreten und heften sich daher schamlos an jeden Menschen an, der bereit ist, sie in sich aufzunehmen.

Doch selbst diese Entitäten und Energien müssen sich an das Gesetz der Willensfreiheit halten. Darum werden sie sich dir als Lehrer, Geistführer, Engel oder aus dem Jenseits herabgestiegene Geister verstorbener Angehöriger präsentieren. So wollen sie dich dazu überlisten, sie freiwillig in dein Energiefeld hineinzulassen. Derartige Energien werden deine Schwächen herausfinden und sich genau so darstellen, wie du sie unbewusst haben möchtest. Vielleicht werden sie dir sogar vorübergehend helfen oder dir irgendwelche erstaunlichen Informationen vermitteln. Aber letzten Endes werden sie dein Leben unter Kontrolle bringen und durch dich leben, und das wird verheerende Folgen für dich haben.

Deshalb solltest du lieber lernen, solche Energien auf die Probe zu stellen. Stelle ihnen drei Mal dieselbe Frage, zum Beispiel: »Kommst du aus der Liebe und dem Licht?« Wenn du auf diese Frage drei Mal hintereinander die Antwort »Ja« erhältst, weißt du, dass es sich dabei um eine positive Energie handelt, denn negative Energie kann nicht drei Mal hintereinander lügen. So kannst du zwischen positiven und negativen Energien unterscheiden.

Diese Energie wird auch dein Ego herausfordern, das während deines physischen Lebens stets ein Teil von dir ist. An diesem Punkt entwickeln leider viele Menschen, die im spirituellen Bereich arbeiten, ein spirituelles Ego und fangen an, sich für besser zu halten als andere. Sie wissen mehr, haben schon alles erlebt, und vielleicht hat man ihnen sogar eingeredet, dass sie die Reinkarnation eines Menschen sind, der in eurer Geschichte eine sehr wichtige Rolle gespielt hat. Lass dich dadurch nicht aufs Glatteis führen – das ist nur eine Falltür! Vielleicht wirst du tatsächlich erstaunliche Fähigkeiten entwickeln, zum Heiler werden und der Menschheit dienen. Trotzdem liegen immer noch ein paar Stufen vor dir, die du bewältigen musst, um in deinem physischen Körper zur Erleuchtung zu gelangen.

Wenn einige von euch beschließen, auf dieser Stufe zu bleiben, respektieren wir das in einer Haltung der Liebe. Wir wissen, dass ihr Todesängste durchmachen müsst, um diese Stufe zu überwinden – und zwar höchstwahrscheinlich sogar mehrmals. Dabei werdet ihr große Angst um euer Leben haben; und doch könnte das die aufregendste Zeit eures Lebens sein.

Die Zahl Acht steht für die Unendlichkeit und für den Aufbau von Vertrauen zum Universum und zu Gott. Dieses

Vertrauen wirst du unter innerer Führung, mit deinem Herzen, in einem Gefühl bedingungsloser Liebe und in dem Wissen entwickeln, dass du dabei nicht allein bist. Du wirst wissen, dass alles gut werden wird. Du erlebst zurzeit nur (auf verschiedenen Ebenen) ein paar Erdbeben in deinem Leben. Aber wenn du bereit bist, loszulassen und die Zügel deines Lebens vertrauensvoll in Gottes Hand zu legen, wirst du nun tatsächlich zu einem humanitären Lichtarbeiter – zu dem wahren Lehrer, der du in Wirklichkeit bist.

Um diese Stufe zu überwinden und weiterzukommen, musst du deine Seele heilen. Alles, was dir auf der Erde widerfahren ist, muss auch auf der Erde durch deinen physischen menschlichen Körper geheilt werden. Während du an dieser Heilung deiner Seele arbeitest, werden all deine DNA-Stränge auf natürliche Weise aktiviert, und du kannst außergewöhnliche Fähigkeiten erwerben.

Das Wichtigste bei diesem Prozess ist, dein Vertrauen zu Gott zurückzugewinnen.

Zahl 13 *(8 + 5 = 13) – Der erste Schritt:* Bewege dich im Uhrzeigersinn weitere dreizehn Stufen nach unten, und du erreichst die erste Stufe – den Surrogatgott Kristall.

Um deine Seele aus dem Kristall zu befreien, musst du über alle niedrigeren Energiestufen und über das Tier-, Pflanzen- und Mineralreich hinauswachsen. An diesem Punkt deiner Entwicklung besitzt du bereits eine starke Intuition und felsenfestes Vertrauen zu Gott. Du wirst auf deiner Reise geführt werden. Dein Körper wird jetzt einen Reinigungsprozess durchlaufen, deine Seele wird hundertprozentig von ihren Verletzungen geheilt werden, und du wirst alles über deine Vergangenheit erfahren.

Das Wichtigste dabei ist die Vollendung deines Seelenheilungsprozesses.

Zahl 21 *(13 + 8 = 21) – Die 21. Stufe:* Das ist deine letzte Wandlungsstufe und gleichzeitig die vollständige Verkörperung der 5D-Energie.

Jetzt wandelst du durch dein Leben (Vergangenheit, Gegenwart und Zukunft), ohne dass dies irgendwelche Auswirkungen auf deine tierische DNA (dein Ego) hat. Wenn du deinen Anker aus dem Surrogatgott Kristall herausziehst, lässt du dein Ego zurück. Auch wenn du dich jetzt immer noch in deinem physischen Körper befindest (das *musst* du sogar, um dich vollständig aus diesem Gitter befreien zu können), hast du kein Interesse mehr an den typischen Belangen des menschlichen Lebens – beispielsweise daran, dir deinen Lebensunterhalt zu verdienen, ein Haus zu besitzen, in Urlaub zu fahren oder zu essen. Du suchst lieber die Einsamkeit in der Natur, denn die Natur beruhigt deine Seele.

Wenn du gleichgesinnte Menschen findest, die sich auf dem gleichen Weg und auf der gleichen Stufe befinden wie du, fühlst du dich vielleicht dazu hingezogen, den Rest deines Lebens mit diesen Menschen zu verbringen, so wie die alten Lemurer es taten – im Einklang mit der Natur. Wenn du diese Stufe erreichst, solltest du diesen Zustand mit der Menschheit teilen, indem du etwas aus deiner Seele heraus erschaffst. Wenn du den Menschen Bücher hinterlässt, die du mit bedingungsloser Liebe aus deiner Seele heraus geschrieben hast, oder megalithische Bauwerke schaffst, die du mit bedingungsloser Liebe aus deiner Seele heraus erbaut hast, werden diese Werke lange Zeit überdauern. Aber sie werden dich nicht mehr an die irdische Welt binden. Solche Werke zu schaffen, wird für dich eine schwierige Herausforderung sein, weil du kein Bedürfnis mehr danach hast. Trotzdem möchten wir dich dazu ermutigen, das zu tun, denn damit wirst du dein »Gottsein« voll und ganz verkörpern. Die Gottesenergie wird dir einflüstern, was für Werke du schaffen sollst, um einen Kometenschweif hinter dir zu lassen, der anderen Menschen den Weg nach Hause zeigt.

In dieser Phase geht es darum, dich auf der 21. Stufe zu stabilisieren und vor spontanen Abwärtsspiralen zu bewahren. Unerschütterliches Vertrauen zu Gott, bedingungslose Liebe zur ganzen Schöpfung (einschließlich deiner selbst) und Bewusstheit sind die drei Grundpfeiler dieser letzten Stufe, auf der du so lange verweilen kannst, wie du möchtest, während du dich immer noch in einem physischen Körper befindest – bis du bereit bist, bewusst und aus eigenem freiem Willen wieder nach Hause zurückzukehren. Wenn du bewusst wieder auf niedrigere Stufen hinabsteigen möchtest, kannst du das natürlich tun, aber dann musst du oft bewusst zu Stufe 21 zurückkehren, um diese Stufe nicht zu vergessen.

Die energetische Dreiheit

Deine Meisterzahl ist die Drei. Diese Zahl ist ein Katalysator und Schöpfer – ein Dreieck.

Die Treppe deiner Existenzen (Vergangenheit, Gegenwart und Zukunft) besteht aus 21 Stufen, die alle die Form eines Dreiecks haben. Jede Stufe beinhaltet drei wichtige Lehren. Stell dir vor, wie du eine Stufe nach der anderen emporsteigst. Wenn du die letzte Stufe erreichst, falten sämtliche unter dir liegenden Stufen sich zusammen wie ein Origami. Dann lassen 21 Stufen sich zu dreien zusammenfassen (2 + 1 = 3), und diese Drei steht für die drei Etappen deiner Reise: Vergangenheit, Gegenwart und Zukunft in einem letzten Schritt.

Auch deine zwölf DNA-Stränge lassen sich zu dreien (1 + 2 = 3) zusammenfassen: deine physische DNA (Ego), deine spirituelle DNA (Seele) und deine Gottes- DNA (das bist

DU in der Gegenwart). Diese drei Stränge deiner DNA sind also die wichtigsten.

Deine sieben Hauptchakras lassen sich ebenfalls zu drei Hauptgruppen zusammenfassen. Jede Gruppe wird durch einen Heilfarbenstrahl repräsentiert: Rot, Blau und Grün. Diese drei Farben und die Kombination aus Vergangenheit, Gegenwart und Zukunft sind weitere Beispiele für die wesentliche Bedeutung der Zahl Drei.

Um das Ganze noch einmal zusammenzufassen: Zwei Teile repräsentieren das Geben und Nehmen und die Push-pull-Energien. Sie stehen für die Energie der Dualität mithilfe der beiden DNA-Hauptstränge. Diese Zweiheit kann sehr schön ausgewogen oder harmonisiert sein, wird sich allein aber niemals weiterentwickeln. Das wäre genauso, wie wenn man immer im Kreis herumgehen würde. Drei Teile, die sich miteinander synchronisieren, können dagegen als Katalysator dienen und dein Leben auf neue Ebenen emporheben. Beginne zunächst einmal mit dem Kreis: Finde zwei Pole wie die Zwillingsflamme. Lerne aus diesen beiden Polen, gleiche sie aus und suche dann nach dem dritten Teil, um dich weiterzuentwickeln. In der Sprache der heiligen Geometrie bist du ein Kreis innerhalb eines Dreiecks.

Diese 21 Stufen sind nicht kreisförmig, sondern dreieckig.

Um so werden zu können wie deine uralten außerirdischen Vorfahren, musst du zunächst einmal deine Seele heilen. Deshalb haben die Plejader sich auf eine große »Seelenrettungsreise« begeben, um dir zu zeigen, wie das geht. Die Seele ist unendlich; doch sie kann sich in den Dimensionen verirren.

Das passiert vielen Seelen.

Das Spiel des Lebens

Stell dir das Leben auf der Erde wie die Simulation eines Videospiels vor. Dein Spiel läuft auf 21 verschiedenen Ebenen ab, und du musst dabei ständig auf Falltüren achten. Das Ziel besteht darin, dir den Kristall zu holen und Stufe 21 zu erreichen. Dann kannst du entweder dableiben und den ganzen Kreislauf noch einmal wiederholen oder freiwillig nach Hause gehen. Stufe 22 ist der Beginn eines ganz neuen Spiels, das nicht mehr auf der Erde stattfindet.

4

Gott ist ein Dreieck

»Gott ist ein Dreieck, und du bist auch eines.«

Beim Anblick eines Dreiecks fragst du dich vielleicht: Wie kann das Gott sein? Es ist doch nur ein Dreieck, eine geometrische Figur mit drei Ecken – etwas, das man sehen und in Worten beschreiben kann und das auch bereits anhand einer genauen mathematischen Formel perfekt definiert wurde. Aber es geht ja auch nicht darum, die geometrische Figur an sich zu begreifen, sondern ihre Bedeutung, und diese Bedeutung hat auch etwas mit *dir* zu tun. Wenn du einen göttlichen Funken in dir trägst, bist du Gott – und somit bist du auch ein Dreieck. Da ein Dreieck aus drei Seiten besteht, musst du diese drei Teile in deinem Inneren finden, um zu Gott werden zu können.

Der antike griechische Mathematiker Pythagoras hat seinen Schülern diese Formel beigebracht, um die Seiten eines Dreiecks zu berechnen:

$$a^2 + b^2 = c^2$$

Zahlen sind eine universale Sprache. Sie gehören zur Lichtsprache, die unsere uralten Vorfahren sprachen und verstanden. Der Fall des Turms zu Babel steht symbolisch für eine Zeit, in der diese Universalsprache absichtlich durcheinandergebracht und in viele Einzelsprachen aufgespalten wurde, so dass die Menschen nicht mehr ohne weiteres miteinander kommunizieren und einander ihr Wissen vermitteln konnten. Die Sprachen, die ihr Menschen heute sprecht, bestehen nicht mehr aus Zahlen oder geometrischen Figuren, sondern aus Buchstaben oder Symbolen. Zahlen und geometrische Figuren sind ein Teil der ursprünglichen Sprache, der nicht durcheinandergebracht werden konnte. Gott hat dieses Universum mit mathematischer Präzision konstruiert, und niemand hat die Macht, den Code Gottes außer Kraft zu setzen. Wenn geometrische Figuren ihre ganze Bedeutung hörbar aussprechen könnten, würden sie dir alle Antworten geben, nach denen du suchst.

Wie bereits erwähnt, ist die Erde ein Bereich der Dualität. Alles auf der Erde – sogar die Zahlen – hat eine physische und eine spirituelle Komponente. Der physische Bestandteil einer Zahl repräsentiert deren logische Präzision und lässt keinen Spielraum für Fehler. Der spirituelle Teil einer Zahl steht für Wissen, Weisheit, Führung, Fortschritt und bietet Spielraum für Wachstum, aber auch für Fehler. Einige dieser Fehler erweisen sich später als neueste Erfindungen der Menschheit. Doch man sollte stets daran denken, dass alles in einem wohldefinierten und kontrollierten Raum aus Zahlen und Formen abläuft. Es gibt einfach keine Zufälle.

Jetzt wollen wir uns den Satz des Pythagoras noch einmal anschauen und ihm eine spirituelle Definition geben.

a = dein EGO (Angst)
b = deine SEELE (bedingungslose Liebe)
c = dein bewusstes DU (Frieden)

Aber jedes Subjekt muss auch in der Macht der Zweiheit sein. Im spirituellen Sinn steht die Zahl Zwei für Dualität, Einheit oder Trennung. In der Geometrie wird Dualität in Form eines Kreises dargestellt. In dieser speziellen Formel verwenden wir zwei entgegengesetzte Teile, die sich gegenseitig anziehen. Bringt man diese beiden Teile in harmonischen Einklang miteinander, entsteht eine ausgewogene Einheit. Genau wie in dem Symbol von Hell und Dunkel in einem Kreis, in dem neutrale Energie (der genaue Mittelpunkt) das Ergebnis ist – oder im Yin-Yang-Symbol.

DIE beiden Teile:
EGO = Opfer, Tyrann
SEELE = Seelenverletzungen (Blockaden), Seelenheilung
DU = schöpferisch, zerstörerisch

Das **Ego** spaltet sich in Opfer und Tyrann auf.

Deine physische DNA ist in deinem menschlichen Ego definiert und operiert von diesem Energieniveau aus. Je nachdem, wie deine Kindheit verlaufen ist, macht das Ego dich entweder zum Opfer oder zum Tyrannen. Normalerweise passiert das im Alter von sieben bis vierzehn Jahren, denn das ist die erste Siebenergruppe der »ego-beeinflussten Jahre«. Denke daran: Die Hauptaufgabe des Egos besteht darin, dein Überleben zu sichern und vielleicht auch noch für deine Fortpflanzung zu sorgen. Je nach den Umständen deiner frühen Kindheit wird dein Ego ein Hauptprogramm installieren, das dein Überleben sichern soll, und kann dabei nur zwischen zwei verschiedenen Programmen wählen: Opfer oder Tyrann. Eine dieser beiden Rollen wird also zu deinem Hauptprogramm. Aber je nach den Problemen und Herausforderungen, mit denen du in deinem physischen Leben gerade zu kämpfen hast, kannst du leicht zwischen diesen beiden Persönlichkeitstypen hin und her schwanken.

Nebenbei bemerkt, solltest du dich durch die Bezeichnungen »Opfer« oder »Tyrann« nicht aus der Fassung bringen lassen – das sind nur Wörter zur Bezeichnung physischer Energien. Deine Aufgabe besteht darin, ihren Sinn voll und ganz zu verstehen und dir darüber klar zu werden, wie sie dich hemmen. Wenn du diese Energien bereits verarbeitet hast, ist dein Ego neutral, und diese Begriffe bringen dich nicht mehr aus dem Konzept.

Die **Seele** spaltet sich in zwei Teile auf: einen blockierten Teil, der geheilt werden muss, und einen Teil, der bereits geheilt worden ist und nun selbst heilende Fähigkeiten besitzt.

Da du einen Teil deiner Seele im Kristall verankert hast, bist du im Reinkarnationskreislauf gefangen. Jede Inkarnation bringt ihre eigenen Probleme und Herausforderungen mit sich und kann deiner Seele erhebliche emotionale Verletzungen zufügen. Du kannst dem Reinkarnationskreislauf nur entfliehen und deine Seele nur aus dem Kristall herauslösen, indem du spirituelles Wissen erwirbst und alle deine Seelenverletzungen heilst. Diese Seelenheilung muss während deines irdischen Lebens aus dem physischen Körper heraus stattfinden.

Wie gesagt: Was auf der Erde geschehen ist, muss auch auf der Erde geheilt werden. Sobald du deine Seele von den Verletzungen aus deinem jetzigen Leben und allen früheren Inkarnationen geheilt hast, ist deine Seelenenergie neutral.

Deine persönliche Energie spaltet sich in schöpferische und zerstörerische Energie auf.

Deine Kraft ist nicht in deinem Ego, sondern in deiner Seele gespeichert, denn dein Ego würde sie missbrauchen, selbst wenn es gute Absichten damit verfolgt. Heilst du alle Teile deines Seins, wirst du gottähnlich und kannst dir all deine außerirdischen Kenntnisse und Fähigkeiten erschließen.

Wenn du auf eure uralte Geschichtsschreibung zurückblickst, habt ihr viele Geschichten von Göttern (Außerirdischen) dokumentiert, die schöpferisch und zerstörerisch waren. Du als Gott besitzt ebenfalls die Macht, zu schaffen und zu zerstören. Durch diese Macht kannst du wunderbare Dinge erschaffen, aber eben auch die ganze Menschheit zerstören. Wir brauchen nicht allzu weit in der Menschheitsgeschichte zurückzugehen, um Beweise dafür zu finden – man denke nur an die Atombombe.

Die Frage ist nun: Bist du wirklich bereit, DU zu sein? Bist du bereit, die Verantwortung dieses Wissens zu tragen, ohne dieses Wissen und diese Fähigkeiten zu nutzen? Kannst du demütig und bescheiden bleiben? Kannst du die Frequenz bedingungsloser Liebe halten? Kannst du allen Lebewesen, die das brauchen, ein Vater oder eine Mutter sein? Kannst du zu einem wahren Lehrer für Menschen werden, die sich auf der Suche befinden? Kannst du die Leiden der Menschheit auf deinen Schultern tragen in dem Wissen, dass du nur denjenigen helfen kannst, die wirklich für eine große innere Wandlung bereit sind? Kannst du akzeptieren, dass du nicht der Richter über diese Menschen bist und ihr Schicksal nicht in deine Hände nehmen darfst, solange sie in ihrer Seele nicht hundertprozentig damit einverstanden sind, was du für sie tun möchtest? Wenn du all diese Fragen mit Ja beantworten kannst, wirst du dein Ziel erreichen.

Entwickelst du dich zu einem wahren Lehrer, einem neuen Menschen und einem Gott in deiner Welt, wirst du klar und deutlich erkennen, was in dieser Welt alles im Argen liegt, und wissen, wie du helfen kannst – vielleicht durch neue Technologien oder Erfindungen, durch Heilung oder Beratertätigkeiten oder indem du (je nachdem, worin deine Berufung liegt) einfach die Frequenz von innerer Ruhe, Frieden und bedingungsloser Liebe hältst. Trotzdem musst du es respektieren, wenn jemand – aus welchem Grund auch immer – einen Leidensweg wählt. Jeder Mensch besitzt einen freien Willen, jedem steht es offen, einen Weg des Leidens oder des Glücks zu wählen. Wenn du den Punkt erreichst, an dem du zu Gott wirst, hast du den Weg des Glücks gewählt und hinterlässt eine goldene Spur, auf der andere Menschen dir folgen können, sobald sie bereit dafür sind. Du kannst ihnen zwar dabei helfen, aber gehen müssen sie den Weg selber.

Wenn du das wirklich verstanden hast, kannst du es auf diese Formel anwenden:

- $a^2 + b^2 = c^2$

EGO (von der Opfer/Tyrann-Energie getrieben) + SEELE (von der Seelenverletzungs/Seelenheilungsenergie getrieben) = DU (vom Feuer deiner schöpferischen/zerstörerischen Energie getrieben)

Ego und Seele sind darauf programmiert, deine Realität in bestimmte Bahnen zu lenken. Aber du bist die Variable, der Katalysator, der dein Leben verändern kann. Du bist Gott!

Der Bewusstseinsfaktor

Der Satz des Pythagoras ist der Bewusstheitsfaktor. Der Prozess beginnt bereits, bevor du dir diese Formel auch nur angeschaut hast. Er hat schon in dem Augenblick begonnen, in dem er dir bewusst geworden ist. In der Zahlensprache steht die Zahl Drei für Bewusstheit. Die erste Zahl steht für einen Neuanfang oder eine einzelne Entscheidung. Die zweite Zahl repräsentiert Dualität oder zwei Entscheidungen. Doch erst die dritte Zahl macht dir Vergangenheit, Gegenwart und Zukunft bewusst. Sie bietet dir drei verschiedene Entscheidungsmöglichkeiten und damit das Potenzial, etwas zu erschaffen.

Bewusstheit ist ein Dreieck. Du beginnst deine Reise in einem Zustand der Bewusstheit, um zu deinem wahren Ich zu finden. In einem Dreieck liegen drei Kreise verborgen. Jeder dieser Kreise repräsentiert einen Teil der Dualität (Ego, Seele und Du).

Wenn du dich in einem Zustand der Bewusstheit befindest, wirst du mit größerer Wahrscheinlichkeit neutral sein, den Weg der Heilung wählen und dein schöpferisches Feuer entfachen.

Die Arbeit mit dieser Gleichung wird dir dabei helfen, dein Leben neu zu programmieren und neue Lebensmuster zu entwickeln, damit du den Weg des Glücks gehen kannst.

Bei diesen theoretischen Ausführungen wollen wir es vorläufig bewenden lassen. In den nächsten Kapiteln wirst du lernen, wie du mit deinem Ego arbeiten musst, um eine neutrale Energie zu erreichen. Und du wirst auch etwas über deine wichtigsten Seelenverletzungen erfahren und lernen, sie zu heilen. Wir werden dir den Weg zu deiner uralten Seelenkraft zeigen, die vorübergehend in deinem höheren Selbst verborgen liegt.

5

Deine physische DNA

Wir, die Plejader, staunen immer wieder über die menschliche Schöpfung. Ihr Menschen haltet euch für so kompliziert und macht euch das Leben oft viel komplizierter, als es eigentlich sein müsste. Manchmal glaubt ihr, dass euch niemand versteht oder liebt, und fühlt euch von Gott und der Welt im Stich gelassen; oder ihr schwingt euch zu eurem Krieger-Ich auf und seid bereit, es mit der ganzen Welt aufzunehmen – und zwar *ganz allein*, wie ein stures Maultier.

Dabei seid ihr in Wahrheit niemals allein. Wir laden euch dazu ein, mit uns zusammenzuarbeiten und euch uns ebenbürtig zu fühlen. Wir möchten, dass ihr alles Wissen, das ihr besitzt, vereinfacht. Das ist einer der Gründe, warum wir dieses Buch in einem sehr einfachen Stil geschrieben haben, den jeder verstehen kann.

Wir möchten, dass du begreifst, welche Emotionen dich in deinem jetzigen Leben gefangen halten. Wir wollen dir dabei helfen, dich aus deiner menschlichen Sklaverei zu befreien, indem wir dir Wissen vermitteln, statt auf physischem Weg in deine Realität einzugreifen. Vielleicht wiederholen wir dabei immer wieder das Gleiche, um dich zu einem Aha-Erlebnis hinzuführen, das dir Zugang zu allen Informationen bietet, die du brauchst, um dein Leben zu verändern. Du bist dein eigener Heiler! Du bist dein eigener Guru! Wissen wird dich von deinen unsichtbaren Fesseln befreien. Bedingungslose Liebe wird dir bei deinem Heilungsprozess helfen. Doch du musst bei dieser Heilung sowohl in physischer als auch in spiritueller Hinsicht *eine aktive Rolle* spielen.

In den nächsten beiden Kapiteln wird es um deine physische DNA gehen. Zunächst liefern wir dir eine Theorie mit Beispielen; als Nächstes erhältst du praktische Strategien für deine innere Wandlung. Vielleicht wirst du das langweilig finden, weil es dieses praktische Wissen auf der Erde schon immer gegeben hat. Alle wahren Lehrer früherer Zeiten (und auch alle jetzigen Lehrer) nutzten und nutzen diese Strategien, auch wenn es verschiedene Bezeichnungen dafür gibt.

Es ist wichtig, dir klarzumachen, dass das Ego eine Nebenwirkung der tierischen DNA ist – jener physischen DNA, die für die Erschaffung deines physischen Körpers verwendet wurde. Die Energie des Egos unterscheidet sich grundlegend von der Seelenenergie (spirituellen Energie), die von gutwilligen außerirdischen Wesen stammt.

Die Grundfunktion

Das Ego arbeitet nur mit der Energie niedriger Dimensionen, weil es nichts anderes kennt. Wie bereits erwähnt, besteht die

Aufgabe des Egos darin, dein Überleben und vielleicht auch deine Fortpflanzung zu sichern. Die Energie dieses Egos begleitet dich schon seit deiner Empfängnis. Während deiner ersten neun Lebensmonate im Mutterleib hat das Ego Dateien mit deiner Seele ausgetauscht und deine Familiendynamik beobachtet. Dadurch möchte es sich eine Vorstellung davon verschaffen, wie es deine Persönlichkeit mithilfe der beiden Programme, die ihm zur Verfügung stehen, formen soll, um dich am Leben zu erhalten. Während deiner ersten sieben Lebensjahre bleibt das Ego im Beobachtungsmodus, denn diese Jahre sind von deiner Seele geprägt. In diesen ersten sieben Jahren teilen deine Seele und dein Ego sich dein Herzchakra, bis das Ego in dein drittes Chakra hinabsteigt, sich dort einen bequemen Zufluchtsort schafft und sich zu deiner Persönlichkeit entwickelt. Das ist der Beginn der Fibonacci-Sequenz (1, 1).

Dem Ego stehen nur zwei Programme zur Auswahl: Opfer oder Tyrann. Beide Programme erfüllen bestimmte Funktionen, die du verstehen musst, denn Wissen ist Macht. Wenn du dein gesundes Urteilsvermögen ignorierst und dich einfach in eines dieser beiden Programme hineinstürzt, identifizierst du dich sehr leicht damit. Aber es gibt auch eine gute Nachricht: *Du kannst dieses Programm bewusst verändern und dein Ego zu deinem eigenen Nutzen einsetzen.* Dieses Ego wird für den Rest deines physischen Lebens bei dir bleiben, denn es ist ein gleichwertiger Teil von dir. Stell dir dein Ego einfach wie ein nettes kleines Haustier vor, das du bedingungslos liebst. Dann wird es sich an deine Spielregeln halten und alles tun, um dir zu gefallen.

Bewusstes Handeln

Der erste bewusste Schritt besteht darin, dir die Gefühle und Handlungen deines Egos bewusst zu machen, ohne dich dabei in deinen Gefühlen verletzen zu lassen (»Jetzt handle ich wie ein Opfer; jetzt verhalte ich mich wie ein Tyrann«).

»Du solltest dein Ego mit Argusaugen beobachten, denn das Ego ist ein Meistertrickser. Viele Menschen schwanken ständig zwischen Opfer- und Tyrannen-Programm hin und her und wählen je nach ihrer derzeitigen Lebenssituation entweder das eine oder das andere.«

Du solltest dir klarmachen, dass das Ego eine schwere Aufgabe zu erfüllen hat. Es ist wie eine Bärenmutter, die ihre Jungen mit Zähnen und Klauen verteidigt – wild und gefährlich. Aber du kannst das Vertrauen dieser Mutter gewinnen und sie zähmen. Du kannst das wilde Tier in deinem Inneren unter Kontrolle bringen – egal ob du es als Bär, Wolf, Chamäleon, Schildkröte oder irgendetwas anderes bezeichnest.

Sobald du dir deines Egos voll und ganz bewusst wirst, hast du die Fibonacci-Sequenz-Zahl Zwei erreicht. (Denke daran, dass du dich mühelos in der Fibonacci-Sequenz hin und her bewegen kannst, bis du dich stabilisiert hast.) Du kannst sehr leicht im Kreislauf deiner Höhen und Tiefen (Seele – Ego) gefangen bleiben.

Nach deinem inneren Erwachen wird das Ego dich bis zu einem gewissen Grad spirituell wachsen lassen, aber es wird trotzdem die Kontrolle über dich behalten wollen. Wenn du immer noch das Gefühl hast, selbst die Kontrolle übernehmen zu müssen, oder spirituelle Höhen und Tiefen erlebst, ist es an der Zeit, dein Ego zu zähmen. Dazu musst du dir deines Handelns bewusst werden und lernen, in einem Zustand neutraler Energie zu bleiben.

Das Ego wählt ein Programm

Die nun folgende Geschichte ist nur ein Beispiel dafür, wie dein Ego das richtige Programm für dich auswählt. Es gibt viele solche Beispiele – jeder Mensch hat seine eigene Geschichte. Vielleicht kannst du deine Lebensgeschichte oder das, was dir widerfahren ist, aufschreiben, um darüber nachzudenken und geheilt zu werden. Wir hören dich, wir spüren deinen Schmerz und senden dir bedingungslose Liebe.

Zwei Kinder aus zwei verschiedenen Geburtsfamilien wuchsen in verschiedenen Teilen der Welt auf, erlebten aber trotzdem in ihren ersten sieben Lebensjahren eine ganz ähnliche Kindheit. Der Vater war Alkoholiker und schrie ständig mit seiner Frau herum. Manchmal schlug er sie auch. An seinen Kindern hatte er ebenfalls ständig etwas auszusetzen und schrie sie oft an, bestrafte sie körperlich oder quälte sie emotional. Die Mutter war traurig und verhielt sich wie ein Opfer. Sie hatte das Gefühl, ihren Mann nicht verlassen zu können, fand immer wieder neue Entschuldigungen für sein Verhalten und glaubte, dass er sich irgendwann bessern würde.

Beide Kinder (die in verschiedenen Geburtsfamilien und verschiedenen Ländern lebten) waren insgeheim voller Zorn, den sie aber nicht gut zum Ausdruck bringen konnten. Sie wünschten sich, dass ihr Vater sich ändern oder ihre Mutter den Mut finden würde, ihn zu verlassen. Beide hatten Schuldgefühle, weil sie glaubten, irgendetwas an ihrem eigenen Verhalten sei für die Bösartigkeit ihrer Väter verantwortlich. Sie gaben sich selbst die Schuld daran.

Eines dieser Kinder wird nun anfangen, sich zu verstecken; es wird ruhiger werden und versuchen, sich von der Welt zurückzuziehen. Wenn es könnte, würde es sich unsichtbar machen. Wenn jemand – beispielsweise ein Lehrer in der Schule – diesem Kind Beachtung schenkt, wird ihm unbehaglich zumute. Vielleicht wird es dann rot, oder es entwickelt Ängste oder ein niedriges Selbstwertgefühl und wird dadurch zur Zielscheibe für Schultyrannen und Schlägertypen. Meistens frisst es seine Wut und seine Gefühle der Scham, Schuld und Demütigung stumm in sich hinein; doch insgeheim quälen diese Gefühle das Kind tagtäglich. Dieses Kind könnte sehr intelligent sein und hervorragende schulische Leistungen erbringen. Trotzdem werden die anderen es mühelos überflügeln. Es wird anfangen zu glauben, dass mit ihm irgendetwas nicht stimmt – dass es kein gutes Leben und keine Liebe verdient hat. Sein menschliches Ego hat sich für das Opferprogramm entschieden. Vielleicht klagt oder jammert dieses Kind oft und gibt allen anderen die Schuld an seinem Versagen. Es sabotiert sein eigenes Glück – und leider bietet dieses traurige Leben dem Kind sogar einen gewissen Trost, denn sein Leiden fungiert als Selbstbestrafung.

Das andere Kind wird allmählich immer aggressiver und fängt an zu rebellieren. In den ersten sieben Lebensjahren erinnert die Seele sich nämlich noch an Fragmente aus früheren Leben, und manche Seelen weigern sich, sich einem Tyrannen zu unterwerfen, und werden stattdessen lieber selbst zum Tyrann. Das ist ein tierischer Überlebensinstinkt. In der Vorstellung dieses Kindes kann niemand es physisch oder emotional verletzen, weil es sich dagegen wehren wird, bevor auch nur irgendjemand versuchen kann, ihm etwas anzutun. Das ist nicht selten. Viele Tyrannen waren zuerst Opfer, doch die Bürde dieses Opferdaseins war zu viel für ihr Nervensystem. Also hat ihr Zorn sie auf ein Tyrannendasein umprogrammiert, damit ihr Körper auch weiterhin überleben und in der Gesellschaft funktionsfähig bleiben kann. Dieses Kind ist fest entschlossen, dass niemand es je schaffen wird, ihm so schreckliche Gefühle einzuflößen wie sein Vater. Allmählich entwickelt es ein unsichtbares »dickes Fell« und lässt nicht viele Gefühle an sich heran. Sein menschliches Ego hat sich für das Tyrannen-Programm entschieden. Also wird dieses Kind lauter und energischer auftreten als das andere. Es wird in allem der Beste sein wollen, auch wenn es zu Betrügereien greifen muss, um dieses Ziel zu erreichen. Es wird so tun, als wisse es alles, und alle anderen Kinder quälen. Und dabei wird es sich für glücklich halten, weil es bekommt, was es will, und alles im Griff hat.

Beide Jungen entwickeln sich zu ziemlich schwierigen Kindern. Der eine gibt immer anderen die Schuld an seinen Problemen, der andere hat immer Recht. Beide machen ihre Mitmenschen unglücklich. Aber man darf nicht vergessen, dass beide Kinder einmal kleine Babys voller bedingungsloser göttlicher Liebe waren, die keinen Einfluss darauf hatten, für welches Programm ihr Ego sich entscheiden würde. Seitdem haben sie einfach nur gelernt, irgendwie mit diesem Programm zurechtzukommen, um zu überleben.

Das Opferprogramm

Physische Energie: Man könnte das Opfer als »Underdog« bezeichnen, das oft ausgenutzt wird. Solche Menschen sind sehr fleißig und geben mehr, als sie nehmen. Sie sind hervorragende Überlebenskünstler und Chamäleons, die sich an ihre Umgebung anpassen und sich bei Bedarf auch unsichtbar machen können.

Das Opfer muss seine physische Energie stets hochpushen und braucht viel Inspiration, um etwas zu erreichen. Das ist auf Dauer sehr anstrengend und laugt diese Menschen körperlich und emotional aus.

Opfer sind fleißige Menschen, die sich dazu motivieren können, etwas zu leisten, aber kaum haben sie ihr Ziel erreicht, bricht alles zusammen, und sie müssen wieder von vorn anfangen. Solche Menschen sagen oft: »Ich strenge mich immer so sehr an, und wenn ich dann endlich erreicht habe, was ich will, passiert irgendetwas Schlimmes, und ich muss wieder bei Null anfangen.« Oder: »Ich habe Angst davor, glücklich zu sein, denn dann passiert garantiert irgendetwas Schreckliches.« Oder: »Allen Menschen in meiner Umgebung geht es gut – nur mir nicht. Ich scheine allen Leuten Glück zu bringen außer mir selber. Ich habe das alles so satt.« Manche Menschen halten Opfertypen schlicht und einfach für faul. Doch in Wahrheit sind sie vor Versagensangst wie gelähmt und sind es leid, ihr Glück immer wieder aufs Neue zu versuchen.

Emotionale Energie: Opfertypen arbeiten hauptsächlich mit ihrer rechten Gehirnhälfte – der kreativen, weiblichen Energie. Solche Menschen sind zu erstaunlichen Träumen und Visionen fähig, die sie aber nur selten verwirklichen, weil sie Angst davor haben, sich zu blamieren. Dieser Persönlichkeitstyp hat ständig mit Versagens- und Erfolgsängsten zu kämpfen. Er schiebt alles auf die lange Bank, flüchtet sich oft in Ausreden, sabotiert sich selbst und ist in einem Bewusstseinszustand der Armut festgefahren (selbst wenn er reich ist). Insgeheim träumt das Opfer davon, von irgendjemandem gerettet zu werden. Es kann seine Träume nicht verwirklichen, weil es unbewusst glaubt, Reichtum, Liebe, Erfolg und Glück nicht zu verdienen. Solche Menschen haben keine große Selbstdisziplin und versinken ständig in Gefühlen der Angst, Schuld, Scham, Demütigung und Verzweiflung. Sie haben nur wenig Selbstvertrauen und ein geringes Selbstwertgefühl. Viele Opfertypen beklagen sich ständig und werden dadurch unbewusst zu psychischen Vampiren. Normalerweise mangelt es ihnen an Selbstliebe, und sie zweifeln ständig an sich. In solchen Menschen schwelt ein stummer Hass, Zorn und Neid – obwohl die meisten Opfer bis zum Schluss behaupten, dass das nicht stimmt. Alle Opfertypen leiden an einem s-PTBS.

Es gibt viele berühmte, erfolgreiche Menschen, die insgeheim von so einem Opferprogramm zerfressen werden: Sie leiden unter Versagensängsten oder Lampenfieber und fürchten sich davor, von anderen Menschen negativ beurteilt zu werden. Außerdem befürchten sie, dass jemand herausfinden könnte, wer sie in Wahrheit sind – dass sie nicht so perfekt sind, wie die Welt vielleicht glaubt. Sie haben eine panische Angst vor Blamagen und peinlichen Situationen. Manche Menschen nehmen sich sogar das Leben, um ihrem Opfer-Ego zu entrinnen. Doch Selbstmord ist keine dauerhafte Lösung, sondern nur eine weitere Seelenverletzung, die im nächsten Leben geheilt werden muss.

Und dabei ist das alles Unsinn: In Wahrheit *kannst* du nämlich der Mensch sein, der du sein möchtest. Wenn deine Identität aus deinem Herzen kommt, brauchst du niemanden zu beeindrucken und auch nicht perfekt zu sein. Leider finden viel zu viele Menschen vorübergehenden inneren Frieden in Drogen, verschreibungspflichtigen Beruhigungs- oder Aufputschmitteln sowie Alkohol – all das schenkt ihnen für kurze Zeit Vergessen. Wer verleitet euch dazu, solche Substanzen einzunehmen? Euer Ego – damit es euch so leicht wie möglich unter Kontrolle halten kann!

Anmerkung von Eva: Um dir den nächsten Schritt leichter verständlich zu machen, möchte ich dir mitteilen, dass die Plejader bereits ein Jahr, bevor ich dieses Kapitel schrieb, angefangen haben, mit mir zu arbeiten. Sie gaben mir Notizen und Übungen ein, mit deren Hilfe man das Opfer/Tyrannen-Programm durchschauen und verstehen kann. Außerdem haben sie mich zu den richtigen Informationsquellen über dieses Thema geführt. Meine Freundin und wahre Lehrerin Ann hat mir beigebracht, woran man diese Programme erkennt und wie man solche Lebensmuster heilen kann. Dank dieser spirituellen Führung kam ich auf die Idee, das Buch *Das All-sehende Auge* von David R. Hawkins zu lesen und mich mit der Bewusstseinsskala zu beschäftigen, die der Autor in seinem Buch beschreibt. Dieses neue Wissen wende ich jetzt mit großem Erfolg bei meinen Klienten und mir selbst an. Nun können die Plejader und ich diese Informationen an euch weitergeben.

Typisches Verhaltensmuster eines Opfers: Die neue Stellung

Was ich dir nun erzählen möchte, ist nur ein Beispiel – es gibt viele andere typische Szenarien. Doch anhand der nun folgenden Schritte erkennst du, wie das Opferprogramm sich äußert und wie man es ändern kann.

1. Du sitzt schon seit längerem in einem Job fest, der dir keine Freude bereitet. Du musst dringend mehr Geld verdienen und wünschst dir ein besseres Arbeitsumfeld, in dem du dich gewürdigt und unterstützt fühlst.
2. Eines Tages reicht es dir: Du wirst endlich **wütend** auf dich selbst und auf deinen jetzigen Job. Du findest den **Mut**, dir zu sagen, dass du dich um eine neue Stellung bewerben wirst. Das erfüllt dich mit ungeheurer **Freude**! Du bist ganz **außer dir vor Begeisterung**! Du fängst an, Pläne zu machen und von deinem neuen Job zu **träumen** – wie wunderbar es an diesem neuen Arbeitsplatz sein wird. Du schöpfst neuen Mut, und die positiven Gedanken jagen sich nur so in deinem Kopf. Wenn du ein ausgeprägtes bildliches Vorstellungsvermögen hast, läuft dieses schöne neue Szenario jetzt vor deinem inneren Auge ab wie ein wahr gewordenes Märchen.
3. Von nun an bist du in deinem aktuellen Job noch unglücklicher als vorher. Du hast zwar jetzt eine märchenhafte Vorstellung von einer neuen, viel besseren Position im Kopf, aber deine momentane Stellung hängt dir immer noch wie ein Zentnergewicht am Hals, und du weißt nicht, wie du dich um einen neuen Posten bewerben sollst. Jetzt erwacht in dir eine Energie oder ein Gefühl des **Stolzes** auf dich selbst: Du denkst, dass du in Wahrheit viel zu gut für deinen derzeitigen Arbeitsplatz bist, und **prahlst** (wenn

auch nur in Gedanken) mit deinen perfekten Leistungen. Vielleicht verhältst du dich sogar plötzlich **arrogant** gegenüber deinem Chef.

4. Du fängst an, durchaus vernünftig klingende **Entschuldigungen** dafür zu finden, warum du dich nicht um diesen neuen Job bewerben kannst. Schließlich wirst du an deinem derzeitigen Arbeitsplatz dringend gebraucht, weil du dort eine Aufgabe erfüllst, die niemand anders beherrscht. Und es gibt auch noch andere Hinderungsgründe: Die Fahrzeit zu deinem neuen Arbeitsplatz wäre länger, du müsstest eine Arbeitsuniform tragen, diese Uniform könnte unbequem sein und anderes mehr.
5. Irgendjemand an deinem jetzigen Arbeitsplatz behandelt dich nun plötzlich besser und flößt dir ein größeres Selbstwertgefühl ein, und du fängst an, dich zu fragen: »Lohnt sich dieser Stellenwechsel wirklich? Wäre es nicht besser, einfach hierzubleiben?« Und dein Ego beantwortet diese Frage nur allzu gern mit Ja. **Du vergisst deine Träume und gibst dich damit zufrieden, was du hast.** Eine Zeitlang ist dir das auch ganz recht, schließlich *gehörst* du an diesen Arbeitsplatz. In dieser Phase gibst du vielleicht jemand anderem die Schuld an deiner Situation, und dir fallen ein paar typische Opferrechtfertigungen dazu ein, zum Beispiel: »Meine Eltern konnten mir keine bessere Ausbildung ermöglichen, weil sie zu arm waren« oder »Das Problem ist, dass mein Mann mich überhaupt nicht unterstützt«.
6. Eine Zeitlang bleibst du in dieser Phase der Ruhe und Zufriedenheit, versuchst deine Arbeit so gut zu machen, wie du kannst, hilfst deinen Kollegen und machst unbezahlte Überstunden. Doch irgendwann stauen sich wieder negative Emotionen in dir an, du wirst wütend – und das ganze Muster **wiederholt sich** aufs Neue.

Schau dir nun einmal ein paar Schlüsselbegriffe des oben beschriebenen Musters an und achte darauf, wie eines zum anderen führt. Aber lies diese Wörter nicht einfach nur durch, sondern spüre sie in deinem ganzen Körper, vor allem im Herzen und im Unterbauch.

Wut – Mut – Freude – Begeisterung – träumen – Stolz – prahlen – arrogant – Entschuldigungen – du vergisst deine Träume und gibst dich mit dem zufrieden, was du hast – wiederholt sich.

Und nun vergleiche die Energie dieser Worte mit der Energie der untenstehenden Begriffe. Was fühlt sich besser an?

Wut – Mut – emotional neutral – fest entschlossen – gefahrlos – bedingungslose Liebe – dankbar – Recherchen – Wissen erwerben – dich mit all deinen Ängsten auseinandersetzen – die Sache ist es wert, und du bist es auch – positiv – dich um eine Stellung bewerben – neutrale Gefühle – Vertrauen – die neue Stellung bekommen – du hast dein Opfermuster verändert.

Heilungsmuster eines Opfers: Die neue Stellung

1. Du sitzt schon seit längerem in einem Job fest, der dir keine Freude bereitet. Du musst dringend mehr Geld verdienen und wünschst dir ein besseres Arbeitsumfeld, in dem du dich gewürdigt und unterstützt fühlst.
2. Eines Tages reicht es dir: Du wirst endlich **wütend** auf dich selbst und auf deinen jetzigen Job. Du findest den **Mut**, dir zu sagen, dass du dich um eine neue Stellung bewerben wirst. Doch du bleibst dabei **emotional neutral**, denn du weißt: Wenn du dich allzu sehr für etwas Neues begeisterst, neigst du dazu, deine kreative Energie zu verzehren, und dann bist

du hinterher müde und ausgelaugt. Du bist **fest entschlossen**, alles zu tun, um diese neue Stellung zu bekommen. Du fängst an, Pläne zu machen, und stellst eine Liste der Eigenschaften auf, die dein neuer Arbeitsplatz haben sollte. Die positiven Gedanken jagen sich nur so in deinem Kopf, und du zwingst dich dazu, nicht über frühere Misserfolge nachzugrübeln oder dauernd daran zu denken, wie fantastisch dieser neue Job sein wird. Du weißt, was du willst und dass du eine großartige Zukunft vor dir hast.

3. Von nun an bist du in deinem aktuellen Job noch unglücklicher als vorher. Du siehst jetzt ganz klar, dass diese Arbeit nicht mehr das Richtige für dich ist, und musst dich immer wieder daran erinnern, dass du deinen Arbeitsplatz **gefahrlos** wechseln kannst. Dein menschliches Ego hat nämlich eine Riesenangst davor. Du sendest jeden Tag allen Menschen und Dingen an deinem derzeitigen Arbeitsplatz **bedingungslose Liebe**. Du bist **dankbar** für die Chance, die du hier hattest. Du weißt, dass diese Tätigkeit nur eine Brücke zu etwas Besserem ist und bald enden wird. Es gibt jemand anderen, der auf diesen Job wartet und ihn genauso lieben wird, wie du dich für deine neue Arbeit begeistern wirst.
4. Deine Versagens- und Erfolgsängste sind dir sehr wohl bewusst, und du lässt dich von solchen Gefühlen niedriger Schwingung, die von deiner Vergangenheit herrühren, nicht herunterziehen. Du bleibst innerlich neutral und stellst **Recherchen** zu der gewünschten neuen Stellung an. Wenn du eine Ausbildung oder einen Fortbildungskurs benötigst, um das **Wissen zu erwerben**, das du für diesen neuen Job brauchst, planst du das alles systematisch voraus und absolvierst diese Fortbildung. Dir sind alle »Entschuldigungen« bewusst, die als Gründe dafür herhalten könnten, warum du die neue Stellung nicht annehmen solltest, und du **setzt dich mit allen Ängsten auseinander**, die dahinterstecken. Diese

Phase kann ein paar Tage oder vielleicht sogar ein paar Jahre dauern, aber wenn du dir einen neuen Job wünschst, **ist es die Sache wert, und du bist es auch!**

5. Du lernst, weiterhin **positiv** zu denken, weil du jetzt anders auf negative Bemerkungen deiner derzeitigen Kollegen reagierst. Du regst dich nicht mehr darüber auf. Du weißt, dass du im Begriff bist, diese Arbeit und dein altes Opfer-Verhaltensmuster hinter dir zu lassen. Du bist nun bereit, **dich um eine neue Stellung zu bewerben**. Du weißt, dass du die nötigen Qualifikationen dafür mitbringst, und hast ein gesundes Selbstwertgefühl, weil du viel Energie und Arbeit in diese Entscheidung hineingesteckt hast. Deine **Gefühle** sind weiterhin **neutral**. Es spielt keine Rolle, ob diese Firma dich einstellen wird oder nicht, denn wenn sie nicht dein neuer Arbeitsplatz wird, hat das Universum vielleicht eine andere Stellung für dich im Sinn. Vielleicht stellt das Universum dich nur auf die Probe (das ist normal), um festzustellen, ob du dein Opfermuster auch wirklich überwunden hast. Hab **Vertrauen**!
6. Du **bekommst die neue Stellung**! Jetzt ist es an der Zeit, deinen Erfolg zu feiern. Freue dich, genieße dieses wundervolle Gefühl der Erfüllung, gerate in Ekstase! Du hast **dein Opfermuster verändert.**

Doch nach dieser übergroßen Freude, die dich jetzt überkommen wird, solltest du darauf achten, in neutraler Energie zu bleiben, statt in die Energie des Stolzes und des Tyrannen zu verfallen, der »alles besser weiß«.

Fühle dich sicher und sei zufrieden mit dir. Erledige deine Arbeit mit Ehrlichkeit und Integrität, so dass alle einen Nutzen davon haben. Hüte dich davor, dich mit anderen Menschen zu vergleichen, und bemühe dich, aus dem Herzen heraus zu leben.

Diese Veränderung wird ein furchtbarer Schlag für dein Opferprogramm sein, und als Reaktion darauf wird es dich in Ängste, Depressionen und Panikattacken stürzen. Versagens- und Erfolgsängste machen dieses Programm so wirksam. Dein Ego wird dir einflüstern, mit Affirmation und Meditationen zu arbeiten. Es wird dir Mut, Begeisterung und ein großes Glücksgefühl über die Veränderungen einflößen, die du dir vorgenommen hast. Es wird dich zu einem »ewigen Träumer« machen. Doch in Wahrheit führt es dich damit nur in einen emotionalen Overdrive hinein (dann bist du wie ein Motor, der sich überhitzt). Sobald du diese emotionale Energie erschöpft hast, kommt es zum Absturz, und du verfällst wieder in negative Gefühle wie Angst, Hoffnungslosigkeit, Demütigung und Scham. Und dann reicht das Ego – dein bester Freund – dir die Hand und hilft dir, dich wieder aufzurappeln.

Ein Ausweg aus dem Opferprogramm besteht darin, deine Emotionen im Hinblick auf die Vergangenheit und Zukunft zu neutralisieren. Dann kannst du deinen Ängsten ins Auge sehen und eine Bereitschaft entwickeln, kein Träumer, sondern ein Macher zu werden. Lerne dich selbst zu lieben. Werde dir darüber klar, was Sicherheit und Sicherheitsgefühl für dich bedeuten. Hab Vertrauen zu dir selbst und arbeite bewusst daran, deinen inneren Zorn in kreative Feuerenergie zu verwandeln.

Das Tyrannenprogramm

Physische Energie: Man könnte den Tyrannentypen als »Streber« bezeichnen. Oft besitzt er eine starke Selbstdisziplin und viel Energie und wirkt mit seinem Erfolg inspirierend auf andere Menschen. Doch diese Energie ist ein zweischneidiges Schwert und dient nur seinem Eigennutz, denn sie nährt sein ohnehin schon zu großes Ego noch zusätzlich mit Stolz. Der Tyrannentyp ist ein guter Redner: Er kann anderen Menschen das Wort im Mund herumdrehen und sie davon überzeugen, dass er Recht hat. Finanzieller Reichtum ist ihm extrem wichtig, denn er gibt ihm ein Gefühl der Sicherheit. Solche Menschen können eine Menge Geld verdienen und verlieren; sie machen in ihrem Leben immer wieder finanzielle Höhen und Tiefen durch.

Menschen mit einem Tyrannenprogramm haben das Gefühl, aus verschiedenen Gründen ein Recht auf ein gutes Leben zu haben. Vielleicht haben sie hart dafür gearbeitet, vielleicht hatten sie auch einfach nur Glück oder wurden in eine »vom Glück begünstigte« Familie hineingeboren. (In eine »vom Glück begünstigte Familie« hineingeboren zu werden, bedeutet aber nicht automatisch, dass man das Tyrannenprogramm übernimmt; viele solche Menschen werden zu Opfern.) Es kann auch sein, dass so jemand arm ist und mit finanziellen Problemen zu kämpfen hat, aber er ist genau der Typ, der dir einreden kann, dass er nächste Woche eine Villa besitzen wird. Derartige Menschen haben immer irgendeinen Plan, Erfolg ist ihnen enorm wichtig. Auch können sie durchaus gute Teamplayer sein, doch ihr eigenes Wohlergehen steht für sie stets an erster Stelle. Sie leben nach dem Motto: »Entweder du tust, was ich will, oder du kannst gehen!«

Solche Menschen werden laut oder schreien, um andere von ihrem Standpunkt zu überzeugen, schüchtern ihren Mitmenschen ein und wollen über alles bestimmen! Ein Tyrannentyp macht Pläne und führt sie dann auch aus – egal ob es sich dabei um einen erfolgreichen Geschäftsabschluss handelt oder darum, seine Freundin der Untreue zu bezichtigen. Wenn ein Tyrann von etwas überzeugt ist, hat er immer »Recht«.

Emotionale Energie: Tyrannentypen arbeiten hauptsächlich mit ihrer linken Gehirnhälfte – der logischen, männlichen Energie. Der Tyrann ist ein psychischer Vampir. Leider sind derartige

Menschen sich dieser Fähigkeit oft nur allzu bewusst und nutzen sie zu ihrem eigenen Vorteil. Der Tyrann neigt zu zwanghaftem Verhalten und muss immer alles unter Kontrolle haben. Manche Tyrannentypen kennen kein Schamgefühl und haben nicht das Bedürfnis, sich an ethische Spielregeln zu halten.

In seiner frühen Kindheit hat der Tyrann einen starken Selbstschutzmechanismus aktiviert. Er hat sich einen unsichtbaren Panzer wachsen lassen wie eine Schildkröte. Hinter diesem Panzer versteckt er sein niedriges Selbstwertgefühl und seine Ängste und Sorgen und findet emotionale Sicherheit – er ist sein Zufluchtsort, an dem er sich sicher und geborgen fühlt und seine wahren Gefühle verbergen kann. Diese Gefühle soll nämlich nie jemand zu sehen bekommen oder erreichen und womöglich gegen ihn verwenden. Sein Persönlichkeitstyp schüchtert andere Menschen ein, und wenn ihm tatsächlich einmal jemand so nahe kommt, dass er seine Schwächen erkennt, lenkt er sofort von sich ab.

Man könnte sagen, dass der Tyrann ein Leben ständiger Realitätsverweigerung führt und Vertrauensprobleme hat. Er hat große Angst davor, ein Opfer, arm oder von anderen Menschen abhängig zu sein. Es fällt ihm schwer, andere von Herzen um Hilfe zu bitten. Für ihn ist es leichter, andere Menschen herumzukommandieren, damit sie tun, was er von ihnen verlangt. Er ist besessen von seinem sozialen Status und davon, was andere Menschen über ihn denken.

Der Tyrann hat Angst vor tiefen Gefühlen, er will sich niemandem öffnen und keine bedingungslose Liebe schenken, denn das kleine Kind in seinem Inneren möchte nie wieder verletzt werden. Seine ungesunde Definition von Selbstliebe lautet: »Ich, ich, ich.« Er bevorzugt Beziehungen, die von Bedürftigkeit und Kontrollsucht geprägt sind und in denen er alles im Griff hat, so dass seine Gefühle nicht verletzt werden können. Der Tyrann ist oft wütend und eigensinnig; er hat keine Angst davor, offen seine

Meinung zu sagen, und ihm brennen leicht die Sicherungen durch. Er gibt schnell anderen Leuten die Schuld, hat viele Süchte und Gelüste, und insgeheim bereut er vieles. Solche Menschen können nie genug bekommen. Auch der Tyrann leidet unter einem s-PTBS und ist nicht bereit, Kompromisse einzugehen. Insgeheim quält er sich mit Versagensängsten.

Typisches Verhaltensmuster eines Tyrannen: Der eigene Betrieb

Die nun folgende Geschichte ist nur ein Beispiel – es gibt viele andere typische Szenarien. Doch anhand der untenstehenden Schritte erkennst du, wie das Tyrannenprogramm sich äußert und wie man es ändern kann.

1. Du bist ein fleißiger, begabter Schreiner und hast das Gefühl, dass dein jetziger Chef dein Wissen oder deine Leistungen **nicht richtig zu schätzen weiß**. Du regst dich immer wieder darüber auf, was für einen Unsinn er erzählt. Er macht dich **wütend**, und du weigerst dich, seinen Ansichten zuzustimmen. **Du willst** einen eigenen Betrieb gründen.
2. Du kündigst deine Stellung und übernimmst die Verantwortung dafür, dir ein eigenes Geschäft aufzubauen.
3. Deine **Familie versucht dir zu helfen**: Sie liefert dir Ideen und Anregungen für Werbeanzeigen, potenzielle Kunden und den Aufbau eines eigenen Unternehmens. Du akzeptierst ihre Hilfsbereitschaft, aber deiner Meinung nach **haben diese Leute keine Ahnung** vom Schreinerhandwerk oder davon, wie man sich einen eigenen Betrieb aufbaut; also lehnst du ihre Hilfe ab. Du wirst immer **gestresster** und schreist mit anderen Leuten herum, so dass alle Menschen in deiner Umgebung sich **unwohl** fühlen.

4. Du ziehst dich in dein Schneckenhaus zurück und tüftelst all deine Probleme **allein** aus, weil du alles darüber weißt, wie man diese neue Geschäftsidee verwirklicht. Du **verlässt dich nur auf dich selbst** und schließt deine Familie und deine Freunde von deinen Plänen aus. Du machst Überstunden und schläfst zu wenig, bist **müde** und frustriert, aber stolz darauf, dass du das alles kannst – und dieser **Stolz treibt dich an.** Wenn du da bist, schweigen deine Angehörigen meistens. Sie haben zwischen aufgehört, dir Fragen zu stellen oder Hilfe anzubieten, und gehen dir lieber aus dem Weg, damit du das tun kannst, was dir »in die Wiege gelegt« wurde.
5. Du gründest dein neues Geschäft und bekommst deine ersten drei Aufträge. Obwohl du mehr als zwölf Stunden pro Tag arbeiten musst, stellst du keine Mitarbeiter ein. Du willst sparen; doch vor allem hast du Angst davor, dass die anderen ihre Arbeit nicht gut genug machen würden. Du hast **keine Zeit und keine Energie** mehr für deine Familie. Du hast das Gefühl, dass sie nicht verstehen, wie hart du arbeitest und dass du alles für sie tust. Aber auch wenn du dich **verkannt** fühlst, hast du doch **bekommen, was du wolltest**.
6. Eine Zeitlang bleibst du in dieser Phase der inneren Ruhe und versuchst dein Bestes zu tun, doch irgendwann holen deine Erschöpfung und dein Unglücklichsein dich wieder ein. Du fühlst dich nicht genügend gewürdigt, bist wütend und gereizt und **wiederholst** das gleiche Muster aufs Neue, wenn auch diesmal mit anderen Ideen oder einem anderen Geschäftsmodell.

Schau dir nun einmal ein paar Schlüsselbegriffe des oben beschriebenen Musters an und achte darauf, wie eines zum anderen führt. Aber lies diese Wörter nicht einfach nur durch, sondern spüre sie in deinem ganzen Körper, vor allem im Herzen und im Unterbauch.

Chef weiß dich nicht zu schätzen – wütend – du willst – du übernimmst die Verantwortung – die Familie versucht dir zu helfen – die haben keine Ahnung – gestresst – unwohl – allein – verlässt dich nur auf dich selbst – müde – Stolz treibt dich an – keine Zeit und keine Energie – fühlst dich verkannt – hast bekommen, was du wolltest – wiederholst.

Und nun vergleiche die Energie dieser Worte mit der Energie der untenstehenden Begriffe. Was fühlt sich besser an?

Chef weiß dich nicht zu schätzen – wütend – du willst – du neutralisierst – beobachten – herausfinden – planen – Wissen – du übernimmst die Verantwortung – neutrale Energie anstelle von Werturteilen – Wertschätzung – Dankbarkeit – du lernst, andere Menschen zu führen, statt sie herumzukommandieren – Vertrauen – neue Ideen – verjüngt – bereit – Synchronizität – du wirst geführt – der Menschheit dienen – ehrlich – vertrauenswürdig – fair – die Menschen lieben dich – dein Geschäft blüht – du hast dein Tyrannenmuster verändert.

Heilungsmuster eines Tyrannen: Der eigene Betrieb

1. Du bist ein fleißiger, begabter Schreiner und hast das Gefühl, dass dein jetziger Chef dein Wissen oder deine Leistungen **nicht richtig zu schätzen weiß**. Du regst dich immer wieder darüber auf, was für einen Unsinn er erzählt. Er macht dich **wütend**, und du weigerst dich, seinen Ansichten zuzustimmen. **Du willst** einen eigenen Betrieb gründen.
2. Du **neutralisierst** all deine Emotionen im Hinblick auf deine Arbeit. Du **beobachtest** deine Gefühle des Zorns, um **herauszufinden**, wovor du dich insgeheim fürchtest – was

du deiner Meinung nach nicht unter Kontrolle hast. Bevor du deine aktuelle Stellung kündigst, fängst du an zu **planen**. Du bist fest entschlossen, eine eigene Firma zu gründen. Wenn du **Wissen** über die Leitung deines neuen Unternehmens brauchst, erwirbst du dieses Wissen oder suchst Hilfe bei jemandem, der sich in dieser Branche auskennt. Du übernimmst die Verantwortung dafür, dir ein eigenes Geschäft aufzubauen, diskutierst mit deiner Frau und deinen Kindern darüber, wie euer Familienleben sich dadurch verändern könnte, und sprichst mit ihnen über deine innere Berufung, ein eigenes Geschäft zu führen. Aber du hast auch das Bedürfnis, Zeit mit ihnen zu verbringen und sinnvolle Dinge mit ihnen zu unternehmen.

3. Da deine Familienmitglieder dir zu helfen versuchen, achtest du darauf, in einer **neutralen Energie** zu bleiben, **statt Werturteile** zu fällen. Du akzeptierst ihre Unterstützung und überträgst jedem von ihnen die Befugnisse, die du ihm zutraust. Du zeigst allen Menschen, die dir helfen, deine **Wertschätzung** und **Dankbarkeit**. Du hast nach wie vor das Bedürfnis, allen Leuten zu sagen, was sie tun sollen, **lernst aber, andere Menschen zu führen, statt sie herumzukommandieren** und ihnen jede Kleinigkeit genau vorzuschreiben. Du lernst, **Vertrauen** zu haben, und bist offen für **neue Ideen**, Freunde und Kontakte. Obwohl du viel arbeitest und oft müde und erschöpft bist, erhebst du es zu deiner Priorität, Zeit für deine Familie zu haben. Das **verjüngt** dich.
4. Statt dich in dein metaphorisches Schneckenhaus zu verkriechen, bist du **bereit**, auf die Ideen anderer Menschen zu hören und diese Vorschläge zusammen mit deinen eigenen Ideen zu verwirklichen. Du achtest auf **Synchronizitäten** in deinem Leben und handelst danach. Dir wird klar, dass du auf deinem Weg, dir einen eigenen Betrieb aufzubauen, **ge-**

führt wirst, und du hast genügend Vertrauen, um diesem Weg zu folgen. Du kündigst deine bisherige Stellung, weil du jetzt weißt, dass du dir das leisten kannst. Schließlich möchtest du, dass die Menschen in schönen Häusern wohnen (du willst **der Menschheit dienen**), und weißt, wie schwierig es ist, **ehrliche, vertrauenswürdige** und **faire** Dienstleister zu finden. Du besitzt all diese Eigenschaften.

5. Du gründest dein neues Unternehmen, bekommst deine ersten drei Aufträge und brauchst Hilfe. Also stellst du vorübergehend jemanden ein, den ein Freund dir empfohlen hat. Dein neuer Mitarbeiter hat die gleiche Arbeitseinstellung wie du. Du erkennst das an und zeigst ihm deine Dankbarkeit. Jetzt machst du deine Arbeit nicht mehr so, wie du es für am besten hältst, ohne darüber nachzudenken, was deine Kunden sich wünschen, sondern führst sie sanft und behutsam zu den richtigen Entscheidungen für ihre Bauprojekte hin.
6. Du bleibst in dieser Phase der inneren Ruhe. **Die Menschen lieben dich** und empfehlen dich ihren Freunden weiter. **Dein Geschäft blüht**, deine Familie ist glücklich, und du bist es auch. Jetzt bist du so weit, mehr Mitarbeiter einzustellen und dein Geschäft zu vergrößern. **Du hast dein Tyrannenmuster verändert.**

Du weißt jetzt, wie man Erfolg hat. Nun ist der Zeitpunkt gekommen, um alles richtig zu machen. Akzeptiere freudig deine Ganzheit und werde zu einem bewussten, lebendigen Frequenzhalter aller höheren Schwingungsenergien, mit denen du dich stark verbunden fühlst. Mach deinen Arbeitsplatz oder dein Zuhause zu einem Tempel des Lichts und achte darauf, bescheiden zu bleiben. Behandle deine Mitmenschen so, wie du behandelt werden möchtest, dann wirst du deine Lebensmission erfüllen, diese Welt zu einem besseren Ort zu machen.

Das Tyrannenprogramm lebt von Gefühlen des Stolzes und von einer ungesunden Selbstliebe. Doch gleichzeitig aktivieren diese Energien auch deine zerstörerische Kraft. Du bist immer wieder wütend und aufgeregt und arbeitest wie ein Besessener, um den materiellen Lebensstandard aufrechtzuerhalten, den du als Teil deines Glücks definierst. Wenn du krank wirst oder verarmst, gibt es niemanden, der dir hilft, weil du deine Mitmenschen dein Leben lang von dir weggestoßen hast. Du bist eigensinnig und nicht zu Kompromissen bereit. Oft manifestiert sich das in Form einer Krankheit oder Ehescheidung oder eines tragischen Ereignisses. Solche Ereignisse können zu Triggern werden, die dich zur Einsicht bringen.

Der Ausweg aus dem Tyrannenprogramm besteht darin, deine Emotionen im Hinblick auf die Vergangenheit und Zukunft zu neutralisieren. Dann fängst du an, deinen verborgenen Ängsten ins Auge zu sehen, wirfst deinen Schutzpanzer ab und beginnst Vertrauen zu anderen Menschen und zur Energie zu entwickeln. Lerne dich so zu lieben, wie du bist. Werde dir darüber klar, was Sicherheit und Sicherheitsgefühl für dich bedeuten, und arbeite bewusst daran, deinen inneren Zorn in kreative Feuerenergie zu verwandeln.

6

Strategien für die innere Wandlung des Egos

Zunächst einmal solltest du daran denken, dass dein Ego dein bester Freund ist: dein liebevolles Haustier, dein Helfer. Du bringst deinem Ego jetzt neue Kunststücke bei und lehrst es, sich sicher zu fühlen. Dieses Sicherheitsgefühl ist nämlich die wichtigste Energie, die das Opfer- und das Tyrannenprogramm brauchen, um ihre Ängste überwinden zu können. Das ist der Hauptgrund, warum wir (die Plejader) dein Ego akzeptieren und ihm einen hohen Stellenwert einräumen. Wir wollen uns nun erst mal eingehend mit deinem Ego beschäftigen, bevor wir auf die Geschichte deiner Seelenverletzungen zu sprechen kommen. Obwohl uns sehr wohl bewusst ist, dass du lieber zuerst die Geschichte deiner Seele hören würdest, müssen wir zuerst über dein Ego reden.

Die innere Wandlung deines Egos hat nichts damit zu tun, es für immer zu verbannen oder gar loszuwerden. Stattdessen sollst du lernen, *mit deinem Ego zusammenzuarbeiten.* Du musst es bereitwillig als deinen Helfer akzeptieren, denn es ist ein gleichwertiges Drittel von dir: Ego + Seele = Du.

Das Ego hat Angst davor, dich in dein Kehlkopfchakra (die Fibonacci-Zahl 3) aufsteigen zu lassen, weil es glaubt, sterben zu müssen, wenn es das zulässt. Es ist allen Ernstes davon überzeugt, dass dein Körper das nicht überleben würde. Dem Ego ist nämlich bewusst, dass du dann anfangen wirst, Situationen mit ganz anderen, positiven Augen zu betrachten. Du wirst deine Ängste überwinden, obwohl du laut dem Programm deines Egos dadurch sehr leicht sterben könntest (auch wenn das nicht stimmt). Für das Ego ist Angst etwas Gutes, schließlich hat sie die Menschheit jahrtausendelang am Leben erhalten. Der innere Wandlungsprozess ist ein ziemlich sicheres, bewährtes Programm. Siehst du, wie dein Ego sich dagegen wehrt? Es ist wie eine kleine Ameise, die einen großen Schatten an die Wand wirft und Angst davor hat, dass du ihren Schwindel durchschaust. Mach dir bewusst, dass dein Ego versucht, dich mit allen möglichen Tricks von dieser inneren Wandlung abzubringen.

Dein Ego beherrscht deine ersten drei Chakras. In der physischen (Ego-)Energie dominieren das Basischakra und das Solarplexuschakra. Das Sakralchakra dominiert in der spirituellen (Seelen-)Energie, wird aber von der Energie des Egos kontrolliert. Das erste Chakra (Bedürfnis nach Überleben) und das dritte Chakra (dein Erwachsenen-Ich) unterdrücken dein zweites Chakra. Dadurch wird deine Kreativität blockiert oder zumindest stark unter Kontrolle gehalten, weil die Energie des Egos versucht, dein Überleben zu sichern.

Also atme einmal tief durch und versichere deinem Ego, dass es nicht sterben wird – dass ihr beide in Sicherheit seid. Mach ihm klar, dass du es nicht aussperren willst. Mit der Zeit wirst du lernen, auf Augenhöhe mit deinem Ego zusammenzuarbeiten. Du brauchst dein menschliches Ego, um menschliche Aufgaben – beispielsweise ein Buch schreiben, kochen oder im Garten arbeiten – ausführen zu können. Du musst so weit kommen, dass das Ego deiner Seele erlaubt, dich bewusst zu führen, damit deine schöpferische Energie aktiviert werden kann. Nur so kann dein »Wagen mit drei Rädern« (Seele, Ego und Du) sich vorwärtsbewegen.

Strategie: Schaffe einen sicheren Zufluchtsort für dein Ego

Das erste Chakra ist für dein Überleben zuständig. Finde einen Platz, an dem du dich wohl, sicher und geborgen fühlst. Das kann dein Garten oder Hinterhof, ein besonderes Zimmer in deinem Haus, ein Wandschrank oder irgendein anderer physischer Ort sein, an dem es dir gefällt. Aber es muss sich dabei um einen realen Ort handeln; er darf nicht nur in deiner Vorstellung existieren.

Von nun an wird dieses Plätzchen, das du dir ausgesucht hast, zu deinem sicheren Zufluchtsort – wenn auch nur für ein bis zwei Minuten am Tag. Denke daran: Du musst einen physischen Ort dafür finden, weil du jetzt mit deinem ersten Chakra arbeiten wirst, das durch physische (Ego-)Energie gespeist wird. Du musst deinem physischen Körper die Botschaft senden, dass du in Sicherheit bist.

Bring deine Gedanken zur Ruhe. Halte die Augen offen und bleibe physisch in der Gegenwart. Denke: »Ich bin in Sicherheit.« Atme ein paarmal langsam und tief durch und denke dabei ganz bewusst: »Ich bin in Sicherheit. Ich kann für mich sorgen. Ich kann mich schützen.«

Du kannst den Satz »Ich bin in Sicherheit« auch in den Noten E – C – D = Ich (E) bin (C) in Sicherheit (D) vor dich hinsingen.

Lass dein Ego oder deine Gedanken jetzt nicht zu dir sprechen. Während dieser Übung bist du hundertprozentig in Sicherheit – du hast keine Probleme. Es gibt keine Sorgen, keine unbezahlten Rechnungen, nichts zu tun. In diesem Augenblick bist du völlig sicher. Spüre es – spüre diese Sicherheit in deinem gegenwärtigen Körper. Du darfst nicht nur daran denken; du musst sie auch spüren. Wie fühlt es sich an, in Sicherheit zu sein, keine Sorgen oder Probleme zu haben? Diese Aussage trifft in diesem Augenblick – in den paar Sekunden oder Minuten, in denen du hier sitzt – hundertprozentig zu. Atme dieses Gefühl in deinen Körper, in dein erstes Chakra hinein und bring deinem Körper bei, wie es sich anfühlt, hundertprozentig in Sicherheit zu sein.

Anfangs kannst du diese Übung vielleicht nur ein paar Sekunden lang machen. Doch mit der Zeit wirst du sie auf ein paar Minuten ausdehnen können. Das ist zwar schwierig, aber es lohnt sich und hat eine sehr heilsame Wirkung, deinem Körper beizubringen, wie er sich sicher fühlen kann, ohne das Bedürfnis zu haben, alles unter Kontrolle halten zu müssen. Wiederhole diese Übung ein paarmal pro Woche, bis es dir leicht fällt, die Frequenz der Aussage »Ich bin in Sicherheit« in deinem Körper zu halten. Sobald dir das zur zweiten Natur geworden ist, hast du ein neues Programm installiert.

Während du dich an dieses Gefühl der Sicherheit gewöhnst, solltest du über dein Leben nachdenken: Was gibt dir ein Sicherheitsgefühl und was nicht? Musst du dich vielleicht von bestimmten Dingen, Menschen oder Verhaltensweisen verabschieden, die dein Leben bedrohen? Musst du dir ein neues sicheres Umfeld schaffen? Bitte dein Ego und deine Seele, dir bei dieser grundlegenden Veränderung deines Lebens zu helfen.

Geh diese Veränderung Tag für Tag an und habe dabei uneingeschränktes Vertrauen zu dir selbst und zum Göttlichen. Du wirst stets geführt und geliebt. Wenn du lernst, dich sicher zu fühlen, kann dein Nervensystem sich entspannen und öfter in einem Zustand neutraler Energie verweilen.

Neutrale Energie

Bei der Aufgabe deines zweiten Chakras geht es um emotionale Energie. Diese Energie spiegelt sich auch in deinem fünften und sechsten Chakra wider, denn sie alle sind Chakras mit spiritueller (Seelen-)Energie.

Neutrale Energie ist die erste höhere Schwingungsenergie, die du bewusst erreichen solltest. Oft überspringen Menschen mit einem Opfer- oder Tyrannenprogramm diese Stufe, wenn sie eine höhere Energie erreichen. Da sie diese neutrale Phase versäumt haben, werden sie früher oder später von höheren energetischen Ebenen wie Bereitschaft, Akzeptanz, Liebe, Freude und innerem Frieden wieder auf eine niedrigere Stufe zurückfallen, sobald irgendetwas in ihrem Leben schiefgeht.

Neutrale Energie ist eine Ebene der Sicherheit, auf der man sich keine Gedanken über seine jetzigen Gefühle, frühere Ereignisse oder darüber machen muss, was in Zukunft passieren wird. Neutrale Energie ist ein *Augenblick in der Gegenwart* – ein starker Stabilisator auf dem Ozean der Emotionen, die dich in Angst und Schrecken versetzen. Neutral zu bleiben, ist wie ein Gang durch ein Minenfeld, das du selbst geschaffen hast. Du kennst den richtigen Weg und weißt, dass du in Sicherheit bist. Du musst dich hundertprozentig auf dein inneres GPS verlassen. Links und rechts von dir explodieren Bomben; doch du weißt, dass dir nichts passieren kann, wenn du deinen vorgezeichneten Weg gehst. Du hast keine Angst und regst sich über nichts auf, sondern gehst einfach von Punkt A nach Punkt B.

Immer wenn du dich in einer emotional schwierigen Lebenssituation befindest, solltest du dich in einer neutralen Energie stabilisieren – dann weißt du, worin dein nächster Schritt besteht, ohne dich dabei von deinem Ego beeinflussen zu lassen.

Strategie: Neutral bleiben

Wenn es dir nicht gelingt, innerlich zur Ruhe zu kommen und neutral zu bleiben, versuche es einmal mit dieser mentalen Übung: Konzentriere dich auf einen Gegenstand, zum Beispiel einen Kugelschreiber. Betrachte diesen Kugelschreiber mindestens eine Minute lang. Richte all deine Gedanken nur darauf und nicht auf andere Dinge wie beispielsweise das, was heute Morgen passiert ist oder was du heute Abend tun wirst. Es ist nur ein Kugelschreiber, und du schaust ihn an, ohne irgendetwas anderes zu tun. Sobald du damit fertig bist, zolle dir bewusst Anerkennung dafür, dass du es geschafft hast, dich auf nichts anderes zu konzentrieren und an nichts anderes zu denken als diesen Kugelschreiber. Bald wird dir das für längere Zeit gelingen, und zwar auch ohne konkretes Objekt – einfach nur mit deinen Gedanken.

Jetzt kannst du nach draußen gehen und deine Gedanken auf einen Baum richten oder aufs Meer hinausschauen. Oder du kannst die Silbe »Om« vor dich hin sprechen, dich nur auf diesen Klang konzentrieren und nach jedem Atemzug eine kleine Pause machen. Am Ende solltest du in der Lage sein, das ungefähr zehn Minuten pro Tag zu tun und dich dabei hundertprozentig auf den Gegenstand deiner Aufmerksamkeit zu konzentrieren. Bald wird dir klar werden, dass es gar nicht so schwierig ist, deine Gedanken zur Ruhe zu bringen.

Strategie: Schnelle Befreiung von Ängsten und Sorgen

Dein drittes Chakra hat die Aufgabe, dich durchs Leben zu führen und dir das Selbstvertrauen zu schenken, das du brauchst. Immer wenn es dir schwerfällt, eine Entscheidung zu treffen, oder wenn du ängstlich oder nervös bist, lege deine linke Hand an deinen Hinterkopf und lass sie dort liegen. Lege deinen rechten Daumen und Zeigefinger jeweils oberhalb der Mitte einer Augenbraue auf deine Stirn und massiere diese Stellen sanft. Stell dir dabei vor, wie deine Energie sich vom Hinterkopf bis zum Stirnlappen miteinander verbindet. Denk an die Angst oder Sorge, die du gerade durchgemacht hast, und vergegenwärtige sie dir so lebhaft wie möglich, während du sanft die Punkte über deinen Augenbrauen massierst. Dadurch wird dein Stirnhirn besser durchblutet. Sobald dein Gehirn gut mit Sauerstoff versorgt ist, wirst du gleich viel ruhiger werden und deine Situation mit größerer innerer Klarheit betrachten.

Strategie: Schnelle Befreiung von Gefühlen der Scham, Schuld und Demütigung

Wenn du quälende Gefühle wie Scham, Schuld oder Demütigung erlebst, drücke sanft deine Nasenspitze und halte sie ungefähr zwei Minuten lang – oder bis dieses Gefühl wieder verschwindet – fest.

Deine Nasenspitze ist ein Verbindungspunkt zwischen dem Haupt- und dem Nebenmeridian, der das Nervensystem in deinem physischen Körper steuert. Diese beiden Meridiane fließen kreisförmig ineinander. Der Hauptmeridian ist besonders empfindlich für deine emotionale Energie (und wird sogar extrem sensibel dafür, wenn du innerlich erwachst). Der Nebenmeridian dagegen ist besonders empfindlich für deine physische Energie. Die Nasenspitze ist ein Tor zu diesen beiden Meridianbahnen, die dein Nervensystem steuern. Wie du bereits weißt, wirken Emotionen sich stark auf das Nervensystem aus. Es sendet dann entsprechende Signale an die Organe, die sich früher oder später in Form von Blockaden, Krankheiten und anderem mehr manifestieren.

Wenn du sanft deine Nasenspitze drückst, trennst du die Energielinie, so dass diese beiden Meridiane nicht mehr klar miteinander kommunizieren können; und dann können auch keine Gefühle mehr im Kreis herumfließen, zum Beispiel, wenn du dich gerade schämst. Wenn du einmal genau darüber nachdenkst, wird dir klar, dass du solche Schamgefühle in deinem ganzen Körper spürst. Das liegt daran, dass dein Nervensystem diese Information mithilfe dieser beiden Meridianbahnen durch deinen ganzen Körper hindurchfließen lässt.

Zorn

»Zorn ist wie Feuer. Man braucht ihn nur zu verstehen.«

Die Kontrolle über etwas zu verlieren, was dir wichtig ist, kann Gefühle wie Zorn, Frustration und Angst in dir wecken. Das Bedürfnis, etwas oder alles unter Kontrolle halten zu müssen, ist eine Form versteckter Angst.

Wie du bereits weißt, ist Angst eines der ursprünglichen Programme im menschlichen Körper, die das Überleben sichern. Deshalb entspringt das Bedürfnis nach Kontrolle aus der Angst. Das ist ein ganz einfacher Vorgang: Statt dich vor etwas zu fürchten, lernst du, es unter Kontrolle zu bringen. Wenn du beispielsweise bedroht wirst, weil du deine Stellung, deine soziale Position, deinen Status, dein Haus, deine Gesundheit oder einen geliebten Menschen verlierst, macht dich das wütend. Dein menschliches Ego redet dir ein, dass du völlig Recht damit hast, Kontrolle ausüben und das erreichen zu wollen, was du dir wünschst. In gewisser Weise ist dein Zorn durchaus gerechtfertigt.

Für dein Ego ist es einfacher, dich wütend zu erhalten, als die Versagensangst zu akzeptieren, die dich in tiefe Scham- und Schuldgefühle stürzt und womöglich sogar bis zum Selbstmord treiben kann. Das Ego hält dich gerne in diesem Zustand, weil du dann leicht kontrollierbar bist. Dein Ego tut alles, um dich zu beschützen, damit du nicht vorzeitig stirbst, bevor die dir vorgezeichnete Reise in dieser Inkarnation abgeschlossen ist.

Die Anatomie des Zorns

Wenn dein Zorn eskaliert und außer Kontrolle gerät, ist dein Körper darauf programmiert, dein Überleben zu sichern. Dann schüttet er Adrenalin aus, das deinen Energiepegel in die Höhe schießen lässt. Das bezeichnet man als »Kampf oder Flucht«-Reaktion. Diese Reaktion kann gut oder auch schlecht für dich sein, weil du in diesem Augenblick nicht mit deinem logischen Verstand denkst. Dein spirituelles Gehirn ist jetzt völlig umnebelt, und du orientierst dich in deinem Handeln – von Adrenalin aufgeputscht – nur noch an deinem Überlebensprogramm.

Zorn kann dir in lebensbedrohlichen Situationen das Leben retten, bringt dich in deinem spirituellen Wachstum aber nicht weiter.

Im physischen Körper werden deine ersten drei Chakras vom Zorn beherrscht. Die Energie des Zorns lebt von negativen Emotionen wie Lust, Habgier, Eifersucht, Verlangen, Stolz, Scham, Schuld, Unsicherheit und niedrigem Selbstwertgefühl.

Folgende Chakras werden von Zorn beeinflusst:

Erstes Chakra:	Überleben – physische (Ego-)Energie
Zweites Chakra:	Emotionen aus der Kindheit, Kreativität, Sexualität – spirituelle (Seelen-) Energie
Drittes Chakra:	Selbsterkenntnis, Erwachsenen-Ich – physische (Ego-)Energie

Zwei dieser Chakras nutzen physische (Ego-)Energie, während eines von spiritueller (Seelen-)Energie gespeist wird. Das zweite Chakra repräsentiert deine Kreativität. Unter Stress schüttet dein Körper Adrenalin aus. Damit will er dir ein physisches Werkzeug an die Hand geben, um dieser Situation auszuweichen, die eine Gefahr für deinen Körper zu sein scheint (weil sie entweder dein Überleben oder dein Erwachsenen-Ich bedroht).

Für deinen Körper macht es keinen Unterschied, ob jemand dich in emotionaler oder physischer Hinsicht bedroht. Dein Körper ist extrem intelligent und gleichzeitig äußerst dumm. Er erkennt keine Unterschiede, sondern reagiert einfach nur auf deine ursprünglichen emotionalen Gedanken (zweites, viertes und sechstes Chakra) und handelt dementsprechend, um dich zu schützen. Deine angeborene schöpferische Kraft – ein kreatives Feuer, das in deinem zweiten Chakra angesiedelt ist – kann durch diese physischen (Ego-)Chakras unterdrückt werden. Doch um als Katalysator für eine innere Wandlung fungieren zu können, müssen alle drei Chakras zusammenarbeiten.

Vielleicht könnte man diese innere Wandlung mit der uralten Legende vom altägyptischen Phoenix vergleichen. Du musst einen klugen, sicheren und reichen Zufluchtsort für dein physisches Ich schaffen, diesen Ort dann (im übertragenen Sinn) in Brand stecken und dich emotional von deinen materiellen Besitztümern loslösen, um dein schöpferisches Ich zum Leben zu erwecken.

Stell dir vor, du hättest diese unglaubliche Fülle an Energie, die wir von nun an als deine Feuerenergie bezeichnen wollen, unter Kontrolle. Dieses Feuer könnte dein schlimmster Feind sein, weil es enormen Schaden anrichten und deine zerstörerische Kraft aktivieren kann. Es kann aber auch dein bester Freund sein und deine schöpferische Kraft aktivieren. Es kann warm, liebevoll und nützlich sein – dein kleiner Feuervogel.

Strategie: Das Feuer zähmen

Der Sternenzyklus des Jahres 2012 hat dich spirituell für die Arbeit mit bewusster Energie geöffnet. Bewusste Energie wird anstelle von Hypnose eingesetzt und ist die tiefgehendste Energiearbeit deiner heutigen Zeit.

Wenn du wütend bist, solltest du versuchen, dir die Situation bewusst zu machen: »Ich bin wütend, weil ich dies oder jenes (setze hier die betreffende Situation ein) nicht unter Kontrolle habe.«

Das ist ein wichtiger Aspekt deines Heilungsprozesses. Als Nächstes musst du zu einem *aktiven Macher* werden. Das bedeutet, all dies nicht nur mental zu verarbeiten, indem du deine Perspektive änderst, sondern auch physisch – mit deinem Körper –, indem du irgendetwas tust. Manchmal ist es schwer, dich zu beruhigen und einfach zur Tagesordnung überzugehen. Vielleicht ist dein Adrenalinspiegel einfach sehr hoch, und du musst dieses Adrenalin auf physischem Weg abreagieren, damit es dir wieder besser geht und du die Situation auch mental verarbeiten kannst.

Mach dir bewusst, dass du nicht alles unter Kontrolle haben kannst, und arbeite dabei mit einer oder allen der unten aufgeführten physischen Strategien.

Wenn du so wütend bist, dass du das Gefühl hast, gleich zu explodieren und irgendetwas zu sagen oder zu tun, das dir später leid tun wird, solltest du dich irgendeiner körperlichen Aktivität widmen, zum Beispiel:

- dein Haus oder deine Wohnung putzen
- den Rasen mähen
- joggen gehen
- ins Fitnessstudio gehen
- einen Spaziergang machen
- dich im Schlafzimmer einschließen und nach Herzenslust auf ein Kissen einschlagen (dafür brauchst du nicht unbedingt ein Publikum)
- irgendwo hingehen, wo dich niemand hört, und nach Herzenslust fluchen
- deinen ganzen Zorn herauslassen, indem du so laut schreist, wie du kannst (falls du in einer einsamen Gegend wohnst).

Egal welchen Weg du wählst – reagiere deine Wut auf physischem Weg ab, statt deinen Zorn und deine Frustration an irgendeinem anderen Menschen auszulassen. Reagiere dich so lange ab, bis du erschöpft bist und spürst, wie dein Ärger nachlässt. Ergib dich. Ergebung hat nichts mit Aufgeben zu tun, sondern ist ein kampfloser Weg zu deiner eigenen Kraft.

Strategie: Die Ursache deines Zorns erkennen

Wenn du das nächste Mal spürst, dass du nervös oder wütend wirst, solltest du rechtzeitig etwas dagegen unternehmen, bevor du fuchsteufelswild bist. Geh in Gedanken auf Distanz, betrachte die Situation wertfrei und ohne emotionale Beteiligung (»Ich möchte, dass die Sache so ausgeht, wie ich es mir wünsche«) und fang an, dir Fragen zu stellen, zum Beispiel:

- »Warum bin ich so wütend?«
- »Was habe ich momentan nicht unter Kontrolle?«
- »Wovor habe ich Angst?«

Lege ein Tagebuch an und schreibe deine Reaktionen dort hinein. Aber analysiere nicht alles zu Tode; notiere einfach den ersten Gedanken, der dir dazu einfällt. Daran ist nichts Albernes oder Peinliches. Dieses Selbstgespräch über die Gründe deines Zorns soll dir nur dabei helfen, der Ursache des Problems auf die Spur zu kommen. Sobald dir diese Ursache bewusst geworden ist, kannst du die Situation mit anderen Augen betrachten. Wenn du bereit bist, alles zu akzeptieren, kannst du deine Gedanken darüber oder deine Wahrnehmung der Situation ändern.

Nachdem du das Problem akzeptiert hast, verzeih dir selbst. Egal worüber du wütend bist – vergib zunächst einmal dir selber und dann dem oder den Menschen, gegen den oder die sich dein Zorn richtet. Verzeih dir, dass du in dieser Situation in mancher Hinsicht versagt hast. Tu das von ganzem Herzen und weine dich dabei ruhig auch aus. Falls dir das schwerfallen sollte und du dich fragst: »Kann ich wirklich verzeihen? Kann ich dieses Problem loslassen?«, solltest du dich fragen: »Wie lange soll ich mich noch damit quälen? Wie lange will ich diesen Zorn noch mit mir herumschleppen?«

Es ist leichter, dir und anderen Menschen zu vergeben, als ewig in diesen Ressentiments festgefahren zu bleiben.

Fairness

Sobald du dich nach dieser Phase der Angst oder inneren Erregung wieder ein bisschen beruhigt hast, wendest du dich wieder deinem Tagebuch zu und schreibst auf, worüber du dich so aufgeregt hast. Diesmal solltest du dir andere Fragen stellen:

- Wie könnte ich in Zukunft anders mit dieser Situation umgehen?
- Wie kann ich sie aus einer neuen Perspektive betrachten?
- Wie hat sich die andere Person (die dich in Wut gebracht hat) wohl in diesem Augenblick gefühlt? Was geht in diesem Menschen gerade vor, was ich vielleicht momentan nicht verstehe?

UND

- Muss ich unbedingt das letzte Wort/die letzte Handlung haben?
- Was ist fair?

»Was ist fair?« ist die wichtigste Frage, die es gibt.

Fairness ist ein neutraler Punkt und sollte immer dann zu deinem inneren GPS-System werden, wenn du dich aufregst, eine Entscheidung treffen oder ein schwieriges Problem lösen musst.

Fairness = neutrale Energie

Beispiel: Du befindest dich in deinem Lieblingsgeschäft und entdeckst Schuhe, deren Preis um 50 % heruntergesetzt ist. Das ist ein Riesenschnäppchen, also legst du ein Paar dieser Schuhe in deinen Einkaufswagen und fotografierst das Preisschild am Regal. Doch die Kassiererin tippt den vollen Preis ein. Du bittest sie höflich, den Preis noch einmal zu überprüfen, aber sie tippt wieder den gleichen Betrag ein, wirft dir einen scheelen Blick zu und sagt, dass jetzt noch kein Ausverkauf ist.

Für Opfertypen ist so eine Situation ein Trigger, denn denen ist immer irgendetwas peinlich, und das bringt sie in Wut. Trotzdem kaufen sie die Schuhe zum vollen Preis – obwohl ihnen dabei zum Heulen zumute ist. Auch für einen Tyrannentypen ist diese Situation ein Trigger, denn er wird gerne laut, will gleich mit dem Geschäftsführer sprechen und die Sache unter Kontrolle bringen, weil er das Gefühl hat, hundertprozentig im Recht zu sein. Egal zu welcher dieser beiden Kategorien du gehörst: Du kannst auch anders – mit Würde und Fairness – mit dieser Situation umgehen.

Atme einmal tief durch, bevor du reagierst. Geh in Gedanken auf Distanz zu der Situation und frage dich: »Was ist fair?«

Fair ist:

1. Auf dem Schild stand, dass die Schuhe um 50 % heruntergesetzt sind.
2. Ich habe das Schild fotografiert und zeige es der Verkäuferin. Falls sie das nicht akzeptiert, kann ich immer noch zurückgehen und ein zweites Foto machen.
3. Jeder Mensch macht Fehler.

Folgende faire Schritte könntest du jetzt unternehmen:

1. Ich korrigiere den Fehler, ohne mich dabei zu irgendwelchen Emotionen hinreißen zu lassen (ich rege mich nicht darüber auf, will diese Schuhe unbedingt haben oder bin unhöflich zu der Kassiererin): Ich verhalte mich neutral.
2. Ich versuche mir darüber klar zu werden, wie wichtig mir diese Schuhe sind. Wenn der Preis tatsächlich heruntergesetzt ist, möchte ich sie gerne kaufen, wenn nicht, will ich sie vielleicht lieber doch nicht haben, weil ich sie eigentlich gar nicht brauche. Eigentlich wollte ich sie nur, weil sie heruntergesetzt waren.
3. Ich gehe mit dieser Situation um, ohne mich darüber zu ärgern, wütend zu werden oder die Angelegenheit als peinlich zu empfinden. Es ist egal, wie lang die Schlange der Leute hinter mir ist. In Wahrheit tue ich meinem Verhalten etwas sehr Gutes: Ich sorge nämlich dafür, dass andere Kunden sich nicht mehr mit dieser Situation auseinandersetzen müssen. Außer-

dem helfe ich dem Inhaber des Geschäfts damit, den Fehler zu korrigieren, falls der Preis versehentlich heruntergesetzt wurde. Indem ich ruhig und gelassen mit der Situation umgehe, tue ich also auch etwas für andere Menschen.

Die Lösung könnte sein:
Ohne dich zu irgendwelchen Emotionen hinreißen zu lassen, zeigst du der Kassiererin das Foto und bittest sie, den Preis noch einmal zu überprüfen. Du kannst ihr auch höflich sagen, wie gut sie ihre Sache macht, und dich sogar dafür entschuldigen, dass du die Abfertigung der anderen Kunden verzögerst. Denke daran: Innerlich hast du bereits eine Entscheidung getroffen (ob du diese Schuhe haben möchtest oder nicht, falls sie nicht heruntergesetzt sind). Wenn die Kassiererin daraufhin sagt: »Tut mir leid, das mit dem heruntergesetzten Preis war ein Irrtum«, kannst du sie ruhig und freundlich anlächeln und sagen: »Kein Problem – ich hätte mich gefreut, wenn sie billiger gewesen wären, aber so etwas kann passieren. Wenn das so ist, möchte ich die Schuhe nicht kaufen.«

Das ist fair. Danach wirst du das Gefühl haben, die Situation gut bewältigt zu haben, und auch die Kassiererin wird zufrieden sein, weil du sie nicht angegriffen hast (entweder mit deiner wütenden inneren Energie oder mit unfreundlichen Worten) und auf diese Schuhe verzichtet hast.

Wenn du ein Opfertyp bist, wirst du jetzt das Gefühl haben, etwas geschafft zu haben, weil du deinen Standpunkt vertreten hast. Und wenn du zu den Tyrannen gehörst, wirst du zufrieden mit dir sein, weil du die Kassiererin nicht angeschrien hast.

Um herauszufinden, was fair ist, musst du dich von deinem physischen ersten und dritten Chakra abkoppeln. Sobald du dich von deinem Wunsch distanzierst, diese Schuhe zu besitzen, kannst du das Problem mit deinem Charisma und deiner Kreativität auf möglichst friedliche Weise lösen – mit dem besten

Ergebnis für beide Seiten. Metaphorisch gesprochen, hast du damit einen sicheren Zufluchtsort geschaffen (du hast entschieden, was fair ist); und nachdem du diesen Zufluchtsort verbrannt (deine Entscheidung ausgeführt) hast, kam die Lösung herbeigeflogen wie ein kleiner Feuervogel und hat alle Beteiligten zufriedengestellt.

Dieses Szenario lässt sich in entsprechenden Varianten auf alle Aspekte deines Lebens anwenden, die niedrigere Emotionen in dir triggern können.

Strategie: Das schöpferische Feuer entfachen

Damit du nun anfangen kannst, deine schöpferische Feuerenergie für positive Zwecke zu nutzen, musst du dich von jemandem, der sich immer nur beklagt und alles auf die lange Bank schiebt, zu einem aktiven Macher entwickeln. Setze dir ein Ziel und fertige eine Erledigungsliste an, auf die du alles schreibst, was du tun musst, um dieses Ziel zu erreichen. Orientiere dich jeden Tag an dieser Erledigungsliste und zieh dich dafür zur Verantwortung, sie konsequent abzuarbeiten. So kommst du allmählich immer weiter vorwärts.

Dadurch, dass du zum Macher wirst, entfachst du die gute physische Feuer-(Ego-)Energie in deinem ersten und dritten Chakra wieder neu. Dieses Feuer wird dann wiederum die spirituelle (Seelen-)Energie deines zweiten Chakras entzünden, die dieses Feuer in eine schöpferische Energie voller Inspirationen und neuer Ideen verwandelt.

Das wird dich in deinem spirituellen und physischen Wandlungsprozess weiterbringen. Du kannst dich an die drei einfachen Schritte halten, die wir dir nun beschreiben werden, um dein schöpferisches Feuer bei allem zu nutzen, was du tust. Schaffe nicht aus der Angst, sondern aus dem Herzen heraus:

1. Überwinde deine Ängste, indem du deinen Überlebensinstinkten und deinem Erwachsenen-Ich ein Gefühl der Sicherheit vermittelst.
2. Bleibe in allen Situationen und bei all deinen Entscheidungen emotional neutral.
3. Folge deinem inneren GPS und orientiere dich bei deinen Entscheidungen daran, was fair ist.

Wenn das neue Programm etabliert ist

Wenn du regelmäßig mit diesen Strategien arbeitest, die du für die innere Wandlung deines Egos brauchst, werden sie zu neuen, konstruktiven Programmen, die die vorherigen negativen Programme in deinem Körper ersetzen.

Wenn du die Theorie und die dazugehörigen Übungen kennst (und bei deinem inneren Wandlungsprozess bewusst damit arbeitest), wirst du eines Morgens beim Aufwachen ein Aha-Erlebnis haben: Jetzt hast du wirklich alles verstanden – und das wird dir ganz einfach vorkommen. Jetzt hat sich alles, was du gelesen/gelernt/geübt hast, als Programm in deinem physischen Körper etabliert. Verstehst du? Das ist ein genauso erhebender Augenblick wie die Erkenntnis eines Schülers, dass er das Einmaleins jetzt tatsächlich auswendig kann, ohne sich Gedanken darüber machen zu müssen. Es ist tief in dein Gehirn einprogrammiert und hat sich auch deinem Körper eingeprägt!

In diesem Augenblick etabliert sich das neue Programm endlich in deinem menschlichen Körper. Das ist ein wunderbares Gefühl; es fühlt sich so an, wie wenn ein ganz leichter elektrischer Strom deinen Körper durchlaufen würde. Du weißt: Jetzt habe ich es endlich »kapiert«! Du weißt, dass du das schaffen kannst.

Wenn du lernst oder neues Wissen erwirbst, kommt und geht die Energie in horizontalen Bewegungen. Um wirklich energetische Erinnerungen an neues Wissen schaffen zu können (das neue Programm zu etablieren), musst du das spüren; daher kommt die Energie in vertikalen Bewegungen. Wenn horizontale und vertikale Energien aufeinandertreffen – am besten in deinem Herzchakra –, bringt das eine Saite in deinem Inneren zum Klingen. Dann hast du ein Aha-Erlebnis.

Wissen + Fühlen = Manifestieren

Deine Seele kommt von den Sternen, aber du lebst in einem menschlichen Körper. Du kannst bei der Programmierung dieses Körpers mithelfen. Du lernst, deine (außerirdische) Sternenenergie mit deiner menschlichen Energie zu verbinden. Du musst ein neues Denk- und Verhaltensmuster (Programm) immer wieder aufs Neue wiederholen, dabei stets positiv denken und dich zu diesem neuen »Programm« bekennen. Nur dann kannst du dieses Programm richtig in dein jetziges menschliches Gefäß »herunterladen«. Das erfordert Zeit und Geduld, aber es ist machbar.

Armland, Reichland und Gutland: Eine Parabel von drei verschiedenen Ländern

Es waren einmal drei verschiedene Nationen: Armland, Reichland und Gutland. Diese drei Länder grenzten aneinander an.

Ihre Bewohner schotteten sich ziemlich stark voneinander ab. Es kam nur selten vor, dass einer ihrer Einwohner sich über die Grenze hinauswagte. Von denen, die es doch taten, hörte man geheimnisvolle Geschichten. Armland und Reichland ging es unter diesen Spielregeln und mit den fest im Gehirn seiner

Bewohner verankerten Überzeugungen sehr gut. Die Regeln dienten ihrem Überleben und durften daher nicht verändert oder auch nur hinterfragt werden. So verging Jahr um Jahr; Kinder wurden geboren, Menschen starben, und alle lernten, dort, wo sie lebten, zufrieden zu sein. Selbst die Bewohner von Armland hielten ihr Land für das beste.

Eines Tages wanderte ein Reisender aus einem fernen Land bis nach Armland. Die Bewohner ließen alles stehen und liegen und starrten den Fremden an. Er passte nicht hierher, irgendetwas an ihm war seltsam. Würde er ihre Regeln verstehen?

Arm zu sein, war etwas Gutes. Man musste für alles, was man brauchte, hart arbeiten. Von einem besseren Leben zu träumen, war gefährlich, denn Träume werden nicht wahr. Die Menschen liefen in schmutzigen, zerlumpten Kleidern durch die Straßen, schienen aber trotzdem ganz zufrieden zu sein. Sie waren stolz auf sich. »Gott hat uns so geschaffen«, sagten sie. »Wir bauen unsere Lebensmittel selbst an und essen wenig. Wir haben keine großen Maschinen wie in Reichland, die uns bei der Lebensmittelproduktion helfen, und so etwas wollen wir auch gar nicht. Wir singen und tanzen, sprechen eine einfache Sprache, und das gefällt uns. Wir brauchen keine hochtrabenden Bücher und keine Ausbildung, um besser zu werden. Wir sind fleißige Leute, die hart arbeiten. Ohne uns wäre die Welt am Ende. Wir sind gute Menschen. Reich zu sein, ist nicht richtig! Wir hassen Reichland und seine Bewohner! Sie arbeiten nicht so hart wie wir! Ihnen fällt alles leicht! Von uns aus können sie ihre Waschmaschinen und ihre raffinierten Gerichte behalten; wir brauchen so etwas nicht.«

Doch da schrie plötzlich ein Kind: »Es ist nicht fair, dass Gott diesen Leuten alles gegeben hat und uns gar nichts!« Sofort wurde das kleine Mädchen von den Ältesten in verächtlichem Ton zurechtgewiesen. »Auch wenn wir einfache Menschen sind – wir sind stolz darauf! Bleib bei uns und lebe mit uns zusammen, Reisender.«

Der Reisende dachte sich aber: Es muss doch noch mehr auf dieser Welt geben als das. Er dankte den guten, fleißigen Menschen in Armland für die herzliche Aufnahme und sagte: »Ich hatte einen Traum.« Noch bevor er diesen Satz zu Ende sprechen konnte, fingen die Leute wie wild an zu schreien: »Träumer! Hütet euch vor Träumern!« Im Bruchteil einer Sekunde schlug die Gastfreundschaft der Bewohner von Armland in Feindseligkeit um. Eine Mutter forderte ihre kleine Tochter auf, nach einem brennenden Stock zu greifen und diesen Fremden, der es wagte, von etwas Besserem zu träumen, damit anzuzünden. Der Fremde warf dem unschuldigen kleinen Mädchen, dessen Mutter es zum Hass auf alle Menschen erzog, die mehr vom Leben erwarteten, einen erschrockenen Blick zu, und ihm kam die traurige Erkenntnis, dass Angst diesen Menschen ihr Überleben sicherte, während Träume es bedrohten. Da ergriff der Reisende die Flucht und rannte davon, bis er zu der Brücke gelangte, die nach Reichland führte.

Und er sah, dass das Leben in Reichland spektakulär war. Die Menschen trugen schöne Kleider, wohnten in luxuriösen Häusern und aßen köstliche Speisen in Hülle und Fülle. Das ist aber ein schönes Leben, dachte der Reisende. Sofort wurde ihm eine fantastische Stellung mit gutem Gehalt angeboten – allerdings nur unter einer Bedingung: Er durfte niemals mit den Bewohnern von Armland verkehren. Armland war Gift – eine Bedrohung für die Menschen in Reichland. Die Menschen in Reichland arbeiteten hart und waren reich. Ehrgeiz galt als etwas Gutes und wurde gefördert. Die Schulen boten die beste Ausbildung, die man sich vorstellen konnte.

Diese Menschen schienen alles zu haben. Das Leben in Reichland war schön. Aber eines Tages machte der Reisende eine seltsame Entdeckung: Hier gab es alles in Hülle und Fülle, und doch wurde das Land von Angst regiert. Die Menschen hatten Angst davor, arm zu werden. Sie fürchteten sich vor den Bewohnern Armlands – vor Menschen, die jederzeit in ihr Land eindringen und ihnen ihren Besitz stehlen konnten (was auch tatsächlich hin und wieder geschah). Sie hatten Angst davor, dieses Leben zu verlieren, das ihnen so sehr am Herzen lag, und befürchteten sogar, dass andere Menschen womöglich mehr besaßen als sie.

Da dachte der Reisende: »Das kann noch nicht das Ende meiner Reise gewesen sein. Es muss doch noch mehr geben. Diese Provinzen führen beide ein extremes Leben – die eine extrem arm und die andere furchtbar reich – und befinden sich doch in einem Zustand ständiger Angst und Wut. Könnten sie denn nicht aufeinander zugehen und sich gegenseitig helfen? Könnten sie sich nicht lieben?«

Höflich lehnte er das Angebot, in Reichland zu bleiben, ab. Daraufhin verkehrte sich die Gastfreundschaft der Bewohner ebenso wie in Armland schnell in Feindseligkeit, und wieder rannte der Reisende um sein Leben.

Als er sich auf der Landstraße verirrte, machte er die Erfahrung, dass die Menschen aus Reichland nicht reisen, weil sie Angst vor Räubern und anderen gefährlichen Situationen haben. Es gab nur ein paar – sehr wenige –, die sich erlaubten, davon zu träumen, dass es doch noch mehr auf der Welt geben müsse als nur Armland und Reichland. »Könnte es denn nicht auch ein Land geben, in dem man ohne Angst und ständige Kontrolle leben kann? Kann man denn nicht reich und glücklich sein und den Sinn des Lebens finden?« Während der Reisende von so einem Land träumte, sah er in weiter Ferne ein Licht flackern. Es war eine Brücke mit einem beleuchteten Schild, auf dem stand: »Willkommen in Gutland.«

Er überquerte die Brücke und fragte sich, was für ein Land das wohl sein mochte. Da sah er ein weiteres Schild: »Lass los und lege alles in Gottes Hand.« Er sah eine schöne Landschaft mit gepflegten, umwelteffizient gebauten Häusern, glückliche

Menschen, die miteinander plauderten und sich zu gemütlichen Picknicks auf der Wiese zusammensetzten, und fröhliche Kinder, die schreiend herumrannten.

Da wurde der Reisende neugierig. »Warum sind die Menschen hier so friedlich?«, fragte er. »Warum wird die Brücke von niemandem bewacht? Warum hat niemand Angst vor Invasoren aus Armland oder Reichland?«

»Bei uns ist jeder willkommen«, antwortete eine schöne Frau, die neben ihm stand. »Aber nicht alle Menschen wollen hier bleiben.« Sie lächelte über seinen verwirrten Gesichtsausdruck. »Wir haben erfolgreiche Unternehmen und ein sehr fortschrittliches Gesundheitssystem und können uns alles kaufen, was wir wollen. Wir können die Welt bereisen und haben alles, was wir brauchen. Doch all das sagt nichts darüber aus, wer wir sind. Wir haben gelernt, dass jeder Mensch reich sein kann, aber es gibt trotzdem einen Unterschied. Unser Reichtum rührt von Liebe her und endet daher nie. Dieses Land ist aus dem Quell der Liebe entstanden.

Hier in Gutland arbeiten wir für Gott. Jeden Morgen gehen wir in uns und fragen uns: Wie kann ich der Menschheit dienen? Daraufhin erhält jeder eine Aufgabe, die seine Intuition ihm eingibt. Wir werden alle für unsere Arbeit belohnt.

Wir stellen das Wohl anderer Menschen über unser eigenes und dienen der Menschheit tagtäglich. Wir leben mit Freude und Frieden im Herzen. Genau wie andere Menschen haben auch wir gute und schlechte Tage, aber wir verlassen uns hundertprozentig auf den höheren Ursprung, der uns erschaffen hat. Wir wissen, dass wir vor nichts Angst zu haben brauchen. Immer wenn irgendetwas zu Ende geht, kann etwas Neues beginnen. Die Menschen, die mit Habgier und Kontrollsucht im Herzen zu uns kommen, fühlen sich hier nicht wohl. Früher oder später gelangen sie zu der Erkenntnis, dass sie in diesem Land nicht glücklich sein können, und ziehen wieder weiter.

Hier kann die Seele tiefe Erkenntnisse gewinnen und einen inneren Wandlungsprozess durchmachen. Nur diejenigen Menschen, die dazu bereit sind, werden hier Zufriedenheit finden. Alle Bewohner dieses Landes haben Armut, Reichtum und Kontrollverlust durchgemacht; sie haben losgelassen und zu Gott gefunden. Wir heißen alle Menschen bei uns willkommen, halten aber niemanden fest. Wir wissen, dass einige unserer Kinder den Wunsch haben werden, andere Länder zu bereisen und dort ihre Lektionen zu lernen, wenn sie erwachsen sind. Und wir wissen auch, dass sie vielleicht eines Tages zu uns zurückkehren werden. Dazu ermutigen wir sie.

Wir bieten dir unsere Gastfreundschaft an, Reisender. Bleibe bei uns und verwirkliche deinen Traum! Und wenn du eines Tages weiterziehen möchtest, freuen wir uns über deine Entscheidung und geben dir genügend Essen und Geld für deine Reise mit, damit es dir unterwegs an nichts fehlt.«

So entdeckte der Reisende Gutland und lebte dort glücklich bis ans Ende seiner Tage. Und wenn er nicht gestorben ist, dann lebt er immer noch dort und ist glücklich.

Die Moral dieser Geschichte lautet, dass Stolz und Angst aus unserem Ego und aus dem Bedürfnis nach Kontrolle entspringen. Liebe führt zu innerer Wandlung und Heilung und nährt unsere Träume, damit sie wahr werden können.

7

Drei uralte Seelenverletzungen

Atlantis war der erste Ort, an dem menschliche Inkarnationen möglich wurden. Die Außerirdischen veränderten nämlich ihre Körper mithilfe von Gentechnik und tierischer DNA, um für längere Zeit in der Erdatmosphäre leben zu können. Das Land Atlantis bot denjenigen, die sich dort wohl fühlten, physische und spirituelle Erfüllung. Es war ein Paradies! Da du nun verstanden hast, wie diese tierische DNA (dein Ego) dich beeinflusst und kontrolliert, können wir uns als Nächstes mit dem Thema deiner Seelenverletzungen beschäftigen.

Deine Seele ist der Autor deines »Lebensbuches«, und dieses Buch ist deine »Spielanleitung«. Es steckt voller großartiger Abenteuer und Liebesgeschichten, voller Wissen und Lernaufgaben, aber es erzählt auch von deinem unerlösten physischen

Dahinscheiden, von emotionalen und physischen Schmerzen, Kummer und Verrat – lauter Erlebnissen, die deiner Seele Leid verursacht haben. Diese Erlebnisse haben Seelenverletzungen (ein s-PTBS) hinterlassen.

Vor allem drei Phasen der Menschheitsgeschichte haben tiefe Seelenverletzungen verursacht:

- *die Zerstörung von Atlantis und die Entscheidung für einen Weg des Lichts oder der Dunkelheit*
- *die Gemeinschaft der Essener und der Tod Jesu Christi*
- *die Prozesse, bei denen weise Frauen und Hexen zum Tod verurteilt wurden.*

Kannst du dir vorstellen, dass diese Ereignisse, die Seelenverletzungen bei dir hinterlassen haben (falls du diese Wunden noch nicht geheilt hast), sich auch heute noch in Form schwieriger Blockaden in deinem Leben manifestieren? Sie verleiten dich zu dem irrtümlichen Glauben, auch in deinem jetzigen Leben versagt zu haben, nur weil du damals deine Mission nicht erfüllt hast. Doch in Wahrheit haben wir alle versagt – »jeder Einzelne von uns«.

Wir haben aber nicht aus freiem Willen versagt, sondern weil die Umstände damals eben einfach ungünstig waren. Außerdem waren wir hin und wieder von Gottes Plan abgewichen und hatten unsere eigenen Pläne durchgesetzt. Haben wir deshalb *völlig* versagt? Nein. Wenn du immer noch hier bist und dich fragst, wie du der Menschheit dienen und den Weg nach Hause zurückfinden kannst, hast du *nicht* völlig versagt! Dann hast du immer noch eine *Chance auf Erfolg*.

Es wird dir helfen, zu erfahren, dass du vor der Zerstörung von Atlantis beschließen konntest, nie wieder auf die Erde zurückzukehren. Trotzdem hast du dich für eine große Seelenrettungsmission entschieden und bist hiergeblieben. Heute haben viele von euch Sternenkindern das Gefühl, endgültig mit der Erde fertig zu sein und wieder nach Hause zurückkehren zu wollen. *Doch dazu müsst ihr zunächst einmal eure Seelenverletzungen heilen, die euch nach dem Untergang auf Atlantis hier auf der Erde widerfahren sind.*

Es gibt ein Wundermittel zur Heilung dieser Verletzungen. Dieses Mittel ist so einfach, dass du darüber lachen wirst: Es ist eine Frequenz »bedingungsloser Liebe«. Unsere plejadischen Geschwister Jesus Christus und Maria Magdalena haben während ihres Lebens auf der Erde gezeigt, wie wirksam bedingungslose Liebe sein kann.

Energieübung: Tor zu deiner Vergangenheit

Wenn du erfährst, wie das Leben auf der Erde nach dem Untergang von Atlantis weiterging, und deine Seelenverletzungen erkennst, kannst du ein unsichtbares Tor öffnen, das in der Frequenz bedingungsloser Liebe schwingt. Dieses Tor ist dein Zugang zur damaligen Zeit. Wenn du die letzten Kapitel unseres Buches liest, solltest du dabei stets dieses Tor durchschreiten, um eine möglichst vollständige Seelenheilung zu erreichen.

1. Stell dir vor, dass dieses Tor die Form einer Raute hat und dich zu deinen früheren Inkarnationen führt. Atme einmal tief ein und aus. Innerlich weißt du, dass dieses Tor aus einer Frequenz bedingungsloser Liebe besteht.

   Lass die Finger deiner dominanten Hand auf allen Seiten dieses Tores schnippen, um die Energie zu reinigen, bevor du diese Schwelle überschreitest. Damit befreist du das Tor von allen niedrigeren Energien.

Schnippe mit den Fingern (über deinem Kopf, unter deinem Bauch, auf deiner linken und deiner rechten Seite) und sage dabei: »Wie oben, so unten, wie links, so rechts.«

2. Tu so, als würdest du die Schwelle dieses Tors überschreiten in dem Wissen und dem Gefühl, bewusst in die Frequenz bedingungsloser Liebe eingetreten zu sein.

3. Gib dich dieser Frequenz bedingungsloser Liebe ganz hin. Spüre sie. Spüre diese Liebe in deinem ganzen Körper und begib dich auf deine Reise.

   Falls es dir schwerfallen sollte, dich dem Gefühl bedingungsloser Liebe hinzugeben, denke an irgendetwas, was du wirklich liebst. Das kann zum Beispiel ein bestimmter Ort, dein Haustier, dein Lieblingsessen, irgendein Gegenstand oder eine Person sein. Denke an das, was du liebst, und achte darauf, was für ein Gefühl dabei in deinem Körper aufsteigt. Mach dieses Gefühl zu deiner Schwellenfrequenz.

Frühere Leben offenbaren sich in deinen Träumen

Durch die Erinnerung an deine Träume und die bewusste Heilung deiner früheren Leben kannst du deine Seelenverletzungen (dein s-PTBS) heilen. Das ist der Zweck der Fibonacci-Zahl 3. Vergebung, bedingungslose Liebe und göttliches Licht werden dir den Weg erhellen, der vor dir liegt. Das ist die Dreiheit für den Heilungskatalysator, den du brauchst.

Träume spielen für die Kommunikation deiner Seele mit dir eine wichtige Rolle. Der menschliche Teil deines Wesens braucht Schlaf, um deinen physischen Körper zu regenerieren, doch deine Seele braucht so etwas nicht.

Im Traumzustand geht deine Seele mit dir auf eine Reise, und du besuchst Orte, von denen du gar nicht wusstest, dass sie existieren. Auf solchen Reisen werden dir Fragmente früherer Leben gezeigt. Oft durchlebst du die dramatischsten Szenen dieser früheren Existenzen im Traum immer wieder. Aber damit will deine Seele dich nicht quälen, sondern dir nur zeigen, was alles geheilt werden muss. Beim Aufwachen glaubst du dann vielleicht, unter furchtbaren Albträumen zu leiden, und in gewisser Hinsicht stimmt das auch. Aber irgendwann in der Vergangenheit hast du diesen Albtraum tatsächlich erlebt, und deine Seele erinnert sich noch daran, weil die Seele niemals etwas vergisst (jedenfalls nicht, wenn sie dabei Verletzungen davongetragen hat).

Diese Seelenverletzung manifestiert sich in deinem physischen Leben als Angst. In physischer Hinsicht kann sich diese Angst in Form von Angststörungen, Panikattacken, Depressionen, Feindseligkeit, Apathie und vielem mehr zeigen. Im Traumzustand hat deine Seele die Möglichkeit, dich daran zu erinnern, was dir damals passiert ist, wer du wirklich bist oder wo du herkommst, damit du dir dieser Dinge bewusst werden kannst, *denn nur dann kannst du vollständig geheilt werden.* Dein Ego möchte nicht, dass du das erfährst, weil diese Informationen nicht in sein Überlebensprogramm hineinpassen. Alles, was deine Seele verletzt hat, ist ein *Alarmsignal für das Ego.* Dein Ego weiß nämlich nicht, dass du die Vergangenheit nicht zu wiederholen brauchst oder dass deine Seele die Möglichkeit hat, etwas daran zu ändern.

Manche Menschen träumen von früheren Leben auf fernen Planeten. Das, wovon ihr da träumt, ist eure wahre Heimat! Eure Seele zeigt euch, wo ihr herkommt, damit ihr euch wieder daran erinnert und damit euch klar wird, dass ihr nicht einfach nur gewöhnliche Menschen seid. Ihr seid intelligente Wesen des gütigen Lichts und der Liebe, die in diesem primitiven physischen Körper leben und glauben, das sei ihr einziges Leben.

Wenn du von Atlantis träumst, gelangst du zum Kern deiner ursprünglichen, ersten Seelenverletzung auf der Erde. Das kann schmerzhaft, beängstigend, aber auch schön sein. Es ist das imaginäre Tor zu deiner Seele, das sich jetzt für dich öffnet, damit du als bewusste Verkörperung bedingungsloser Liebe in deine Seele eintreten und sie heilen kannst.

Je nachdem, welchen Weg du damals nach dem Untergang von Atlantis gewählt hast – den Weg des Lichts oder der Dunkelheit –, wirst du unterschiedliche Träume von und Erinnerungen an Atlantis haben. In dieser Hinsicht gibt es kein Gut oder Böse, sondern nur Heilung und bedingungslose Liebe.

Egal welchen Weg du damals eingeschlagen hast: Ihr seid alle Kinder Gottes und wurdet alle gleichermaßen in Liebe und Licht erschaffen.

In dir brennt ein Licht, das hell leuchtet.
In dir ist Liebe – eine Liebe, die dein Leben erschaffen hat.

Das Leben wurde in Liebe erschaffen. Das Licht wurde dir geschenkt, um dieses Leben zu beschützen.

Liebe und Licht sind deine ursprüngliche Frequenz und dein Geburtsrecht.

8

Der Weg des Lichts und der Weg der Dunkelheit

TEIL 1: DER WEG DES LICHTS

Die Zerstörung von Atlantis

Meister Thoth wanderte über den verwüsteten Kriegsschauplatz, der einst sein geliebtes Atlantis gewesen war. Das Feuer brannte immer noch auf der trockenen Oberfläche des Sandes. Die starke Explosion hatte mehrere Inseln von Atlantis zerstört, so wie Meister Thoth es in seiner Vision vorausgesehen hatte. Zuvor war ein heftiger geomagnetischer Sturm über die Erde hinweggefegt, der die damals dort etablierten Technologien vorübergehend außer

Kraft gesetzt hatte. Alle Möglichkeiten zur intergalaktischen Kommunikation waren zerstört worden. Ein paar Tage später regneten Meteoriten auf die Erde herab.

Bevor die starken Sonneneruptionen euren Planeten erreichten, führten sie zum Ausfall der auf dem Mond installierten Künstlichen Intelligenz (KI). Diese KI hatte der Erde als Schutzschild gedient. Schon seit Jahrtausenden hatte man hochentwickelte KI genutzt, um Partikel, die in die Nähe des Mondes der Erde gelangten, von ihrer Bahn abzubringen. Diese KI funktionierte ganz von selbst und reparierte sich auch von allein. Deshalb hatte niemand geglaubt, dass es einmal zu Funktionsstörungen kommen könnte. Als trotzdem Meteoriten in die Erdatmosphäre eingedrungen waren, war das für viele Erdbewohner ein großer Schock gewesen, und sie waren in Panik geraten.

Die Söhne Belials hatten die defekte Technologie so schnell wie möglich zu reparieren versucht und dabei nur noch mehr Zerstörung und heftige Explosionen verursacht.

Das alles ging Meister Thoth gerade durch den Kopf. Und er erinnerte sich auch noch an den Tag, an dem er zum ersten Mal die Stimme in seinem Inneren gehört hatte, die ihm riet, Ägypten zu erkunden. Schon sechstausend Jahre vor der endgültigen Zerstörung von Atlantis hatte er begonnen, für einen Fluchtweg aus dem Atlantischen Reich zu sorgen. Ursprünglich hatte er seine Visionen für falsch gehalten. Wie konnte irgendjemand oder irgendetwas Atlantis zerstören? In seiner Vision hatte er die Sonne heller strahlen gesehen, als er es je zuvor erlebt hatte. Dann war eine Sonneneruption gefolgt, die mit dem atmosphärischen Schutzschild der Erde kollidierte. Es hatte ausgesehen, als prallte ein Licht von der Erdoberfläche ab. All das war wie in Zeitlupe vor seinem inneren Auge abgelaufen, obwohl es in Wahrheit innerhalb von Sekunden geschehen war. Die Sonneneruption selbst hatte den lebenden Organismen auf der Erde nicht geschadet, aber sämtliche Technologien außer Kraft gesetzt, die damals in Atlantis existierten. Sie hatte ein leuchtendes Farbenspiel an den Himmel gezaubert. Danach hatte sich eine unheimliche Stille über Atlantis und seine Umgebung gesenkt.

Nach dieser Phase der Stille, die gerade stattfand, würde es zu einer heftigen Explosion kommen. Seine innere Stimme sagte Meister Thoth, dass dann alle Bewohner von Atlantis in den Städten im Inneren der Erde Zuflucht suchen und abwarten würden, bis der Sonnensturm vorüber war. Die »Kinder des Gesetzes des Einen« hatten begonnen, sich auf diesen Tag vorzubereiten, doch die Söhne Belials hatten nur darüber gelacht. Meister Thoth hatte alle von seiner Vision zu überzeugen versucht, dass eines Tages sämtliche Maschinen auf der Erde ausfallen würden, aber nur wenige hatten an ein Versagen der hochentwickelten KI-Technologie geglaubt.

Meister Thoth hatte die exzessive Nutzung von Technologien auf der Erde miterlebt. Eine ähnliche Entwicklung hatte bereits vor 100.000 Jahren bei den Lyranern stattgefunden, bevor ihr Planet zerstört worden war. Er hatte erlebt, wie Außerirdische, die auf der Erde lebten, sich von den Gesetzen des Universums abwandten und Gott vergaßen. Diejenigen, die dem Zauber niedrigerer tierischer Energien erlagen, wurden ego-besessen. Meister Thoth wusste, dass wir vieles unter Kontrolle bringen können, obwohl die Natur und das Universum ihren eigenen Kopf haben. Wenn man sich mit dem Universum und der Natur im Einklang befand, ging man den Weg Gottes. Folgte man seinem Ego, musste man die Konsequenzen dieser Entscheidung tragen. Meister Thoth schüttelte den Kopf. *Wenn du die Essenz deines Seins nicht ändern kannst, wird der ewige Kreislauf dich verfolgen.* Plötzlich fühlte sich die Erde so klein an – voller habgieriger, ego-besessener Außerirdischer, die unter den Nebenwirkungen ihrer tierischen DNA litten und miteinander um Territorien, Macht und die Herrschaft über die Erde kämpften.

Der Verlust der Zivilisation, in der er (und andere) den Erdbewohnern die Sprache der Liebe beigebracht hatte, hatte Meister Thoth traurig gemacht. Er hatte sich seine grüne Smaragdtafel unter den Arm geklemmt und seiner Anhängerschaft ergebener Freunde und Schüler das Signal gegeben, sich auf den Weg nach Ägypten zu machen.

Die wahren Atlanter (wie Meister Thoth sie liebevoll nannte) oder die »Kinder des Gesetzes des Einen« hatten sich an den Plan des Rates des Lichts gehalten. Das Ziel dieses Rates bestand darin, dafür zu sorgen, dass die atlantische Zivilisation ein streng abgeschottetes Projekt blieb. Die Atlanter sollten keinen Einfluss auf andere Organismen haben, die sich damals auf der Erde entwickelten, und mussten daher nach Ägypten übersiedeln.

In Gedanken begab Meister Thoth sich in die herrlichen Gärten von Atlantis, wo er stundenlang meditiert hatte, um mit Gott in Verbindung zu treten und Anweisungen dafür zu empfangen, wie er die Bewohner von Atlantis unterrichten, gemeinsam mit ihnen etwas erschaffen und weiterkommen sollte. Sein physisches Herz stand mit dem Herzen seiner Seelengefährtin in Verbindung. Ihre physischen Gestalten wandelten Seite an Seite. Sein Herz war voller Traurigkeit, obwohl er sein Bestes tat, um bedingungslose Liebe in diese Situation hineinfließen zu lassen. Diese Liebe gab ihm die Kraft zum Weitermachen.

Nun stand ein Neuanfang bevor, der mit Sicherheit die Spiritualität aller Beteiligten auf die Probe stellen würde.

Wie der Weg der Dunkelheit begann

Nach der erfolgreichen Erschaffung des menschlichen/außerirdischen Körpers hatten die Söhne Belials vorgeschlagen, menschliche Sklaven zu züchten, die die schwere körperliche

Arbeit auf der Erde übernehmen sollten. Doch der Rat des Lichts, der das Erdprojekt überwachte, hatte dieses Ansinnen abgelehnt.

Da die Erde großen Spielraum für Erkundungsreisen bot, hatten verschiedene Gruppen von Sternenvölkern unterschiedliche Teile des damals noch sehr spärlich bevölkerten Planeten zu besiedeln begonnen, obwohl diese Gebiete ziemlich weit von Atlantis entfernt lagen. Die Söhne Belials waren über die Ablehnung ihres Projekts enttäuscht gewesen und hatten beschlossen, heimlich daran weiterzuarbeiten.

Nach dem Untergang von Atlantis gab es auf der Welt jetzt sieben Hauptsiedlungsgebiete, die von Außerirdischen regiert wurden: Mesopotamien, Sibirien, Ägypten, Südamerika, Australien (und Neuseeland), Indien und den Himalaya.

Die Söhne Belials bevorzugten die Region Mesopotamien.

Ägypten

Die »Kinder des Gesetzes des Einen« oder der Stamm von Meister Thoth beanspruchten Ägypten als ihre erste Heimat nach dem Untergang von Atlantis.

Dieses Land diente vielen als Zwischenstation (sicherer Zufluchtsort). Egal ob man nur ein paar Tage, einige Jahre oder mehrere Existenzen dort verbrachte – es war eine Heimat und ein sicherer Stützpunkt für die Gemeinschaft des Lichts.

Wenn ihr eure Sternenkind-Energie zum Leben erweckt, werden viele von euch, die den Weg des Lichts gehen, sich wieder an Fragmente früherer Leben im alten Ägypten erinnern. Vielleicht fühlt ihr euch zu den alten ägyptischen Lehren hingezogen und sucht nach Informationen über die Mysterienschulen. Wenn dieses Thema dich emotional berührt, gehörst du wahrscheinlich der Stammeslinie von Meister

Thoth an. Freue dich darüber und hilf deinem menschlichen Ego, sich sicher zu fühlen.

Später reisten Aufgestiegene Meister (und viele Schüler, die irgendwann zu wahren Lehrern wurden) oft zwischen Ägypten, Südamerika und dem Himalaya hin und her, da diese Regionen durch Höhlengänge im Inneren der Erde miteinander verbunden waren. Heimlich unterstützten sie die Wesen, die den Weg des Lichts gingen, in Mesopotamien. Durch die Wanderungen, die zwischen diesen Siedlungen stattfanden, sind Seelenerinnerungen entstanden, bei denen man sich in ein und demselben Zeitalter an verschiedenen Orten aufhalten konnte.

Aufgerissene Dimensionen

Die Explosion, die zur Zerstörung von Atlantis geführt hatte, war so heftig gewesen, dass dadurch viele Dimensionen aufgerissen wurden. Vor allem die zweite Dimension, in der niedrigere Frequenzen vorherrschen, erlitt großen Schaden. Wesen niedriger Schwingung, die nie die Oberfläche der Erde gesehen hatten (und vorher auch keinen Zugang zu physischen Körpern besaßen), drangen nun in die irdische Dimension ein und flogen dort herum wie Verrückte unter Drogeneinfluss. Sie besetzten physische Körper, um mit deren Hilfe ihre unheilvollsten Wünsche und Begierden auszuleben. Für diese Wesen war es die größte Leistung ihrer bisherigen finsteren Existenzen, Zugang zu einem physischen Körper zu gewinnen. Um etwas Physisches erschaffen zu können – egal ob gut oder schlecht –, brauchte man einen physischen Körper. Und nun stell dir einmal ein spirituell nicht sehr hoch entwickeltes Wesen vor, das eines Morgens plötzlich aufwacht und feststellt, dass es unbegrenzte Macht besitzt und alles erschaffen kann, was es sich vorstellt. So ähnlich war die Situation damals in der zweiten Dimension – nur noch viel zerstörerischer. Eines Tages erwachten diese Wesen und sahen eine offene Tür, die sie in die dreidimensionale physische Welt hineinführte. Das fanden sie natürlich ungeheuer faszinierend!

Doch für die ursprünglichen Außerirdischen, die sich auf der Erde niedergelassen hatten, war das ein Albtraum. Diejenigen, die den Weg des Lichts gingen, konnten diese Wesen leichter aus besetzten Körpern entfernen und wieder in die zweite Dimension zurückschicken. Ihnen gelang es, alle Dimensionen zu schließen, die während der Explosion aufgerissen worden waren – auch die zweite. Aber ungefähr zehn Prozent der Wesen, die aus der zweiten in die dritte Dimension eingedrungen waren, gelang es, sich zu verstecken und unentdeckt auf der Erde zu bleiben.

Der Tempel der Hathor

Der Tempel der Hathor wurde erbaut, um nach dieser Invasion von Wesen aus der zweiten Dimension bei der Heilung der Seele und des Körpers der Erdbewohner mitzuhelfen. Jeder, der Ägypten betrat, musste sich zuerst zu diesem Tempel begeben, um sich zu reinigen und zu verjüngen. Dieser Tempel war so etwas Ähnliches wie ein Krankenhaus.

Die Hathoren kamen zu Beginn des Atlantischen Zeitalters auf die Erde und arbeiteten eng mit Feen, Elfen, Drachen und anderen magischen Wesen zusammen, die dazu angeleitet wurden, in den Städten im Inneren der Erde zu leben. Die Hathoren waren Meister der Klangheilung.[2] Die Klänge, die

---

2 Ihr bedeutendstes Medium in unserer Zeit ist der Amerikaner Tom Kenyon, der die Hathoren – die übrigens von den Arcturianern in unser Universum geholt wurden – in Klang und Wort channelt. Auf www.AmraVerlag.de können Sie sich einen Überblick verschaffen über sein Gesamtwerk. Sie finden dort fast alle seiner CDs und Bücher in deutscher Version mit umfassenden Textauszügen und zahlreichen Hörproben.

sie von Natur aus (aus ihren Seelen heraus) erzeugten, schufen in Kombination mit Kristallgittern und heilender Energie eine Energie, die auf zweidimensionale Wesen so abstoßend wirkte, dass sie die physischen Körper, die sie besetzt hatten, schnell wieder verließen.

Die Kammer, in der diese Heilungsprozesse stattfanden, war schmal und länglich und hatte eine hohe gewölbte Decke. Darin befand sich ein kleines Gerät, das aussah wie eine hohe, schmale Kabine mit zwei Öffnungen. Es bestand aus Stein und Kristall und stand in der Mitte der Kammer. Dieses Gerät diente als Sicherheitsschleuse. Man trat in die ungefähr einen Meter breite und vier Meter hohe Kabine ein, und sechs Hathoren – drei an jedem Eingang der Schleuse – sangen der Seele etwas vor und stimmten den physischen Körper mithilfe dieser Klänge auf höhere Schwingungen ein. Drei weitere ausgebildete Meister standen etwas weiter entfernt bereit, um das Wesen aus der zweiten Dimension zu isolieren, wenn es gezwungen wurde, den Körper zu verlassen.

Sobald dieser Prozess begann, fingen alle Zellen deines Körpers an zu vibrieren, als wären sie an ein elektrisches Stromnetz angeschlossen. Dadurch fühltest du dich für kurze Zeit wie gelähmt, obwohl dein Körper jetzt sehr schnell vibrierte. Du hattest volles Vertrauen zu den Hathoren. Es war ein gutes Gefühl, dein Schicksal in ihre Hände zu legen und dich ganz diesem Reinigungsprozess hinzugeben. Du ließest sie einfach ihre Arbeit tun, weil du wusstest, dass sie alle Erdbewohner bedingungslos liebten und nur dein höchstes Wohl im Auge hatten. Als die Wesen niedriger Schwingung sich von deinem Körper lösten, nahmen ausgebildete Meister sie in Empfang und schickten sie in die Dimension zurück, aus der sie gekommen waren.

Nach diesem Prozess warst du so müde und erschöpft, dass du das Gefühl hattest, gleich zusammenzubrechen. Dann wurdest du wieder aus diesem Gerät hinausgeführt und warst von allen negativen Wesenheiten gereinigt. Du verließt die Kammer durch eine andere Tür und wurdest dabei von weiteren Hathoren und Heilern unterstützt. Sie führten dich in den Verjüngungsraum, der in einem anderen Teil des Tempels lag. Dort bliebst du so lange, wie du brauchtest, um wieder gestärkt zu werden, und auch dieser Reinigungsprozess war oft sehr anstrengend.

Schlaflähmungen in deinem jetzigen Leben

Einige von euch werden nach ihrem inneren Erwachen vielleicht in eine Art Schlaflähmung fallen, bei der sie die Anwesenheit außerirdischer Wesen im Raum wahrnehmen oder deren Energie spüren. Dieses Erlebnis ist für euch sehr beängstigend. Vielleicht habt ihr dabei das Gefühl, von böswilligen Außerirdischen angegriffen zu werden.

Wir haben volles Verständnis dafür, dass ihr solche Situationen als beängstigend oder erschreckend empfindet, weil euch nicht klar ist, was da passiert. Vielleicht kommt es euch so vor, als hättet ihr keine Kontrolle über diese Situation, weil ihr euch dabei oft nicht bewegen könnt und nicht seht, was um euch herum vorgeht.

Jedem Einzelnen von euch kann es so ergehen. Wenn es dich betrifft, wenn dir so etwas das nächste Mal passiert, versuche ruhig zu bleiben und herauszufinden, ob es sich bei den Außerirdischen (die dann vielleicht in deiner Nähe sind) um gut- oder böswillige Wesen handelt. Nicht alle sind schlecht. Um dich auf solche beängstigenden Situationen vorzubereiten, solltest du stets in engem Kontakt mit deinen Geistführern und deiner Seelenfamilie bleiben und lernen, die Energie um dich herum »auf die Probe zu stellen«.

Wenn du eine solche Schlaflähmung oder andere erschreckende Erlebnisse in deinem physischen Körper durchmachst, bleibst du dabei bei vollem Bewusstsein. Könnte es nicht sein, dass deine Seelenfamilie in solchen Augenblicken mit dir zu arbeiten versucht und dafür sorgt, dass du das Bewusstsein nicht verlierst, damit du dich hinterher noch daran erinnern kannst, wie sie dir geholfen haben? Seelenheilung ist am wirksamsten, wenn man sich dabei in einem bewussten Zustand befindet. Im Tiefschlaf oder in einem Zustand der Hypnose kann Seelenheilung nicht viel bewirken. Deine Seelenfamilie möchte, dass du dir deiner Energie bewusst bist und selbst die Verantwortung für deinen Heilungsprozess übernimmst – egal ob es sich dabei um Seelenheilung oder physische Heilung handelt.

Vielleicht findest du, dass diese außerirdischen Wesen komisch aussehen. Aber in deinem ursprünglichen außerirdischen Körper siehst du vielleicht genauso aus wie sie. Denke daran: *Dein physischer irdischer Körper ist auf gentechnischem Weg entstanden.*

In vielen Fällen handelt es sich bei dieser Schlaflähmung um eine moderne Methode, mit deren Hilfe deine Geistführer dich von Wesenheiten aus niedrigeren Dimensionen befreien. Dieser Vorgang hat große Ähnlichkeit mit dem Reinigungsprozess im Tempel der Hathor in Ägypten. Denke auch hier daran: *In der spirituellen Welt tut niemand etwas gegen den freien Willen eines anderen Wesens.* Du musst deine Geistführer also vor deiner Geburt oder in deinen Meditationen um diese innere Reinigung gebeten haben.

Dadurch kann es eben passieren, dass du mitten in der Nacht aufwachst, dich wie gelähmt fühlst und andere Wesen um dich herum siehst oder spürst. Vielleicht vibriert dein Körper dabei. Es kann sich sogar so anfühlen, als schwebtest du über deinem Bett. Da du nicht weißt, was da mit dir passiert, bekommst du vielleicht Angst und dir gehen erschreckende Gedanken durch den Kopf. Diese Gedanken kommen von niedrigeren Energien, die deinen Körper (ihr wunderbares

Gefäß) nicht verlassen möchten. Diese Energien wollen dich in einem Zustand der Angst halten, weil sie hoffen, dass du dann nicht weiter versuchst, sie loszuwerden. *Denke daran, dass du einen freien Willen besitzt!* Diese niedrigeren Wesen werden versuchen, dich zu manipulieren, um in Sicherheit zu bleiben. In so einer Situation darfst du nicht in Panik geraten! Stell ihre Energie auf die Probe.

Das machst du so: Frage diese außerirdischen Wesen in Gedanken drei Mal so ruhig, wie du kannst, ob sie von der Essenz bedingungsloser Liebe herkommen (ob sie dein höchstes Wohl im Auge haben). Wenn sie diese Frage drei Mal hintereinander mit Ja beantworten, kannst du ihnen vertrauen und dich diesem Erlebnis ruhig hingeben. Das wird dann höchstwahrscheinlich das letzte Mal sein, dass du eine Schlaflähmung erlebst, weil dabei alle niedrigeren Wesenheiten aus deinem Körper vertrieben worden sind.

Kontaktaufnahme mit Außerirdischen im bewussten versus unbewussten Zustand

Wir möchten, dass du unterscheiden lernst, wie deine Seelenfamilie mit dir arbeitet und wie böswillige außerirdische Wesen mit dir in Kontakt treten. Im Zustand der Schlaflähmung bist du bei vollem Bewusstsein, wirst früher oder später durch Einsatz deines freien Willens ganz wach, und dann geht die Lähmung wieder zurück. Wenn oder falls du von Außerirdischen entführt wirst, bist du nicht bei Bewusstsein, sondern erinnerst dich erst hinterher an dieses Erlebnis. Auch wenn du Alkohol, Freizeitdrogen oder bewusstseinsverändernde Pflanzen konsumierst, erlebst du »Blackouts« – das heißt, du verlierst das Bewusstsein. Diese Blackouts öffnen allen möglichen negativen Wesen, die sich an dich anheften möchten, Tür und Tor. Wenn du dann wieder zu Bewusstsein kommst, wirst du spüren, dass irgendetwas nicht stimmt.

Unsichtbare Energien jagen dir große Angst ein, weil dein Ego stets alles unter Kontrolle haben möchte. *Deine Seelenfamilie möchte, dass du stets bei vollem Bewusstsein bist.* Böswillige Wesen aus dem Reich der Dunkelheit schleichen sich nämlich in deinen Körper hinein, wenn du bewusstlos bist und dein Energiefeld offen ist.

Die Gründung von Mysterienschulen

In der Zeit, als die »Kinder des Gesetzes des Einen« sich in Ägypten niederließen, hatten die Annunaki im Rahmen ihrer geheimen Experimente und Projekte bereits viele Menschen auf gentechnischem Weg erschaffen. Doch diese Experimente, mit denen die Annunaki bereits während des Atlantischen Zeitalters (nicht erst danach) begonnen hatten, gerieten außer Kontrolle, da sie ihre Projekte weder geheim noch in Grenzen hielten. All diese Menschen hatten nur sehr lückenhafte Erinnerungen daran, wer sie waren, da ihre Psyche durch die Genexperimente schweren Schaden genommen hatte. Als der Stamm von Meister Thoth (nach der Zerstörung von Atlantis) nach Ägypten zog, lebten die Menschen bereits unter Außerirdischen.

Damals hatten wir zwei große Probleme, die für uns sehr dringlich waren: Erstens waren uns vorübergehend unsere intergalaktischen Transport- und Kommunikationsmittel verloren gegangen, und zweitens wussten wir nicht, was wir mit all diesen menschlichen Sklaven anfangen sollten.

Das erste Problem hatte bereits lange vor der Zerstörung von Atlantis seinen Anfang genommen. Damals brachen Kriege zwischen den Außerirdischen aus, in denen es um Macht ging. Der Planet Maldek wurde durch Atomwaffen vernichtet, und seine Zerstörung sandte heftige Schockwellen durch euer Universum. Der Mars wurde am stärksten dadurch in Mitleidenschaft gezogen.

Auf dem Mars fanden zu jener Zeit mehrere gefährliche Experimente statt, denn auf diesem Planeten konnte man Experimente hervorragend vor dem Rat des Lichts geheimhalten. Außerdem diente der Mars als intergalaktisches Transportzentrum für andere, weit entfernte Planeten. Die Schockwelle vom Planeten Maldek zerstörte das elektromagnetische Feld und die Atmosphäre des Mars. Dadurch wurde die Künstliche Intelligenz außer Betrieb gesetzt, und viele auf dem Mars gelagerte Waffen explodierten, wodurch die Atmosphäre dieses Planeten zerstört wurde. Viele Marsbewohner kamen sofort ums Leben, und innerhalb kürzester Zeit war der Planet völlig unbewohnbar.

Wie gesagt, damit war das wichtigste intergalaktische Transportzentrum zerstört worden. Unser aller Leben veränderte sich jetzt, denn wir saßen vorübergehend auf der Erde fest. Zum Glück funktionierten unsere intergalaktischen Kommunikationswege noch. Wir gaben unseren Familien Bescheid, dass es uns auf der Erde gut ging, und baten sie, ein neues intergalaktisches Transportzentrum zu errichten. Allerdings wussten wir, dass das schwierig sein würde, da inzwischen zwei Planeten zerstört worden waren – der eine war völlig vernichtet, der andere verstrahlt und unbewohnbar. Wir wussten, dass es ziemlich lange dauern würde, bis Hilfe kam, und besaßen auch nicht die Fähigkeit, uns mithilfe unserer eigenen Willenskraft (zum Beispiel von der Erde zu den Plejaden) zu teleportieren.

Mit dem Untergang von Atlantis wurde dann auch noch unsere geliebte Heimat zerstört, und unsere Kommunikationswege funktionierten nun auch nicht mehr. Jetzt waren wir tatsächlich auf der Erde gefangen – nicht nur, weil wir unsere Energie dort verankert hatten, sondern auch, weil uns keine intergalaktischen Transport- und Kommunikationsmethoden mehr zur Verfügung standen.

Unser zweites Problem waren die vielen Menschen, die die Annunaki auf gentechnischem Weg erschaffen hatten. Wir waren entsetzt, als wir erfuhren, dass diese Menschen gewissermaßen *unsere Kinder* waren, die nun jemanden brauchten, der sie unterwies. (Auf dieses Thema werden wir später noch näher eingehen.)

Diese Menschen waren in selbstzerstörerischen und tierischen Verhaltensweisen gefangen – und manche von ihnen sind es leider heute noch. Wir konnten sie also nicht einfach in Raumschiffe setzen (selbst wenn wir welche gehabt hätten) und sie nach Hause verfrachten, weil wir wussten, dass sie dann versuchen würden, unseren Heimatplaneten zu zerstören. Der nun folgende Vergleich klingt vielleicht hart, aber so könnt ihr es wahrscheinlich am besten verstehen. Ihr würdet schließlich auch keinen wilden Tiger aus dem Dschungel holen und bei euch zu Hause aufnehmen! Und wir konnten das kollektive Bewusstsein dieser auf gentechnischem Weg erschaffenen Menschen leider nicht auf ein höheres Niveau anheben. Das hatten wir versucht, und es hatte ihr Nervensystem so sehr überlastet, dass sie psychotische Schübe und Nervenzusammenbrüche erlitten. Das ist übrigens auch heute noch so: Die Energie eures höheren Selbst tritt nur hin und wieder in euch ein, damit euer Nervensystem das verkraften kann. *Zu viel von dieser Energie würde es überfordern.*

Wir konnten diese Menschen nur retten, indem wir ihnen Wissen vermittelten. Sie mussten erfahren, wer sie waren, was in ihrer Vergangenheit passiert war und wo sie hingehen konnten. All dieses Wissen wurde sorgfältig in verschiedene Stufen oder Klassen eingeteilt und an Mysterienschulen gelehrt. Sobald man alle Kenntnisse einer Stufe erworben und die dazugehörigen Prüfungen abgelegt hatte, konnte man in die nächste Klasse aufsteigen. Wer eine Prüfung nicht bestand, musste sie wiederholen – auch wenn das ein Leben lang dauerte. Heute ist der Lehrplan dieser Mysterienschulen in euer tägliches Leben integriert (falls eure Seelen sich vor eurer Geburt darum beworben haben). Auch heute gibt es immer noch Lektionen zu lernen und Prüfungen zu bestehen, aber wir wissen, dass ihr diese Lernaufgaben bewältigen könnt.

Wir vermittelten den Menschen dieses Wissen jedoch auch, um dafür zu sorgen, dass weniger Kriege auf der Erde ausbrachen. *Wenn jemand von der Stufe der Angst zu einer Stufe bedingungsloser Liebe aufsteigt, lässt er sich nämlich nicht mehr auf Kriege und Auseinandersetzungen ein, und niedrige menschliche Regungen wie beispielsweise Habgier werden ihm fremd.*

Das Letzte, was ihr über Ägypten noch wissen solltet, ist, dass wir euch möglichst viel von unserer uralten Weisheit hinterlassen wollten. Nachdem wir mit unseren außerirdischen Familien auf unseren Heimatplaneten Kontakt aufgenommen hatten, entschieden viele von uns sich bewusst, für die nächsten Jahrtausende auf der Erde zu bleiben.

Wir können in die Zukunft schauen, auch wenn wir wissen, dass das nur eine mögliche Zukunft ist – denn die Zukunft ist veränderbar. Trotzdem sahen wir mehrere Möglichkeiten für die Menschheit voraus. Darauf schnitten wir das Wissen, das wir euch vermittelten, zu und errichteten megalithische Bauwerke, die viele Jahrtausende überdauern und *Seelenerinnerungen* in euch wecken sollten. Sie sollten euch daran erinnern, wer ihr seid.

Als die Annunaki absichtlich eure Sprache veränderten und durcheinanderbrachten, hinterließen wir euch Bilder, denn die Augen sind das Tor zur Seele. Wenn ihr das, was ihr seht, nicht mit eurem Verstand, sondern mit eurer Seele (eurem Herzen) wahrnehmt, werdet ihr seinen Sinn verstehen. Ihr habt das alles ja bereits an Mysterienschulen gelernt!

Geister von Tieren

Wir nahmen absichtlich halb menschliche, halb tierische Gestalt an, um euch an eure (außerirdische und tierische) DNA zu erinnern. Auf ägyptischen Wandmalereien sind wir mit dem Kopf eines Tiers und dem Körper eines Menschen dargestellt.

Bitte denke nun einmal kurz darüber nach, zu welchem Gott, welcher Göttin oder Gottheit (Sekhem, Thoth, Horus, Ra, Seth, Isis, Hathor, Anubis und dergleichen) du dich am meisten hingezogen fühlst. Aber höre dabei nicht auf deine Wünsche, sondern achte einfach nur auf dein inneres GPS – deine Seele. Sobald die Antwort deiner Seele in dir aufsteigt, weißt du, wo deine tierische DNA herstammt. Falls du dich zu mehr als einer Gottheit hingezogen fühlst, arbeite mit beiden.

Wir wollen dir nun an ein paar Beispielen zeigen, wie du deine tierische DNA interpretieren und damit arbeiten kannst: Sekhem nutzte die DNA von Katzen, um sich einen physischen Körper zu erschaffen, der auf der Erde überlebensfähig war. Das brachte positive Eigenschaften (beispielsweise Schnelligkeit, Kraft, die Fähigkeit, bei Nacht zu sehen, und den Instinkt zum Schutz der eigenen Jungen), aber auch negative Aspekte (zum Beispiel tierische Wildheit) mit sich. Thoth verwendete die DNA von Vögeln (positive Eigenschaften: hervorragendes physisches Navigationssystem, binokulares Sehen, fliegen und Naturkatastrophen voraussehen können; negativer Aspekt: tierische Wildheit).

Aber du solltest dich bei diesen Überlegungen nicht auf Ägypten beschränken, sondern die ganze Erdgeschichte betrachten und dich fragen, zu welchen Gottheiten, die mit tierischen Körperteilen dargestellt wurden, du dich hingezogen fühlst. Mach dieses Tier zu deinem Totemtier und stell dir vor, dass du seine Fähigkeiten besitzt, denn das tust du tatsächlich, sie wurden nur unterdrückt. Informiere dich über die positiven Seiten dieses Tiers und lerne, seine negativen Eigenschaften unter Kontrolle zu halten.

Immer wenn wir dir erscheinen, führen wir dir die besonderen Gaben und Fähigkeiten dieser Tiere vor. Das tun wir nicht, weil wir in deinen Augen komisch oder witzig erscheinen wollen, sondern um dir diese Aspekte zu zeigen *und dir klarzumachen, wer du in Wahrheit bist, denn bevor du deine außerirdischen Fähigkeiten erkennst und annimmst, musst du zunächst einmal alle deine irdischen Fähigkeiten verstehen.*

Heute seid ihr alle menschliche Wesen. Einige von euch wurden auf der Erde von den Annunaki geschaffen und haben eine Ausbildung an Mysterienschulen durchlaufen, aber dann doch beschlossen, hierzubleiben, um der Menschheit in den schwierigen Zeiten, die ihr bevorstehen, zu helfen. Wir bezeichnen euch gern als *Erdenkinder*. Ihr fühlt mit der Menschheit und nehmt ihre Last auf eure Schultern. Ihr habt zwar das Gefühl, dass eure Vorfahren von den Sternen kamen, seid aber nicht sicher, ob ihr auch von dort kommt.

Es ist euer Geburtsrecht, zu wissen, dass eure Eltern Außerirdische waren und ihr daher auch welche seid. Ihr besitzt die gleichen Fähigkeiten wie sie und habt diese Gaben auch verdient.

TEIL 2: DER WEG DER DUNKELHEIT

Wir haben es bereits erwähnt: Mesopotamien wurde zur Heimat der Söhne Belials. Da die Erde größtenteils noch unbewohnt war und zu Forschungsreisen einlud, waren einige von ihnen schon ein paar Jahrtausende vor der Zerstörung von Atlantis nach Mesopotamien übergesiedelt – hauptsächlich in der Absicht, dort heimlich Genexperimente durchzuführen, da dies in Atlantis illegal war.

Eine gebräuchlichere Bezeichnung für die Söhne Belials lautet »Annunaki«. Die Annunaki waren Außerirdische und entstammten fast allen Sternennationen, die am Erdprojekt mitwirkten. Nicht alle Annunaki siedelten sich in böser Absicht in Mesopotamien an. Einige Außerirdische, die dorthin eingeladen wurden, besaßen sehr positive Eigenschaften: Sie waren spirituell hochentwickelte Wesen, befanden sich auf dem Weg des Lichts und hatten eine großartige Vision für die Zukunft der Erde. Es waren Wissenschaftler, Ingenieure, Ärzte und dergleichen mehr, die die Chance, an Genexperimenten mitzuwirken, faszinierend fanden. Aber leider wurde vielen von ihnen vorgegaukelt, dass alle Genexperimente, an denen sie mitarbeiteten, vom Rat des Lichts genehmigt worden waren.

Die Annunaki schufen die sumerische Zivilisation: Das waren die Menschen, die den Annunaki als Sklaven dienten. In der Entstehungszeit dieser Zivilisation sehnten sich nur einige wenige Annunaki nach unbegrenzter Macht und Kontrolle. Diese planten insgeheim die große Machtübernahme, zu der es Jahrtausende später auch kam. Im Großen und Ganzen unterschieden sie sich nicht sehr von einigen Menschen eurer heutigen Zeit. Der leichteren Verständlichkeit halber bezeichnen wir das, was diese Annunaki planten, als den Weg der Dunkelheit, denn sie hatten beschlossen, nicht ihrer Seele, sondern ihrem Ego zu folgen.

Wie die Menschen erschaffen wurden

Die Annunaki waren ziemlich unzufrieden darüber, dass ihre *geniale* Idee, menschliche Sklaven zu erschaffen, nicht die erwartete Unterstützung fand. Und so bestand ihr Hauptgrund für die Übersiedlung nach Mesopotamien darin, heimlich ihre eigenen Experimente durchzuführen, von denen der Rat des Lichts nichts erfahren sollte. Die menschlichen Sklaven sollten nur eine vorübergehende Lösung sein. Sobald sie nicht mehr gebraucht wurden, wollten die Annunaki das Projekt wieder beenden. Wie wir bereits erwähnt haben, wurden die meisten Außerirdischen, die an diesen Genexperimenten mitwirkten, dabei hintergangen: Sie glaubten tatsächlich, dass der Rat des Lichts diese Projekte genehmigt hatte.[3]

Die ersten Versuche zur gentechnischen Erschaffung von Menschen schlugen völlig fehl; meist gingen daraus seltsam aussehende Geschöpfe hervor, zum Beispiel solche, die halb Tier und halb Mensch waren. Für diese Experimente wurde weder außerirdische DNA noch Erbgut von Primaten verwendet. Diese Lebewesen waren völlig anders – unberechenbar und manchmal sogar gefährlich. Sie wurden verbittert und wild, weil sie nirgends hingehörten, denn sie waren weder Außerirdische noch Tiere.

Erst als die Wissenschaftler der Annunaki sich mit den primitiven Primaten beschäftigten, gelang ihnen ein Durchbruch. Diese primitiven Primatenfamilien existierten bereits und waren auf der Erde entstanden. Die Wissenschaftler der Annunaki studierten ihr Verhalten und ihre Lebensweise. Wie wir bereits erwähnt haben: Die Wissenschaftler und Gentechniker, die ursprünglich an diesem Projekt arbeiteten, verfolgten damit keine bösen Absichten. Viele von ihnen waren berühmte Ärzte aus fernen Sternennationen, beispielsweise vom

---

3 Der Begründer der Anunnaki-Forschung ist Zecharia Sitchin. Sein Buch *Der zwölfte Planet* machte die Welt im Jahre 1976 (US-Ausgabe) mit ihrem Wirken auf der Erde bekannt. Unmittelbar nach seinem Tod erschien als seine wichtigste Hinterlassenschaft *Die Annunaki Chroniken*, ein umfangreiches Werk, das die Essenz seiner insgesamt zwölf Anunnaki-Sachbücher enthält. Ebenfalls postum erschien sein einziger Roman *Der König, der sich weigerte zu sterben*, der den Anunnaki-Hintergrund des Gilgamesch-Epos offenlegt. Eine ausführliche Biografie des Forschers und seines Werks ist *Zecharia Sitchin und der außerirdische Ursprung des Menschen*, verfasst von seiner engen Mitarbeiterin M. J. Evans. Auf www.AmraVerlag.de finden Sie Leseproben aus den drei letztgenannten Büchern.

Sternbild Jungfrau. Die Chance, sich mit Primaten zu beschäftigen und ihre Evolution zu beschleunigen, faszinierte sie. Man erklärte ihnen, dabei handle es sich lediglich um ein kontrolliertes Projekt, und die erforderliche Genehmigung dazu liege vor. Alle auf diesem Weg erschaffenen Lebewesen würden am Ende getötet werden. Da ihr Erbgut geeigneter erschien als das der Außerirdischen, beschloss man, diese Experimente mit Primaten durchzuführen – und tatsächlich wurden sie dadurch intelligenter und erwarben die Fähigkeit, zuzuhören, Anweisungen zu verstehen und bestimmte Aufgaben, die man ihnen stellte, zu erfüllen.

Die Wissenschaftler erklärten dem Anführer der Annunaki, dass sie die DNA ihrer Primaten mit der DNA von Außerirdischen vermischen müssten, um deren Evolution zu beschleunigen. Zunächst verwendeten sie zu diesem Zweck Annunaki-DNA. Aber das funktionierte nicht, da ihre eigene tierische Energie stärker war als die Sternenenergie (wegen ihrer übermächtigen Egos). Statt sanfter, gehorsamer Sklaven entstanden intelligente, aggressive und sehr zornige Geschöpfe, die daraufhin alle wieder getötet werden mussten. Später entschieden die Annunaki gemeinsam, dass sie für ein erfolgreiches Experiment DNA von einem Surrogatgott benötigten. Sie brauchten die kollektive Sternenenergie aus dem Kristall, das in seiner Essenz rein und unverdorben war.

Sicherlich kannst du dir vorstellen, was jetzt passierte: Die Annunaki stahlen DNA-Proben vom Surrogatgott und vermischten diese mit der Primaten-DNA. Du erinnerst dich sicherlich noch: In dem Surrogatgott Kristall befand sich UNSERE kollektive Sternenenergie.

Das ist so ähnlich, wie wenn jemand menschliches Sperma und menschliche Eizellen aus einer Samenbank stehlen und daraus ohne eure Zustimmung Tausende oder gar Millionen menschlicher Säuglinge züchten würde.

Die Annunaki führten ihren Plan, menschliche Sklaven zu erschaffen, erfolgreich aus; und so wurden die Menschen in schnellerem Tempo intelligenter, als man ursprünglich erwartet hatte.[4]

Uneingeschränkte Kontrolle

Womit kann man jemanden am besten unter Kontrolle halten oder manipulieren? Durch Angst! Also wurden die menschlichen Sklaven in einem Zustand der Angst gehalten, damit sie sich leichter beeinflussen ließen. Der Überlebensinstinkt wurde ihnen als wichtigster Faktor einprogrammiert. Die Angst sicherte ihr Überleben.

Ursprünglich durften die Menschen sich nicht vermehren. Das verhinderten die Annunaki, indem sie diese tierische Grundfunktion durch Genmanipulation aus ihnen herauszüchteten. Als Belohnung für ihren Gehorsam und die harte Arbeit, die sie in Goldbergwerken und an anderen Arbeitsplätzen leisteten, erlaubten die Annunaki ihnen Verhaltensweisen, nach denen man süchtig wird, wie beispielsweise Sex, Essen und Drogen, denn sobald man nach etwas süchtig ist, wird man vom Lieferanten dieses Suchtobjekts abhängig und untersteht seiner Kontrolle.

Nach einer Weile wurden die Annunaki es allerdings leid, immer wieder neue menschliche Körper züchten zu müssen, und so beschlossen sie, den Menschen das »Geschenk« der Fort-

---

4 Einer der bekanntesten spirituellen Wissenschaftsjournalisten, Gregg Braden, führt in seinem neuesten Buch *Mensch:Gemacht* den Nachweis, dass unsere DNA vor 200.000 Jahren durch eine Genverschmelzung von fremder Hand (nicht durch die Evolution!) so eingerichtet wurde, wie sie heute noch existiert. Seitdem gibt es uns Menschen in der jetzigen Form. Leseproben finden Sie auf www.AmraVerlag.de.

pflanzung zu gewähren. Aber glaubt nur ja nicht, dass dieses Geschenk von Herzen kam! Ganz im Gegenteil: Dadurch gewannen die Annunaki noch mehr Macht und Kontrolle über die Menschen, denn der Wunsch nach Fortpflanzung ist ein tierischer Grundinstinkt. Als die menschlichen Sklaven dieses Privileg erhielten, kamen sie sich wie Götter vor – waren bis dahin doch nur göttliche Wesen in der Lage gewesen, sich untereinander zu vermehren.

Und bevor die Menschen dieses Privileg erhielten, mussten sie den Annunaki einen kollektiven Treueeid leisten. Das bedeutete, dass jeder, der als Mensch »geboren« wurde, ein Sklave der Annunaki war und ihnen für immer und ewig gehörte. Mit ihrer Herrschaft der Angst sorgten die Annunaki dafür, dass die Menschen nicht dem verlockenden Reiz der Freiheit erlagen.

Wie sah dieser Eid aus? Die Menschen glaubten, dass es sie zu Göttern machen würde, neues Leben zu erzeugen. Dafür verschrieben sie den Annunaki im wahrsten Sinn des Wortes ihre Seelen. Bereitwillig unterschrieben sie die Treueverträge mit ihrem eigenen Blut. Damals ist die Blutmagie entstanden. Die ganze menschliche Sklavenrasse (die zum Zeitpunkt dieses kollektiven Treueeids noch nicht viele Menschen umfasste) war den Annunaki danach zu Treue verpflichtet. Das Programm, mit dem das Ego für dein Überleben sorgt und dir die Möglichkeit der Fortpflanzung gibt, liegt dir im Blut. Blut ist Leben, Blut ist Leidenschaft, Blut ist Zusammenhalt, Energie und Familie. Du kannst dir das größte Vergnügen oder die grauenhaftesten Ängste direkt in die Venen spritzen. Dein Blut ist etwas sehr Mächtiges.[5] Obwohl die Menschheit von den Annunaki unterjocht worden und außerdem durch Blutverträge an sie

---

5 In seinem Buch *Das Blut von Aliens* gelang dem Anunnaki-Forscher Nick Redfern der Nachweis, dass der vergleichsweise seltene Rhesus-Faktor negativ direkt auf diese genetischen Manipulationen zurückzuführen ist. Leseproben finden Sie auf www.AmraVerlag.de.

gebunden war, besaßt ihr trotzdem noch einen freien Willen und konntet eure Freiheit zurückgewinnen.

Seit jener Zeit untersteht jede Seele, die in einen physischen Körper hineingeboren wird, der Kontrolle der Angst, damit sie diese Angst an die nächste Generation weitergeben kann.

Was ihre Fortpflanzung anging, wurde den Menschen eine falsche Vorstellung vorgegaukelt: Denn dadurch wurden sie keineswegs gottähnlich, sondern für Jahrtausende versklavt. Sie wurden zu Marionetten der dunklen Seite.

Die sumerische Zivilisation war die Wiege der Menschheit, aber leider auch der Ursprung von Angst, Kontrolle und Manipulation, die euer Leben heute noch beherrschen.

Eure Sprache

Zur Zeit des Einsturzes des Turms zu Babel im alten sumerischen Reich wurde die Universalsprache absichtlich manipuliert und durcheinandergebracht, so dass viele verschiedene Sprachen entstanden, damit die Menschen nicht mehr problemlos miteinander kommunizieren konnten. So konnten sie einander auch nicht mehr das Wissen vermitteln, dass sie – genau wie die außerirdischen Annunaki, unter denen sie lebten – einen *freien Willen* besaßen.

Schließlich kamen einige intelligente Menschen dahinter, dass die Fortpflanzung auf natürlichem Weg sie nicht zu gottähnlichen Geschöpfen machte. Während die Menschen weiterhin danach strebten, gottähnlich zu werden, wurde einigen Annunaki, die von vornherein nicht machtgierig gewesen waren, klar, dass es ein Fehler gewesen war, diese menschlichen Wesen zu erschaffen. Sie bedauerten es, diesen Menschen durch ihre Genexperimente solches Leid zugefügt zu haben, und begannen sie zu dem Wissen hinzuführen, dass sie aus außerirdischer DNA bestanden; und so konnten die Menschen genauso wie die Außerirdischen sein, die sie anbeteten und für die sie arbeiteten. Damals wurde das Wissen, dass die Menschen in Wirklichkeit selber Gott waren, noch mit aller Kraft unterdrückt, damit die Annunaki sich wie Götter aufführen konnten, ohne dass ihre menschlichen Sklaven dagegen aufbegehrten.

Mit der Zeit nahmen die Spannungen zwischen den Annunaki-»Göttern« immer mehr zu. Die eine Hälfte der Annunaki wollte die Sklaven befreien, während die anderen sie weiterhin hundertprozentig unter Kontrolle halten wollten.

Viele Menschen entwickelten sich dank des neuen Wissens, das die gutwilligen Annunaki ihnen vermittelten, schnell weiter. Das jagte den anderen Annunaki, die diese Sklaven in ihrer Gewalt behalten wollten, Angst ein, denn sie wussten: Wenn sie nicht bald etwas dagegen unternahmen, würden sie die Kontrolle, die ihnen so wichtig war, verlieren – *und für einen Tyrannen gibt es nichts Beängstigenderes als Kontrollverlust.* Also beschlossen diejenigen Annunaki, die weiterhin unumschränkte Macht über die Menschen behalten wollten, ihrer Kommunikation für immer ein Ende zu bereiten, indem sie beim Einsturz des Turms zu Babel ihre Hauptsprache in viele verschiedene Sprachen aufspalteten.

Heute bestehen viele Sprachen nicht mehr aus Zahlen oder geometrischen Figuren, sondern aus Buchstaben. Durch Kombination von mindestens zwei Buchstaben derselben Sprache entstehen Silben, und aus Silben kann man Wörter bilden. Mit diesen Wörtern bringt man seine Gefühle, Wünsche und Bedürfnisse zum Ausdruck. Das ist Kommunikation. Die Annunaki wollten keine tauben oder stummen, sondern *gehorsame* Sklaven. Sie glaubten, wenn sie die Sprache dieser Sklaven durcheinanderbrachten, könnten diese nicht mehr miteinander kommunizieren und sich womöglich gegen sie verschwören.

Wie sie das anstellten? Du kannst dir alle Buchstaben und Silben, die es gibt, als Teile eines großen Puzzles vorstellen. Wenn du das mit Drei multipliziert, erhältst du drei große Puzzles. Nun wirfst du alle Teile dieser drei Puzzles in eine große Schachtel und schüttelst sie kräftig. Dann bildest du aus allen Puzzleteilen aufs Geratewohl sieben Häufchen. Das ist der Beginn der sieben menschlichen Ursprachen. Mit der Entwicklung der Menschheit entstanden dann allmählich immer mehr Sprachen.

Die Menschen waren aufs Überleben programmiert. Dieses Programm ist bei euch auch heute noch aktiv. Selbst wenn du dich auf dem Weg zur Spiritualität befindest – bei Kommunikationsproblemen und Nahrungsmangel (vor allem, wenn du womöglich auch noch eine Familie hast, die zu verhungern droht) übernimmt dein Überlebensinstinkt die Regie.

Um die Sprache der Menschen innerhalb von ein paar Minuten dermaßen verwirren zu können, nutzten die Annunaki eine Frequenz zur Neuverschaltung von Nervenbahnen im Gehirn der Menschen. Dadurch erlitten die Menschen eine »Gehirnerschütterung«, durch die all ihre vorherigen Erinnerungen blockiert wurden. Wir haben bereits die Lyraner und deren Genexperimente erwähnt und würden an dieser Stelle gern einen Auszug aus Evas erstem Buch *DNA-Aktivierung durch die kosmische Familie* zitieren, um die Technologie, die sie dabei verwendeten, genauer zu erklären:

> »Im Sternsystem Lyra hatten wir uns eines sehr langen Lebens erfreuen dürfen. Als Lyraner hatte man Kontrolle über seinen Körper und sein Leben. Schon bei unserer Geburt in Lyra wussten wir genau über unsere früheren Existenzen Bescheid und konnten mühelos bei vollem Bewusstsein auf sämtliche Informationen in unserer Akasha-Chronik zugreifen. Und wir konnten auch unser Bewusstsein manipulieren.

Das geschah aus verschiedenen Gründen: Wenn man sich zum Beispiel eine Zeitlang mit einem bestimmten Forschungsgebiet – etwa der Sonnenenergie – beschäftigte, konnte man seinen Bewusstseinszustand und seine Nervenbahnen (die Empfänger dieser Informationen) vorübergehend so verändern, dass man nur noch das wahrnahm, was mit Sonnenenergie zu tun hatte. So konnte man sich sehr intensiv auf ein bestimmtes Thema (in diesem Beispiel also die Sonnenenergie) konzentrieren. Durch diese bewusste Ausschaltung sämtlicher Ablenkungen konnte man ein brillanter Solarenergieforscher werden!

Um dies noch besser verstehen zu können, braucht ihr euch nur ein autistisches Wunderkind vorzustellen: Solche Menschen sind auf einem bestimmten Fachgebiet oft Genies, während ihnen andere Fähigkeiten völlig fehlen. Wir Lyraner können das ganz bewusst bewerkstelligen, indem wir die Nervenbahnen in unserem Gehirn beliebig verändern. Dank dieser Fähigkeit konnten wir auf der Erde Gott spielen. Wir waren Meister auf dem Gebiet der Gen- und Biotechnologie.«

Mit diesem Wissen und dieser Technologie blockierten die Annunaki die Erinnerungen an die Universalsprache der Menschen, und die Menschheit wurde in einen tiefen Hypnosezustand versetzt.

Ihr solltet euch vor Augen halten, dass zu dieser ursprünglichen Universalsprache Zahlen, geometrische Figuren und Farben gehörten. Sie sind Teil der Lichtsprache, die eure alten Vorfahren verstanden und sprachen.[6] Mathematische

[6] Eva Marquez hat eine CD dieser hoch kodierten Sprache eingesprochen, die mit deutschen Meditationsanleitungen versehen als *DNA-Aktivierung durch die Sprache des Lichts* bei Amra Records auch auf Deutsch vorliegt. Hörproben finden Sie auf www.AmraVerlag.de.

Gleichungen haben auf der ganzen Welt ihre Gültigkeit. Egal welche Sprache du sprichst – die Lösung solcher Gleichungen ist stets dieselbe. Auch Zahlen gelten immer und überall. Gott hat dieses Universum nach einem mathematischen Muster erschaffen. Dieses Muster konnte *niemand* durcheinanderbringen, denn dadurch wäre euer Universum völlig zerstört worden. Ihr besitzt also immer noch einen Teil der Originalsprache. Dadurch haben Mathematiker wie Pythagoras diese hochintelligente Sprache am Leben erhalten können. In mathematischen Formeln steckt eine tiefe spirituelle Bedeutung. Aus demselben Grund sind Zahlen, die sich wiederholen, etwas Besonderes – weil sie eine spirituelle Botschaft enthalten.

Auch euer Sehvermögen konnten die Annunaki euch nicht nehmen, denn blinde Menschen geben keine guten Sklaven ab. Die Augen sind das Tor zu eurer Seele, und eure Seele hat Erinnerungen, die in eurer DNA verschlüsselt sind. Wenn ihr euch alte Wandmalereien oder Bauwerke anschaut, erinnert ihr euch an eure Vergangenheit. *Wir haben diese Gebäude errichtet, damit sie zu eurer Seele sprechen und euch daran erinnern, wer ihr wirklich seid. Ihr braucht euch dabei nur auf eure innere Stimme und eure Gefühle zu verlassen.*

So lernt man, die Universalsprache der Zahlen zu entschlüsseln

Du kannst die Sprache der Zahlen in deinem täglichen Leben leicht entschlüsseln. Das bietet dir einen guten Einstieg in ein bewusstes Verständnis der Lichtsprache. Achte einmal darauf, woran du gerade denkst, wenn ein bestimmtes Zahlenmuster in deinem Leben auftaucht: *Damit will das Universum dir nämlich Antworten auf deine Fragen geben.*

Wir möchten dir beibringen, die Sprache der Zahlen zu verstehen, denn so kannst du zu einem eigenständigen, mündigen Menschen werden, statt dich der Führung oder Kontrolle anderer unterzuordnen. Zu Beginn dieses Lernprozesses spielt es keine Rolle, wie oft eine Zahl sich wiederholt, es kommt nur auf die Zahlen selbst (1, 2, 3 usw.) an. Sobald du die Deutung der Zahlen beherrschst, kannst du sie miteinander addieren, um eine neue Bedeutungsebene zu entdecken. Wenn du beispielsweise die Zahlenfolge 111 (1 + 1 + 1 = 3) siehst, arbeitest du zunächst mit der Zahl 1 (das ist deine solide Basis). Nachdem du die Grundbedeutung dieser Zahl verstanden hast, fügst du dieser ursprünglichen Botschaft noch die Bedeutung der Zahl 3 hinzu (dadurch erhältst du eine zusätzliche Information). Das ist genauso wie beim Erlernen einer Sprache: Man fängt mit einfachen Sätzen an, die nur aus Verb und Substantiv bestehen, und kümmert sich erst dann um die Adjektive.

In der untenstehenden Auflistung arbeiten wir mit dreistelligen Zahlen, weil das Gehirn Zahlen, die sich wiederholen, als Muster registriert. Sobald du diese Muster siehst und bewusst erkennst, wird dir klar, dass sie geheime Botschaften für dich enthalten.

111 steht für einen Neuanfang, eine einzelne Linie. Achte darauf, was du gerade planst. Welche Ideen für mögliche Veränderungen in deiner nahen Zukunft schweben dir zurzeit vor? Hast du gerade daran gedacht, dir eine neue Stellung zu suchen, ein Buch zu schreiben, dich in einem Fitnessstudio anzumelden, als du diese Zahlenfolge sahst? 111 ist ein Zeichen dafür, dass dieses *Neue*, das dir im Kopf herumgeht, eine positive Veränderung sein wird.

222 steht für den jetzigen Augenblick, für Dualität, Entscheidungen und zwei Linien, die zusammen einen Kreis

bilden können. Die Zahl 2 steht für zwei Teile deines Egos (Opfer und Tyrann), zwei Teile deiner Seele (geheilt und ungeheilt) und zwei Teile von dir (schöpferisch und zerstörerisch). Die Entscheidung, welchen dieser beiden Teile du verkörpern möchtest, liegt stets bei dir.

Wenn du die Zahl 2 siehst, solltest du darauf achten, was für Gedanken dir gerade durch den Kopf gehen, denn es ist wichtig, dich später noch daran zu erinnern, woran du gedacht hast, als dir diese Zahl auffiel. Höchstwahrscheinlich handelt es sich dabei um eine Idee, zu der du zunächst einmal eine Entscheidung treffen musst, um sie weiterentwickeln zu können. Das solltest du nicht auf die lange Bank schieben: Triff deine Entscheidungen aus dem Herzen heraus und setze sie dann auch um. Bei der Zahl 2 geht es nicht ums Planen, sondern eher darum, im jetzigen Augenblick zu bleiben und dich um alles zu kümmern, was gerade auf dich zukommt.

333 steht für Bewusstheit. Diese Zahl ist ein Katalysator: drei Linien, die zusammen ein Dreieck bilden. Sie steht für die Verbindung zwischen Vergangenheit, Gegenwart und Zukunft. Wenn diese Zahl auftaucht, solltest du darauf achten, was für ein wichtiges Ereignis gerade in deinem Leben stattfindet, wie dieses Ereignis von der Energie deiner Vergangenheit und Gegenwart beeinflusst wird und wie es deine Zukunft prägen könnte. Gibt es irgendetwas aus deiner Vergangenheit oder aus früheren Existenzen, was du heilen musst, damit dieses Ereignis gut ausgehen kann? Bist du beispielsweise gerade im Begriff, zu heiraten oder ein neues Unternehmen zu gründen? Siehst du plötzlich überall die Zahlenfolge 333? Gibt es etwas aus der Vergangenheit, was geheilt werden muss, um dir eine fantastische Zukunft zu ermöglichen?

Wenn du die Zahl 3 siehst, solltest du daran arbeiten, deine Vergangenheit zu heilen und dir Ziele für die Zukunft zu setzen, dabei aber gleichzeitig bewusst in deinem Körper präsent sein. Sobald du Klarheit und Heilung in deine Vergangenheit gebracht hast, kann dein zukünftiges Ich dich mühelos auf den richtigen Weg führen, um die Zukunft zu erschaffen, die du dir wünschst. Denke daran: Bewusstes Arbeiten in der Gegenwart ist der Katalysator, für den die Zahl 3 steht.

444 steht für spirituellen und physischen Reichtum – je nachdem, woran du gerade gedacht hast, als dir die Zahl 4 ins Auge fiel. Wenn du dir zum Beispiel gerade Sorgen über deine Finanzen machst und dich zu einem Kurs oder einer Fortbildung anmelden möchtest, aber nicht sicher bist, ob du dir das leisten kannst oder ob dir diese Maßnahme zu mehr Reichtum verhelfen wird, ist die Zahl 4 ein gutes Omen: Sie bestätigt, dass dein Vorhaben dir zu mehr Reichtum verhelfen wird. Doch diese Zahl steht nicht nur für finanzielle Dinge, sondern ganz allgemein für Reichtum und Fülle. Wenn du darüber nachdenkst, ob dein Handeln dir solchen Reichtum bringen wird, und dann die Zahl 4 siehst, ist das ein eindeutiges *Ja*.

555 steht für eine tiefgreifende Wandlung. Die Zahl 5 deutet darauf hin, dass in deinem Leben gerade eine größere Veränderung stattfindet und du jetzt eine Chance hast, deine Denk- und Verhaltensmuster in etwas Neues, Besseres, Positiveres zu verwandeln. Sie kann ein Zeichen dafür sein, dass jetzt die dunkle Nacht deiner Seele kommt – dass du bereit bist, dein altes Ich *sterben* zu lassen, damit dein neues Ich geboren werden kann. Übe, dich sicher und geborgen zu fühlen, werde eins mit dem Universum und vertraue auf die Führung deines höheren Selbst.

666 steht für eine bewusste Zusammenarbeit zwischen deinem Ego und deiner Seele. Diese Zahl zeigt dir die Wahrheit, du musst nur bereit sein, sie zu sehen. Sie ist eine Zahl der Dualität, weil sie in zwei gleiche Teile – zwei Dreiecke – aufgeteilt werden kann. Die 6 zeigt dir an, dass du Täuschung und Betrug bewusst erkennen kannst – aber auch, dass die Gefahr einer Täuschung besteht, die du *nicht* siehst. Manche Menschen halten die 6 für eine Unglückszahl, weil sie lieber die Augen vor der Wahrheit verschließen möchten.

Wenn du die Zahl 6 siehst, bedeutet dies, dass du dich gerade bewusst mit deinem höheren Selbst in Einklang bringst. Du musst lernen, deine Intuition zu entwickeln und darauf zu vertrauen. Wie steht es zum Beispiel mit deinen Geistführern: Folgst du dem Weg des Lichts oder der Dunkelheit? Wer sind deine Geistführer? Verlass dich nicht einfach nur darauf, was sie dir erzählen, sondern stelle sie auf die Probe und verlass dich auf deine Intuition. Zum Beispiel: Wenn du an deinem Arbeitsplatz einen neuen Vorgesetzten bekommst und die Zahl 6 siehst, kann das ein Warnsignal dafür sein, dass es irgendetwas gibt, was du über deinen neuen Chef wissen solltest. Du musst also jetzt herausfinden, was das ist. Vertraue darauf, dass du bereit bist, die Wahrheit zu erkennen, und bitte deine Geistführer, dir dabei zu helfen. Vielleicht hast du Angst, dass diese Veränderung eine Gefahr für deinen Job darstellen könnte; doch möglicherweise werden deine Geistführer dir zeigen, dass dein neuer Chef genauso nervös ist wie du und ebenfalls Angst davor hat, seinen Job zu verlieren, wenn er sich in seiner neuen Position nicht bewährt. Oder sie zeigen dir, dass das, was du da spürst, das Ego deines neuen Vorgesetzten ist, der beweisen möchte, dass er das Sagen hat und Veränderungen einfach durchsetzen wird, auch wenn er anderen Menschen damit schadet. Im ersteren Fall (dein neuer Chef ist einfach nur nervös) kannst du ihm helfen, indem du ihm das Gefühl gibst, willkommen zu sein, damit er sich ein bisschen mehr entspannt. Im zweiten Fall (sein Ego ist das Problem) kannst du dir überlegen, wie du jetzt vorgehen sollst.

777 steht dafür, deinen spirituellen und deinen physischen Körper miteinander in Einklang zu bringen. Es gibt 7 Hauptchakras, 7 plejadische Schwestern und 7 Wochentage. Wenn du die Zahl 7 siehst, bedeutet das, dass du dich jetzt physisch und spirituell auf deine Lebensmission einstellst. Versuche dich daran zu erinnern, woran du beim Anblick dieser Zahl gerade gedacht hast. Das kann dir einen guten Eindruck von deiner Lebensaufgabe vermitteln.

888 steht für die Unendlichkeit und dafür, ein neuer Mensch zu werden. Außerdem repräsentiert diese Zahl die bedingungslose Liebe Gottes. Sie ist ein Füllhorn inneren und äußeren Reichtums. Die Zahl 8 ist wie eine kleine Postkarte aus deiner Heimat, die dir sagt, dass du mehr geliebt wirst, als du erwartet hattest. Dein Leben ist ein Quantenfeld unbegrenzter Möglichkeiten, und die Zahl 8 ist ein Tor zu diesem Feld. Wirst du es wagen, auf diesem Feld zu spielen?

999 steht für das Ende eines Zyklus. Wenn du eine 9 siehst, geht gerade irgendetwas zu Ende, und du hast jetzt die Chance, diesen Zyklus oder dieses Muster so zu beenden, dass du ihn nicht noch einmal zu wiederholen brauchst. Wenn du immer wieder die Zahl 9 siehst, solltest du dir bewusst machen, was in deinem Leben gerade zu Ende geht. Das kann ein Projekt, ein Auslandsaufenthalt, eine Scheidung, eine berufliche Stellung oder irgendetwas anderes sein. Lass dein Leben an deinem inneren Auge vorüberziehen. Verzeihe alles, was in der Vergangenheit nicht so gut gelaufen ist, sende allen Beteiligten bedingungslose Liebe und erleuchte damit den neuen Weg, der vor dir liegt. Setze dir neue Ziele für einen Kreislauf mit höherer Schwingung, der jetzt auf dich wartet.

Die Sintflut

Nach dem Untergang von Atlantis war das Leben nie wieder so, wie es während der Blütezeit des Atlantischen Reichs gewesen war. Die Sternenwesen wurden voneinander getrennt, manche Gruppen kapselten sich völlig von den anderen ab. Jeder konzentrierte sich auf die Arbeit, die ihm wichtig war. Für diejenigen, die sich für den Weg des Lichts entschieden, bestand die wichtigste Aufgabe darin, ihr Wissen für künftige Generationen zu bewahren.

Es dauerte ziemlich lange, die intergalaktischen Kommunikations- und Verkehrssysteme, die nach der Zerstörung von Atlantis verloren gegangen waren, wiederaufzubauen. Als der Rat des Lichts entdeckte, was auf der Erde passierte, war er sehr ungehalten, ordnete sofort die vollständige Evakuierung sämtlicher Außerirdischer von der Erde an und befahl, das Projekt der gentechnischen Weiterentwicklung menschlichen Lebens zu beenden.

Der Rat des Lichts überlegte sogar, ob man die Erde – und alle Außerirdischen, die dort lebten – nicht völlig vernichten solle, sofern seinem Beschluss nicht Folge geleistet wurde. Die Mitglieder des Rats sprachen von der Zerstörung Maldeks und davon, dass die Erde der nächste Planet sein könnte, dem so etwas widerfährt. Das mag grausam klingen, aber selbst der Rat des Lichts untersteht einer anderen, höheren Autorität, der er Rechenschaft schuldig ist. Es war ein Verstoß gegen *das Gesetz*, die Evolution der Geschöpfe Gottes zu beschleunigen. Es gibt keine Aktion ohne Reaktion. Die künstliche Weiterentwicklung des Lebens auf der Erde konnte dem Universum nützen, es jedoch auch zerstören.

Die Außerirdischen, die dem Weg des Lichts folgten, baten den Rat des Lichts, die Menschheit zu retten und ihr eine faire Chance für ihre zukünftige Weiterentwicklung zu bieten.

Schließlich war es *unser* kollektiver Fehler gewesen, die Erde für diese Experimente zu missbrauchen.

Nach langen Diskussionen, bei denen wir immer wieder Delegationen zum Rat des Lichts entsandten, kamen wir letzten Endes zu einem Kompromiss: Es sollte eine große Reinigungsaktion (die Sintflut) stattfinden, die den Menschen eine Chance geben würde, unter strenger Überwachung eines anderen Planeten zu überleben und zu gedeihen, wobei der Rat des Lichts diese Operation genau im Auge behalten sollte.

Man einigte sich darauf, dass die Menschen – entweder als Individuen, in Gruppen oder als gesamte Menschheit – zu uns auf unsere Heimatplaneten kommen durften, wenn ihnen dieser Aufstieg gelang. Dort würden wir sie als gleichwertige Wesen der Liebe und des Lichts willkommen heißen.

Das könnte man als den Anfang des *Spiels des Lebens* bezeichnen, des *Game of Life* – denn genau so hat sich die Situation weiterentwickelt. Stell dir ein Brettspiel mit sieben Hauptterritorien vor, die unter dem Einfluss anderer Reiche – verschiedener außerirdischer Familien – stehen. Die Fragen, auf deren Beantwortung wir warten, lauten: »Wer wird gewinnen? Wofür werdet ihr euch entscheiden: für eure Sternenwesen-DNA oder eure tierische DNA? Wird eure Psyche es euch erlauben, zu akzeptieren, zu verzeihen und einen Weg bedingungsloser Liebe zu gehen? Könnt ihr die Wahrheit verkraften? Oder werdet ihr den Einflüssen der dunklen Seite erliegen?«

Wie du wahrscheinlich bereits aus uralten Quellen weißt, haben zur Zeit der Sintflut alle Außerirdischen die Erdoberfläche verlassen. Wir hatten nämlich ein Abkommen mit dem Rat des Lichts geschlossen, nach dem keine Götter (Außerirdische) mehr unter den Menschen leben durften. Und die Außerirdischen zeigten sich den Menschen auch nicht, um sicherzugehen, dass diese keine falschen Götter verehrten. Damit hatten die Menschen eine Chance, Gott in sich selbst zu finden.

Doch wir durften immer noch im Inneren der Erde leben, um die Menschheit zu beaufsichtigen. Unser Hauptziel bestand darin, uns um die Erde und den Surrogatgott Kristall zu kümmern, denn damit die Menschen überleben konnten, musste unsere DNA im Kristall verankert bleiben. Ohne die Energie des Surrogatgotts Kristall würde die Menschheit aussterben, weil die Seelenenergie des Menschen ohne Bindung an das physische Reich nicht überleben konnte. »Aber warum konnte man denn nicht einfach das Kristall zerstören und all diese Seelen befreien?«, wirst du dich jetzt vielleicht fragen. Die Antwort auf diese Frage ist nicht sehr erfreulich: Wenn das Kristall zerstört wird, bevor die Seelen in höhere Bereiche aufsteigen, bleiben die Seelen, die sich nicht weiterentwickelt haben, in niedrigeren Dimensionen gefangen – inmitten von Wesenheiten wie denjenigen, die damals in die irdische Welt eindrangen, als die Dimensionen nach der Zerstörung von Atlantis aufgerissen wurden.

Seit der biblischen Sintflut können wir euch nur helfen, der Menschheit Wissen zu vermitteln, indem wir entweder eure Geistführer werden und auf diesem Weg zu euch sprechen oder uns in einem menschlichen Körper inkarnieren und zum Seelenlehrer werden.

Erinnerst du dich noch an die sieben Territorien? Denke nun einmal an die vielen Geschichten zurück, in denen der sogenannte »Gott« bestimmten Menschen erschienen ist, ihnen dabei aber niemals seine Identität offenbarte und ihnen riet, nur einem Gott zu folgen und nicht auf andere Götter zu hören, weil es sonst zu einer großen Zerstörung auf der Erde kommen würde. Das Spiel des Lebens muss ausgewogen sein, und da die Erde eine Dimension der Dualität ist, hat der Rat des Lichts sowohl der Dunkelheit als auch dem Licht das Recht eingeräumt, auf der Erde zu agieren, weil es sich dabei um »Zwillingsflammen« handelt! Der einzige Weg zur Heilung besteht darin, diese beiden Gegenpole miteinander zu vereinen. Keiner von beiden ist besser als der andere. Du kannst deinen Weg zurück nach Hause nur durch Wissen und Heilung deiner Seelenverletzungen finden.

Die Inkarnation in einem menschlichen Körper hat Vor- und Nachteile. Für ein Lichtwesen ist es nicht immer angenehm, in einem solchen Körper zu leben. Dabei müssen wir uns an strenge Regeln halten. Seit der Sintflut können wir uns nur in menschlichen Körpern inkarnieren, die die Annunaki damals auf gentechnischem Weg erschaffen hatten. Da der menschliche Körper nur eine begrenzte Lebensdauer hat, könnt ihr euch nicht mehr an frühere Inkarnationen erinnern – denn vor der Geburt muss eure Seele den Fluss des Vergessens durchqueren. Der physische Körper wird von tierischer DNA beherrscht und wächst häufig in von Menschen geschaffenen Gesellschaften auf, in denen Regeln und Gesetze herrschen, die ebenfalls von Menschen aufgestellt wurden und der Seele schaden können.

Wir halten euch, unsere Brüder und Schwestern – alle menschlichen Wesen, die mit unserer Botschaft und unserer Frequenz mitschwingen, die den Sprung ins kalte Wasser gewagt und sich auf der Erde inkarniert haben, um der Menschheit zu helfen –, für die tapfersten Seelen in der Galaxis!

Ihr seid HELDEN! Und wir sind hier, um euch mit bedingungsloser Liebe zu überschütten.

Während der Jahrtausende, die ihr schon auf dieser Erde lebt, wurdet ihr in vielen Existenzen gefoltert, missbraucht und umgebracht – und das nur, weil ihr an eure Mission glaubt, den Menschen zu dem Wissen zu verhelfen, dass sie Kinder Gottes sind. Wir sind hier, um euch den Weg auf eurem Spielbrett zu erleuchten, damit ihr die goldene Treppe in Form der Fibonacci-Spirale erkennen könnt, die euch an die Ziellinie bringt.

Wenn euch dieser Aufstieg gelingt, werden die Eigenschaften, die eure tierische DNA mit sich bringt, gebändigt. Jeder von euch wird eine wunderbare Bereicherung für das Leben der Außerirdischen sein. Es wurden Mysterienschulen gegründet, um euch bei diesem Aufstieg zu helfen. Das Experiment der Maya hat gezeigt, wie erfolgreich solche Schulen sein können.

Kara (Akasha-Chronik)

Und nun wollen wir euch erklären, wie sogar Wesen, die den Weg des Lichts gewählt hatten, trotzdem auf den Weg der Dunkelheit geraten konnten.

Bevor das Leben in der irdischen Dimension zu Karas seelischem Zusammenbruch führte, war sie eine echte plejadische Frohnatur gewesen und hatte fest daran geglaubt, dass sich alles ändern könne, wenn man die bedingungslose Liebe Gottes erlebt. Ihre Seele wollte unbedingt, dass sie sich an diesen Glauben erinnerte, damit sie ihn in ihrem irdischen Leben verkörpern und den Menschen Liebe und Licht bringen konnte.

Kara war ein plejadisches Wesen, das auf dem Planeten Elektra lebte. Vor ihrer Ankunft auf der Erde hatte sie keinerlei Erfahrung mit Energien niedriger Frequenz gehabt. Ihre Seele war sanft und liebevoll. Sie sandte bewusst die Frequenz bedingungsloser Liebe aus und war sehr naturverbunden. Kara glaubte allen Ernstes daran, dass alles gut ist. Sie vertraute und glaubte jedem.

Kara kam während des Atlantischen Zeitalters auf die Erde. Sie war eine Heilerin, die Pflanzenheilkunde und verschiedene andere Heiltechniken praktizierte. Ihre Seele entwickelte diese heilenden Fähigkeiten während ihres Aufenthalts in der irdischen Dimension. *Die Seele heilen zu können, ist eine besondere Gabe der Plejader.* Eine von Karas Lebensaufgaben in Atlantis bestand darin, den Wesen zu helfen, die sich um Pflanzen und Bäume kümmerten. Einige dieser Pflanzen und Bäume waren von verschiedenen Planeten im Universum auf die Erde gebracht worden, damit wir ein paar schöne Erinnerungen an unsere Heimat hatten. Aus vielen Pflanzen wurden Arzneimittel für Außerirdische hergestellt.

Der Planet Elektra ist für seine heilkräftigen Bäume und magischen Wesen wie beispielsweise Elfen und Feen bekannt, die in den Wäldern von Elektra leben. Als Kara auf die Erde kam, begegnete sie häufig Feen, Drachen, Elfen und verschiedenen anderen guten Lichtwesen. Sie wusste, wie man ins Innere der Erde gelangt. Doch leider wurden diese magischen Wesen um die Mitte des Atlantischen Zeitalters von manchen anderen ego-besessenen Sternenwesen (wegen ihrer besonderen Energie) erbarmungslos gejagt.

Als Kara nach Atlantis kam, waren die gentechnischen Experimente dort gerade in vollem Gang und wurden von den Neuankömmlingen nicht in Frage gestellt. Karas tierische DNA stammte von Fischen/Amphibien.

(Bitte beachte, dass wir bei unserem ursprünglichen Projekt zur Veränderung unserer außerirdischen Körper keine DNA von Primaten verwendeten. Primaten-DNA wurde erst später zur Schaffung von Menschen genutzt, wie ihr sie heute kennt.)

Ungefähr zweitausend Jahre vor der Zerstörung von Atlantis wurde Kara (wegen ihrer besonderen Fisch/Amphibien-DNA) dazu eingeladen, nach Mesopotamien überzusiedeln. Der Grund für diese Umsiedelung lag in der Arbeit, die sie dort verrichten sollte, so wie auch viele von euch heutigen Menschen aus beruflichen Gründen woanders hinziehen. Kara beschloss, sich entweder in Ägypten oder Sumer niederzulassen. Die Annunaki überredeten sie dazu, nach Sumer zu gehen, weil sie dort – wie sie ihr erklärten – viel dringender gebraucht würde, da viele Wesen unter Nebenwirkungen der Genexperimente litten. Also wählte Kara diesen Weg, um den Wesen dort dienen zu können. Damals ahnte sie noch nicht, was ihr in Sumer widerfahren würde, und hörte auch nicht auf andere, die ihr rieten, doch lieber nach Ägypten zu ziehen. Sie hatte das Gefühl, sich in Sumer niederlassen zu müssen, um den Wesen zu helfen, die dort in Not waren.

Da Kara ahnte, dass das ein schwieriger Weg werden würde, blieb sie heimlich mit den Bewohnern Ägyptens in Kontakt. Diese Verbindung half ihr, ihre Energie stark und lebendig zu erhalten, damit sie den Wesen, die danach dürsteten, ihr Wissen vermitteln konnte. Ihre Seelenheilungsmission bestand darin, andere Wesen über das menschliche Ego aufzuklären, damit sie die Macht ihrer Seele finden und sich weiterentwickeln konnten.

Während ihres Lebens bei den Annunaki hatte Kara einige sehr schlimme Ereignisse miterlebt. Eines dieser Erlebnisse, denen wir in unseren Sitzungen nachspürten, war ihr Wissen um den sexuellen Missbrauch von Menschen. Manche Annunaki nutzten Sex als Werkzeug, um Macht auszuüben und anderen Angst einzuflößen. Kara erhob ihre Stimme gegen diese Missetaten und wurde daraufhin des Verrats an den Annunaki beschuldigt. Die meisten Annunaki strebten nach uneingeschränkter Macht: Entweder man war für sie oder gegen sie. Und so wurde Kara ihre *göttliche* Position entzogen, und sie wurde fortgeschickt, um unter den Menschen zu leben. Aber leider waren auch die Menschen nicht gut zu ihr, weil sie anders war als sie. Kara wurde vergewaltigt und misshandelt. Übrigens war sie nicht die Einzige, die nicht mit dem Verhalten der Annunaki einverstanden war und der es nicht rechtzeitig gelang, zu fliehen – außer ihr erlitten noch viele andere dieses Schicksal. Kara starb eines gewaltsamen Todes.

Ihre Seele erinnerte sich an dieses Leben in Sumer, an die obszönen Sexrituale der Annunaki und an die Angst, die die Annunaki-Götter und die Menschen ihr damals eingeflößt hatten. Ihre Seele befand sich immer noch in einem Schockzustand: Sie begriff nicht, wie diejenigen, denen sie vertraut und die sie geliebt hatte, ihr etwas so Furchtbares antun konnten. Das war die erste Seelenverletzung, die sie auf der Erde erlitten hatte. Ihre Seele schrie förmlich: »Warum bin ich bloß hierhergekommen?«

Cindy

Bei meiner Sitzung mit Cindy (Kara) konnte ihre Seele sich nicht mehr daran erinnern, dass sie ein plejadisches Wesen war. Unbewusst befürchtete sie, ein schlechter Mensch zu sein. Ihre Seele fühlte sich so wertlos, dass sie ihre Fähigkeiten nicht nutzen konnte, weil ihre Seele glaubte, sie könne damit womöglich jemandem Schaden zufügen. Das war nur eine Seelenerinnerung an ihr Leben bei den Annunaki, es gab aber auch andere Erinnerungen, die zeigten, welch erstaunliche Arbeit ihre Seele geleistet hatte.

Cindy erzählte mir, dass sie sich mit Spiritualität befasste und versuchte, verschiedene Energieheilungsmethoden zu erlernen. Anfangs hatte sie das fasziniert, doch später kam es ihr sinnlos vor. Ihr menschliches Ego entmutigte sie immer wieder und hielt sie davon ab, ihre angeborenen Fähigkeiten weiterzuentwickeln und zu nutzen, weil es glaubte, dass ihre Seele ein solches Leid, wie sie es damals durchgemacht hatte, nicht noch einmal verkraften würde. Denn euer Ego weiß natürlich nicht, dass ihr die Vergangenheit nicht zu wiederholen braucht, wenn ihr tapfer genug seid, euch weiterzuentwickeln. Die Plejader brachten Cindy ein paar Seelenheilungsübungen bei und erfüllten sie mit bedingungsloser Liebe, so dass sie allen verzeihen und ihre Seele wieder zum Strahlen bringen konnte.

Seelenheilung

1. Akzeptiere dein Versagen in Atlantis oder beim Erdprojekt. (Wir alle haben damals versagt.)

Erlaube dir, dieses Versagen zu akzeptieren. Daran ist überhaupt nichts Schlimmes, und außerdem ist das alles längst vorbei. Wie lange willst du dich noch dafür bestrafen? Dir ist längst verziehen worden. Jetzt musst du nur noch dir selbst und allen anderen Beteiligten verzeihen.

Wenn du in deinem Herzen spürst, dass du ein Sternenwesen in einem menschlichen Körper bist, schau in den Spiegel. Blicke dir tief in die Augen und sprich zu deiner Seele. Mach dir bewusst, dass du schon Jahrtausende, wenn nicht gar Jahrmillionen alt bist. Akzeptiere, dass du ein außerirdisches Wesen in einem menschlichen Körper bist. Sage dir, dass du bereit bist, dich an deine wahre Identität zu erinnern. Bitte dein höheres Selbst darum, dir bei dieser Reise zu helfen.

2. Widerrufe den Eid, den du den Annunaki geleistet hast.

Sprich laut aus: »*Hiermit sage ich mich mit der Willensfreiheit meiner Seele von dem Treueeid los, den ich den Annunaki und allen anderen Wesen, die meinen freien Willen einschränken, damals geleistet habe, und fordere die Macht meiner Seele zurück. Das Blut, das durch meine Adern fließt, gehört zu meinem Körper. Mein Körper ist ein Gefäß für mein höheres Selbst. Hiermit widerrufe ich alle Blutverträge, die in meiner Vergangenheit geschlossen wurden, und gewinne die hundertprozentige Kontrolle über mein Schicksal zurück.*«

3. Erfülle dich mit bedingungsloser Liebe.

Sprich laut aus: »*Ich rufe die höchste Energie des Ursprungs aller Dinge/Gottes an und bitte diese Energie, mit mir und meinem höheren Selbst in Verbindung zu treten und mich mit bedingungsloser Liebe zu erfüllen. Ich spüre, wie bedingungslose Liebe in meinen ganzen Körper hineinfließt. Ich sende bedingungslose Liebe in meine Aura hinein. Falls sich eine negative Energie oder Wesenheit an mich angeheftet haben sollte, lasse ich auch in diese Energie oder Wesenheit bedingungslose Liebe hineinströmen und bitte die Familie des Lichts, ihr zu helfen und sie nach Hause zu geleiten.*«

Dann sprichst du der Familie des Lichts deinen Dank aus und gehst an dein Tagewerk. Der Trick dabei besteht darin, um bedingungslose Liebe zu bitten und auf physischer Ebene zu spüren, wie diese Liebe von Kopf bis zu den Zehen in deinen Körper hineinfließt. Wenn du daran glaubst, mit der universalen Liebe in Verbindung zu stehen, wirst du diese Liebe auch spüren. Vielleicht erfordert das ein bisschen Übung, aber es ist auch nicht viel schwieriger, als eine Zitrone vor dir zu sehen und dabei ihren sauren Geschmack auf der Zunge zu spüren, ohne tatsächlich in die Zitrone hineinzubeißen. Mit der bedingungslosen Liebe ist es ganz ähnlich: Wenn du daran glaubst, kannst du sie auch spüren.

Denke daran, dass bedingungslose Liebe die höchste heilende Energie ist, die es gibt. Sie ist die Essenz deines Seins, die du (wenn es überhaupt nach dem Willen anderer geht) am liebsten vergessen solltest.

9

Geburt und Tod Jesu Christi

Seit der Zerstörung von Atlantis sind Jahrtausende vergangen, und du hast inzwischen mehrere Inkarnationen durchlebt – einige davon waren fantastisch, andere grauenvoll. Und dann kam endlich der sehnsüchtig erwartete Zeitpunkt der großen Veränderung: die Geburt Jesu Christi. Ob du nun daran glaubst, dass der Sohn Gottes tatsächlich auf die Erde gekommen ist, oder nicht, spielt keine Rolle. Zumindest solltest du dir aber darüber im Klaren sein, dass das *eine wichtige Etappe in deiner Geschichte* war, in der du deine *zweite große Seelenverletzung* davongetragen hast. Leben und Tod Jesu Christi führten zur Entstehung mehrerer Religionen, die leider zu dem Zweck missbraucht wurden (und immer noch werden), im Namen Gottes und Jesu Macht über die Menschen auszuüben, statt sie zu befreien. Und so nahm ein Ereignis, das die Plejader aufgrund einer göttlichen Inspiration geplant hatten, um die Angst aus der Welt zu schaffen und durch bedingungslose Liebe zu ersetzen, eine verhängnisvolle Wendung.

Die Abkömmlinge der Atlanter

Die alten Atlanter und die »Kinder des Gesetzes des Einen« erhielten ihre Energie, ihr Wissen und ihre Traditionen heimlich am Leben, um sie von Generation zu Generation weitergeben zu können. Das Leben nach der Sintflut war schwierig. Jetzt konnten wir den Menschen nicht mehr mit unseren hochentwickelten Technologien helfen. Die spirituelle und physische Weiterentwicklung verlangsamte sich, und wir mussten uns in die natürliche Evolution des Lebens auf der Erde hineinfinden. Die Menschen waren durch verschiedene Sprachen und religiöse Überzeugungen, durch Geld, Angst, Liebe und Hass voneinander getrennt. Ihr physischer Körper funktionierte wie vorgesehen nach dem Programm des Überlebens und der Fortpflanzungsmöglichkeit, die ihm eingepflanzt worden waren. Alle Außerirdischen, die auf der Erde leben wollten, mussten in einen menschlichen Körper hineingeboren werden, der (wie ihr inzwischen wisst) ursprünglich von den Annunaki auf gentechnischem Weg geschaffen worden war. Zu diesem Zeitpunkt waren bereits viele Außerirdische im Reinkarnationskreislauf gefangen, da sie beschlossen hatten, nach der Zerstörung von Atlantis auf der Erde zu bleiben.

Um unsere atlantische Energie im Fluss zu halten, nutzten wir geheime spirituelle Praktiken, mit deren Hilfe wir höherentwickelte Seelen in physische Körper hineinholen konnten, um unsere Seelenerinnerungen zu wecken. Außerdem versuchten wir uns in Familien zu inkarnieren, die zu unserer

Schwingungsfrequenz passten und uns bei der Erfüllung unserer Lebensaufgaben unterstützten. Wir alle besuchten Mysterienschulen, an denen wir etwas über das Ego und die Weiterentwicklung der Seele erfuhren und lernten, die Einschränkungen, die unsere tierische DNA uns auferlegte, zu überwinden. Auf diese Weise sollten die Seelen über die Dualität der irdischen Dimension hinauswachsen und sich wieder mit ihren Seelenfamilien im Universum vereinen. Wir zeigten euch, wie man den Weg des Lichts geht, und hinterließen viele alte Dokumente und Energiespuren auf der Erde, damit andere unserem Weg folgen können.

Doch da wir nur Geschichten und Lehren an euch weitergeben konnten, gab es mit der Zeit immer weniger Meister, Mysterienschullehrer und Gläubige. Alle spektakulären Informationen mussten geheim gehalten werden, denn dafür hätten diejenigen, die unter dem Joch ständiger Angst lebten, euch womöglich gesteinigt.

Allmählich wurde die männliche Ego-Energie immer mächtiger. Einige von uns erlagen den Verlockungen der dunklen Seite und verließen unsere Gemeinschaft. Wir alle vermissten unser Leben in Atlantis und unsere Heimat im Universum. Manchmal erschien uns dieses Leid unerträglich, so wie ihr es auch heute oft empfindet. Wir gestalteten unser Leben so einfach wie möglich. Mehrere unabhängige weibliche Stämme entstanden, um ihre Territorien und ihr Wissen zu schützen. Weibliche Energie lässt sich nicht so leicht korrumpieren; also vertrauten wir auf die göttliche Führung und ließen uns von unseren Schwestern durch einige sehr finstere Zeiten hindurchführen. Die Männer, die in unseren Stämmen lebten, heilten ihr Ego und lebten in harmonischem Einklang mit den weiblichen Anführerinnen. Die Männer und Frauen, die zu den »Kindern des Gesetzes des Einen« gehörten, waren in ihrem Herzen und ihrem Geist miteinander verbunden und durch das

Band bedingungsloser Liebe vereint. Wir wandten uns der Natur zu, blieben mit den im Inneren der Erde lebenden Wesen in Kontakt, brachten *keine* Tier- oder Menschenopfer dar und erhielten unsere Körper und Seelen so rein wie möglich. Wir, die Plejader (und viele andere), blieben auf der Erde, um euch als Brüder und Schwestern zur Seite zu stehen.

Mithilfe unserer Gabe der Intuition und Telepathie blieben wir mit unseren Seelenfamilien im Universum in Verbindung, genau wie ihr mit uns – den Plejadern – Kontakt aufnehmen könnt, indem ihr auf unsere energetischen Botschaften hört, die in Worte übersetzt werden, welche ihr verstehen könnt. Damals erhielten wir die Anweisung, *Frequenzhalter* zu sein und unser gesamtes Wissen *schriftlich* festzuhalten, um es für künftige Generationen zu bewahren. Außerdem sollten wir Geduld haben und auf eine Zeit warten, die uns allen günstigere Bedingungen bieten würde.

Die Söhne Belials

Auch die Söhne Belials inkarnierten sich auf der Erde. Sie hatten ihre eigenen Propheten. Wie du siehst, entwickelte sich das Ganze zu einem Spiel – dem *Spiel des Lebens*. Wer wird gewinnen? Die dunkle Seite oder das Licht? Die Söhne Belials hatten das Gefühl, schon ziemlich viel in die Menschheit investiert zu haben; warum also sollten sie nicht versuchen, sie ganz unter ihre Kontrolle zu bekommen? Denke daran: Das Ego ist kontrollsüchtig, während die Liebe Freiheit schenkt.

An dieser Stelle möchten wir euch an die »Grundregeln« erinnern, die uns damals vorgegeben wurden: Kein Außerirdischer durfte auf sichtbare Weise in das Leben der Menschen eingreifen. Wir konnten nur Seite an Seite mit euch in einem menschlichen Körper leben (dazu mussten wir uns auf der

Erde inkarnieren) oder euch (mit eurem Einverständnis) zu Propheten machen und unsere Botschaften durch eure Körper channeln. Der Rat des Lichts nahm sich vor, sich (bis zum heutigen Tag) nicht in euer Leben einzumischen, es sei denn, die Menschen gefährdeten mit ihrem Handeln das außerirdische Leben im Universum.

Die Essener

Für uns spielen die Namen der spirituellen Gemeinschaften, die es damals gab, keine Rolle, aber euch können sie helfen, weil ihr dadurch eine ungefähre Vorstellung davon bekommt, wer ihr seid und wer ihr damals wart. Dieses Wissen kann euch bei der Heilung eurer Seelenverletzungen helfen.

Einige von euch erinnern sich noch an eine frühere Existenz als Essener. Vielleicht wirst du dich jetzt fragen, ob du Jesus Christus, Maria Magdalena, Anna oder einer der Jünger warst – doch genau das solltest du *nicht* tun. Eurer Seele ist es egal, welchen Namen oder welche Identität sie während eurer damaligen Inkarnation auf der Erde hatte. Ihr kommt es einzig auf die Mission an, die sie damals zu erfüllen hatte und auch heute noch erfüllen soll. Nur das Ego möchte sich anderen Menschen überlegen fühlen und redet dir daher vielleicht ein, dass du in der Geschichte deiner Erde eine wichtige Rolle gespielt hast, damit es dich in diesem Spiel gefangen halten kann. Wir dagegen versuchen dir klarzumachen, dass es völlig unwichtig ist, wer du früher einmal warst – ob du womöglich eine bekannte oder berühmte Persönlichkeit gewesen bist. Es kommt einzig darauf an, was du heute tust – *welche Schritte du unternimmst, um der Menschheit zu dienen, und was für eine Energiespur du hinterlassen wirst, der andere Menschen folgen können.*

Die Essener waren eine Gemeinschaft von Menschen, die in enger Verbindung mit der Essenz ihres Wesens lebten und reine Seelen hatten. Sie hätten problemlos den Weg des Aufstiegs wählen können, beschlossen aber trotzdem, auf der Erde zu bleiben. Die Essener waren Abkömmlinge der alten Atlanter – die »Kinder des Gesetzes des Einen«. Gott/der Ursprung von allem, was ist, forderte sie dazu auf, sich aus ihren im Verborgenen lebenden Gemeinschaften herauszuwagen und sich den Anhängern anderer damals existierender Religionen und Glaubensrichtungen zu zeigen, damit die Menschen, die für eine Veränderung bereit waren, sie leichter finden konnten. Damals standen die Planeten günstig für einen solchen Schritt, so wie auch das Jahr 2012 ein geeignetes Zeitfenster für eine größere Veränderung darstellte.

In einigen dieser essenischen Gemeinschaften hatten die Menschen insgeheim noch immer eine längere Lebensspanne, die mehrere hundert Jahre umfasste. Sie waren in die Geheimnisse der Unsterblichkeit eingeweiht, wussten vom Verjüngungstempel und kannten sich in Pflanzenheilkunde aus. Über die Wesen, die im Inneren der Erde lebten, standen sie außerdem mit den Mayas in Kontakt. *Doch die Essener haben ihr uraltes Wissen niemals missbraucht, sondern es nur genutzt, um der Menschheit zu dienen.* In gewisser Weise waren sie so etwas wie wandelnde Bibliotheken. Es war sehr klug eingerichtet, dass sie länger lebten als normale Menschen auf der Erde. Am Ende ihrer natürlichen Lebensspanne übernahm ihre Seele eine neue Mission und blieb einfach im selben physischen Körper, statt immer wieder neu inkarnieren zu müssen und zuvor einen Zustand des Gedächtnisverlustes zu durchlaufen. Außerdem dokumentierten die Essener die Geschichte vom Anbeginn der Zeit (bis weit vor der Entstehung der sumerischen Zivilisation). *In den nächsten Jahren werden alte Texte auftauchen, die dir helfen können, die Wahrheit zu entdecken.*

Die Essener (und später auch die Gnostiker) sind aus demselben Grund in die Menschheitsgeschichte getreten wie die Pyramiden in Ägypten: damit eure Seelen ihre Erinnerungen an die Energie zurückgewinnen, die ihr damals genutzt habt. Vielleicht werdet ihr euch nicht an alles erinnern, aber doch zumindest an die Lebensmittel, von denen ihr euch ernährt habt, an eure Kleidung, euren Umgang mit anderen Menschen in dieser Gemeinschaft und die Art, wie ihr dort behandelt wurdet. Wir hoffen, dass ihr euch an eure Haltung gegenseitigen Respekts und eure Mission, an bedingungslose Liebe, Hoffnung, Glauben und eure Visionen von einer Neuen Erde erinnert. Wenn auch nur Bruchteile davon wieder in eurem Gedächtnis aufsteigen, werdet ihr euch der wahren Essenz eures Wesens bewusst.

Jesus Christus

Nachdem die Gemeinschaft der Essener sich stabilisiert und für alle Menschen geöffnet hatte, die bereit waren, sich an ihre (in einer Haltung bedingungsloser Liebe aufgestellten) Regeln und Gesetze zu halten, wurden viele gutwillige Sternenwesen gebeten, auf die Erde zurückzukehren, um den Menschen bei der bevorstehenden Veränderung zu helfen. Damals sind viele von euch Sternenkindern diesem Aufruf gefolgt und auf die Erde zurückgekommen. Genau wie heute standet ihr auch damals der Herausforderung gegenüber, die menschliche Psyche und den physischen Körper zu verstehen, bevor ihr euch an eure angeborenen Fähigkeiten erinnern konntet.

Da wir euch alle helfen und die Weiterentwicklung eurer Seelen beschleunigen wollten, richteten wir es so ein, dass die Seele, die ihr Jesus Christus nennt, in die irdische Dimension eintrat, und zwar durch das gleiche heilige Ritual, wie es damals zur Zeit Meister Thoths in Ägypten praktiziert wurde (dabei handelte es sich um eine uralte atlantische Praktik): Die Körper und Seelen zweier essenischer Ältester, Maria und Josef, wurden dazu ausgebildet, höhere Schwingungsfrequenzen aufzunehmen und ihre Seelen rein zu erhalten. Nur so konnte die Seele eines plejadischen Wesens in den Mutterleib Marias eintreten, ohne dass gleichzeitig die vierdimensionale Energie des Himmels in den Körper der Muttergottes Eingang fand und ohne dass diese Seele den Fluss des Vergessens durchqueren musste, bevor sie auf die Welt kam. Dieses Ereignis war genau vorausgeplant. Maria wurde nicht von Aliens entführt und auch nicht im Schlaf von Gott geschwängert. Sie war eine Plejaderin in einem menschlichen Körper – ein Sternenkind, dessen erstes irdisches Leben in Lemurien stattgefunden hatte. Seitdem hatte sie sich mehrfach auf der Erde inkarniert.

Wir hatten für Jesus absichtlich eine männliche Gestalt ausgewählt, da Männer in der damaligen Zeit eine beherrschende Rolle spielten. Wir glaubten, dass es den Menschen leichter fallen würde, eine Beziehung zu einer männlichen in der Öffentlichkeit stehenden Führungsfigur aufzubauen als zu einer weiblichen; eine Frau wäre damals vielleicht schon bei ihrer ersten Rede an die Menschen umgebracht worden. Aber wir haben auch weibliche Wesen auf die Erde geschickt: beispielsweise Maria Magdalena, die Jesus heiratete, ihm Kinder gebar und später eine wichtige Rolle bei der Bewahrung des alten atlantischen Stammes spielte.

Jesus Christus und Maria Magdalena sind unter euch auf der Erde gewandelt, um euch zu zeigen, dass ihr ihnen ebenbürtig seid. Sie wuchsen in einer Gemeinschaft auf, die ihr spirituelles Wachstum förderte und sich um ihre körperlichen Bedürfnisse kümmerte. Sie brauchten keinen traditionellen Beruf zu erlernen, mit dem sie Geld verdienen konnten, das Menschen für das Überleben auf der Erde für notwendig halten, weil man sich damit Nahrung und ein Obdach verschaffen konnte. Seit ihrer

Kindheit hatte man den beiden beigebracht, nicht nur ihre menschliche, sondern auch ihre göttliche Seite zu erkennen und zu verstehen. *Man lehrte sie das Gleiche, was auch wir euch in diesem Buch zu vermitteln versuchen.* Ihr einziger Vorteil bestand darin, dass sie in eine Gemeinschaft hineingeboren wurden, in der dieses Wissen überall verbreitet war, und dass sie keine Seelenverletzungen hatten.

An dieser Stelle möchten wir euch darauf hinweisen, dass die Ehe zwischen Jesus Christus und Maria Magdalena nicht vom Schicksal vorherbestimmt war und dass ihre Eheschließung auch nicht von anderen Menschen arrangiert wurde. Sie folgten einfach der Stimme ihrer menschlichen Herzen und machten das Beste aus ihrem Leben auf der Erde. Es gibt vieles, was wir nicht beeinflussen können oder wollen. Jeder besitzt einen freien Willen. Du kannst diesem Weg leicht folgen, dabei gleichzeitig deine Seelenverletzungen heilen und verantwortungsbewusste Entscheidungen treffen.

Der wichtigste Seelenzweck von Jesus und Maria Magdalena bestand darin, zu beweisen, dass jeder so sein konnte wie sie. Sie haben euch gezeigt, dass ihr Kinder Gottes und letzten Endes Gott selbst seid, denn Gott wohnt in eurem Inneren. *Euer Körper ist ein Tempel für bedingungslose Liebe, und euer Herz ist die Kerze eures unendlichen Lichts.*

Die Essener strebten nicht danach, anderen Menschen überlegen zu sein, sie behandelten alle Geschöpfe gleich. Einige Essener besaßen die gleichen Fähigkeiten wie Jesus, aber äußerlich merkte man ihnen das gar nicht an. Sie akzeptierten und achteten alle Menschen so, wie sie waren, und hatten Respekt vor deren Entscheidungen – auch wenn diese nicht in ihrem besten Interesse lagen. Sie hätten niemals jemanden gezwungen, seinen Glauben zu ändern, ihm Angst eingeflößt oder auf irgendeine andere Weise versucht, Macht über ihn zu gewinnen. Sie führten euch zum Wissen hin, damit ihr euch von der Realität befreien konntet, die ihr in der damaligen Zeit erlebtet. *Ihr seid die Schöpfer eures eigenen Lebens und eures eigenen Schicksals.*

Jahr eins nach Christus

Der Tod Jesu Christi war nicht vorausgeplant gewesen, auch wenn das in manchen religiösen Texten vielleicht so steht. Die Söhne Belials empfanden die zunehmende Popularität der Essener als große Bedrohung, da die Menschen allen Ernstes glaubten, der Sohn Gottes wandle unter ihnen. Dagegen mussten sie etwas unternehmen.

Und so arbeiteten die Söhne Belials auf die Entstehung verschiedener Religionen und Geheimgesellschaften und auf die Kreuzigung Christi hin. Sie planten diese Ereignisse sehr genau voraus, um Macht über die Menschen zu erlangen. Jede Religion, jeder Glaube und jede spirituelle Praktik, die es auf der Welt gibt, trägt einen Funken göttlicher Wahrheit in sich. Es ist nicht alles Lüge. Doch wenn jemand dir einzureden versucht, du müsstest ein bestimmtes Leben führen, will er damit in Wahrheit nur Kontrolle über dich ausüben. Und wenn jemand dir prophezeit, dass dir etwas Schlimmes geschehen wird, wenn du dich nicht an bestimmte Regeln oder Vorschriften hältst, versucht diese Person dir damit nur Angst einzuflößen.

Natürlich ist das ein umstrittenes Thema. Daher lasst uns kurz erklären, wie die Essener in einer Haltung bedingungsloser Liebe mit aufgestellten Regeln und Gesetzen umgingen. Ihr hattet die Wahl, euch an diese Regeln zu halten und in der Gemeinschaft der Essener zu leben oder euch nicht daran zu halten, ihre Philosophie aber trotzdem gut zu finden. Ihr konntet euren eigenen Regeln folgen, leben, wo euer Herz es begehrte, und sie unterstützten euch dennoch. Die Plejader verlangten und verlangen auch nicht von euch, dass ihr alle Vegetarier, Veganer oder Fleischesser seid. Ihr wisst, dass Angehörige aller drei Gruppen von Menschen uns channeln können. Wir achten nicht darauf, was ihr im Magen habt, sondern wenden uns den Menschen zu, die reinen Herzens sind.

Aber kehren wir nun wieder zu unserem Thema zurück: dem ersten Jahr nach Christus. Als klar wurde, dass Jesus gekreuzigt werden würde, beschlossen die Essener gemeinsam, ihn nicht zu verstecken (obwohl ihnen das leicht möglich gewesen wäre), sondern der Menschheit bedingungslose Liebe zu zeigen. Die Seele Jesu war hundertprozentig geheilt. Er verzieh allen Menschen alles, was verziehen werden musste, und hielt alle in einer Frequenz bedingungsloser Liebe. *Jesus hat nicht für euch Menschen gelitten. Er musste nicht lange Schmerzen ertragen. Seine Seele war darin geschult, sich per Astralprojektion über seinen Körper zu erheben und von physischem Schmerz abzukoppeln.* Es dauerte drei Tage und drei Nächte. Die Zahl Drei ist ein Katalysator, auf den wir in diesem Buch immer wieder hingewiesen haben. Die Essener brauchten drei Tage, um die ganze Erde in eine Welle bedingungsloser Liebe einzuhüllen.

An diesen drei Tagen sendeten alle, die sich auf dem Weg des Lichts befanden, Jesus Christus bedingungslose Liebe. Jesus diente als *Torus* für diese Energie, die ins *Kristallgitter* der Erde hineinfloss, sich mit dem Surrogatgott Kristall verband und durch dessen Körper in die Plejaden (das Universum) hineinströmte. Drei Tage und drei Nächte lang floss die Regenbogenenergie bedingungsloser Liebe, um die Menschheit innerlich zu reinigen und zu läutern. Tief innerlich sehnen wir uns alle danach, geliebt zu werden – egal wer wir sind –, und so tat diese Energie allen Menschen gut, die sich Liebe wünschten oder Liebe brauchten. Diejenigen, die sich innerlich verschlossen, empfingen diese Energie nicht. *Energiearbeit beruht auf dem Gesetz der Willensfreiheit.*

Diese Energie wirkte sich sehr positiv aus. Jetzt geschah überall auf der Erde etwas ganz Erstaunliches: Endlich fanden die Herzen der Menschen zueinander (wenn auch nur für einen winzigen Augenblick) – denn jeder braucht Liebe. Obwohl sie unterschiedlichen Religionen, Glaubensrichtungen, Rassen, sozialen Schichten und Ländern angehörten, einigten sich letzten Endes ALLE Menschen darauf, nun das erste Jahr in dem Kalender beginnen zu lassen, den wir heute kennen. Natürlich haben eure Historiker eine logische Erklärung dafür, aber wir haben unsere eigene Erklärung: In Wahrheit hat die bedingungslose Liebe, die alle innerlich bereiten Seelen drei Tage lang in sich trugen, den Beginn der Zeitrechnung herbeigeführt.

Mit seinem Tod hat Jesus der Menschheit eine Chance für einen Neuanfang gegeben. Der Kern der Erde erstrahlte in bedingungsloser Liebe, und die Menschen – Erdenkinder ebenso wie Sternenkinder – empfingen ihre Seelenberufung, zu bedingungsloser Liebe, Frequenzhaltern und Kristallhaltern zu werden. In jeder Generation werden ein paar Menschen dazu aufgerufen, die Fackel der Liebe und des Lichts an die nächste Generation weiterzugeben. In der heutigen Zeit bitten wir euch *alle*, zu Frequenzhaltern (und Beschützern der Liebe und des Lichts) zu werden. Dadurch bleibt ihr nicht im Reinkarnationskreislauf gefangen, weil ihr euch am Ende eurer natürlichen Lebensspanne bewusst von dieser Aufgabe abkoppeln könnt.

Die Söhne Belials erzählten eine andere Geschichte über Jesus Christus, die dazu diente, Macht über die Mehrheit der Bevölkerung zu gewinnen – und sie mussten sich in den letzten zweitausend Jahren noch ein paar weitere finstere Szenarien ausdenken, um das Lächeln wegzuwischen, das wir an jenem Tag in unseren Herzen trugen.

An welche alten atlantischen Regeln und Gesetze hielten sich die Essener?

Die Dreiheit

1. Liebe, Güte und Mitgefühl
2. Respekt, Disziplin und Gesetze, die in einer Haltung der Liebe aufgestellt worden sind
3. Mit gutem Beispiel vorangehen, Spielraum für Experimente und für das Wachstum der Seele lassen

Trage bedingungslose Liebe im Herzen, respektiere die Entscheidungen deiner Mitmenschen und geh ihnen mit gutem Beispiel voran.

Sei gut zu dir selbst und zu anderen, halte dich an die Disziplin, die du in deinem Leben geschaffen hast, um körperlich und geistig gesund zu bleiben, und lass dir Spielraum für ehrliche Experimente, um herauszufinden, was gut für dich ist und was nicht.

Behandle das Leben mit Mitgefühl, stelle mithilfe der Energie der Liebe Regeln auf, um deine Ziele zu erreichen, und gib dir genügend Spielraum für das Wachstum deiner Seele.

Diese einfachen und doch wirksamen Regeln wurden in einer Haltung bedingungsloser Liebe zu deiner Seele entwickelt und lassen sich auf alle Aspekte deines Lebens anwenden. Ob es nun darum geht, eine gute Mutter, ein guter Vater, eine gute Schwester, ein guter Bruder, ein guter Mitarbeiter oder guter Unternehmer zu sein – das sind die Regeln, an die wir uns halten (und die wir euch Menschen an dieser Stelle ans Herz legen möchten).

Wenn dir diese Regeln sinnvoll erscheinen, wirst du sie in deinem Herzen und deiner Seele nachempfinden. Wenn nicht, empfehlen wir dir, weiterzusuchen, bis du die für dich richtigen Verhaltensweisen gefunden hast.

Die Heilung von Seelenverletzungen aus jener Zeit kann man durch die bloße Erkenntnis bewirken, dass Jesus Christus auf die Welt gekommen ist, um euch zu zeigen, dass ihr alle so seid wie er und genau die gleichen Fähigkeiten besitzt. Es gibt keine »besonderen« Menschen, und es gibt keine Menschen, die nicht »besonders« sind. Ihr seid alle eure eigenen Heiler und eure eigenen Gurus. Niemand sollte auf ein Podest gestellt und als etwas Besonderes verehrt werden. Es spielt keine Rolle, wer du in deinen früheren Existenzen gewesen bist. Es kommt nur darauf an, wer du heute bist.

Lausche nun einmal in aller Ruhe in dich hinein und frage dich nach dem Grund für deine Angst vor Religionen, Glaubensrichtungen und spirituellen Gruppierungen. Werde dir darüber klar, in welchen Etappen der Menschheitsgeschichte du das Gefühl hattest, von solchen Religionen oder Gemeinschaften unterjocht zu werden, weil du Angst davor hattest, dass dir etwas Schlimmes passieren würde, wenn du dich nicht zu ihrem Glauben bekanntest. Mach dir klar, dass das einfach nur Menschen waren, die versuchten, in diesem Leben oder in früheren Inkarnationen Macht über dich auszuüben. Sobald dir das bewusst geworden ist, besteht der nächste Schritt darin, ihnen zu verzeihen. Wie lange willst du dich noch von diesen Ängsten und diesem Zorn beherrschen lassen?

Also verzeih ihnen und hole dir die Macht deiner Seele zurück. Stell dir vor, dass du ein Teil des kosmischen Christusbewusstseins auf der Erde bist. Ihr alle seid Jesus Christus und Maria Magdalena. Ihr alle tragt göttliche männliche und weibliche Energie in euch. Bleibt bescheiden und haltet euer Ego im Zaum.

10

Die weisen Frauen und die Hexenprozesse

Wenn du das beklemmende Gefühl hast, als wandertest du durch einen dunklen Tunnel, und dich dabei entsetzlich fürchtest, halte einen Augenblick inne, schließe die Augen und atme tief durch. Halte dir vor Augen, dass deine Seelenschwestern – Hoffnung und Glaube – dir stets zur Seite stehen. Fasse sie bei den Händen und lass dich von ihnen durch die Dunkelheit führen, bis du wieder Licht siehst.

Diejenigen, die auf dem Weg des Lichts wandelten und in die alten atlantischen Lehren eingeweiht waren, wussten, dass Jesus Christus nicht am Kreuz gestorben ist. Aber das konnten sie niemandem verraten, weil sie die beabsichtigte Wirkung seines Todes dadurch zunichte gemacht hätten.

Achte einmal auf die unzähligen Botschaften, die in Zahlen verborgen liegen!

Uns standen 33 bewusste Jahre zur Verfügung, um das Energieniveau auf der Erde anzuheben. Die Zahl Drei ist ein Katalysator, der eine Brücke zwischen der Energie der Vergangenheit, Gegenwart und Zukunft schlägt. Die drei von bedingungsloser Liebe (zur Erde und ihren Bewohnern) erfüllten Tage ermöglichten eine starke Seelenheilung und öffneten Tore zu einer besseren Zukunft.

Eine weitere Schicht dieser Energie führt zur Zahl 6 (3 + 3 = 6). Diese Zahl bringt Bewusstsein in den physischen und spirituellen Körper. Sie führt dich dazu hin, deine eigenen Entscheidungen zu treffen – ob sie nun schöpferisch oder zerstörerisch sind. Die Zahl 6 lässt dich Betrug und Täuschung erkennen, wenn du innerlich bereit dazu bist.

Zusammenfassend kann man sagen, dass die Energie dieses Ereignisses neue GPS-Koordinaten für die Zukunft geschaffen und dir eine Chance gegeben hat, Betrug und Täuschung entweder zu erkennen oder dich täuschen zu lassen. Letzten Endes hat sie dir die Möglichkeit gegeben, dich zu befreien und deine Wahrheit zu leben.

Nach der Kreuzigung Jesu kämpften die Söhne Belials darum, wieder Macht über die Menschen zu gewinnen. Sie konnten ihre Erinnerungen an Jesus zwar nicht auslöschen, aber sie konnten diese Erinnerungen zu ihren eigennützigen Zwecken nutzen, die Menschheit völlig zu unterjochen. Dieses Ziel erreichten sie, indem sie Jesus in Form von Religionen und Geheimgesellschaften glorifizierten.

Im Laufe der Jahrtausende lernten die Söhne Belials Folgendes:

- Die Menschen haben das Bedürfnis, an etwas zu glauben, um das zu erlangen, was sie für Glück halten, und sie (die Söhne Belials) konnten dieses Glück für sie definieren.

- Das Ego strebt nach einem Gefühl der Kontrolle.
- Macht und Überlegenheit ist etwas, worum sie kämpfen und den Namen Gottes dafür missbrauchen würden.
- Menschen sind gutgläubige Geschöpfe, die man mit billigen Tricks hinters Licht führen kann.
- Die Söhne Belials haben die Schwächen und Süchte der Menschheit schon seit Anbeginn der Zeit ausgenutzt.

Mit diesem Wissen gelang es ihnen, sich den »Kindern des Gesetzes des Einen« in den Weg zu stellen. Sie nutzten den Namen Jesu, um an die Macht zu kommen und alle, die auf dem Weg des Lichts wandelten, zu töten und zu vernichten. Dadurch ist deine *dritte große Seelenverletzung* entstanden, die sich ungefähr zwischen dem zwölften und sechzehnten Jahrhundert manifestiert hat.

Maria Magdalena

Nach der Kreuzigung Christi folgte ein Teil der Gemeinschaft der Essener, die eine eng miteinander verbundene Seelenfamilie waren, Maria Magdalena nach Europa. Maria Magdalena wurde zur Anführerin dieser Gemeinschaft und Frequenzhalterin der weiblichen göttlichen Energie (bedingungsloser Liebe) und erfreute sich großen Ansehens.

Außenstehende hielten Maria Magdalena für eine trauernde Witwe, und auch von der Gemeinschaft der Essener erwartete man, dass sie jetzt innerlich gebrochen sein und viel zu große Angst haben würden, um sich weiterhin ihren alten Praktiken zu widmen.

Und die Essener spielten ihre Rolle sehr gut. Niemand wäre auf die Idee gekommen, dass Maria Magdalena schwanger oder dass Jesus Christus auferstanden war. Nachdem sie sich nach Europa begeben hatte, begann sie ihre geheime Mission auszuführen. Sie war gut ausgebildet und stand bei den Stämmen der »Kinder des Gesetzes des Einen«, die insgeheim überlebt hatten, in hohem Ansehen. Als Meisterin, die eine Ausbildung an der Mysterienschule durchlaufen hatte, bat man sie, zur obersten Lehrerin der weisen Frauen (und Männer) zu werden, die sich schließlich in alle vier Himmelsrichtungen zerstreuten und in verschiedenen Stämmen friedlich in ganz Nordeuropa lebten. Das war der Beginn der Geheimgesellschaften, die später als Tempelritter, Freimaurer und unter anderen Namen bekannt werden sollten.[7]

Sie wussten, dass es ein paar Jahrhunderte dauern würde, genügend Seelen miteinander zu verbinden, um einen neuen Katalysator für bedingungslose Liebe zu schaffen. In der Zwischenzeit arbeiteten sie daran, die alten Lehren, die ihnen überliefert worden waren, zu bewahren und aufzuschreiben. Sie kopierten viele uralte Schriften und bewahrten sie an Orten auf, wo sie vor Entdeckung und Missbrauch geschützt waren und der Welt zugänglich gemacht werden konnten, sobald der richtige Zeitpunkt dafür kam. Aber sie verfassten auch neue Geschichtsbücher, die unter dem Namen »Schriften der lebendigen Wahrheit« bekannt wurden.

Uralte Wesen aus dem Inneren der Erde halfen ihnen bei dieser Arbeit, so gut sie konnten. Aber allmählich wurde es immer gefährlicher, diese Kontakte aufrechtzuerhalten, denn auch die Söhne Belials gaben sich große Mühe, ihre Ziele zu erreichen. Sie gaben vielen guten Menschen böse Gedanken ein, und so wurde es zusehends schwieriger, außerhalb der kleinen Gemeinschaften noch jemanden zu finden, dem man hundertprozentig vertrauen konnte.

---

[7] Mehr über das Leben Jesu und seiner Familie sowie die Gemeinschaft der Essener schildert Tanja Matthöfer in dem wundervollen gechannelten Buch *Maria Magdalena – Erwachensweg und Leben mit Jeshua*. Leseproben finden Sie auf www.AmraVerlag.de.

Vergiftete Gedanken an Gottes angeblichen Verrat oder die angebliche Unwürdigkeit der Menschen, seine Hilfe zu erfahren, wurden in die Seelen vieler Menschen gelegt.

Die weisen Frauen

So verging die Zeit, und im zwölften Jahrhundert blühten und gediehen die Gemeinschaften der weisen Frauen in aller Stille in abgelegenen Regionen Nordeuropas. Insgeheim erhielten sie die Lehren der Mysterienschulen am Leben. Ihr Wissen reichte bis ins alte Atlantis zurück.

Viele Menschen, die krank wurden, gingen nicht zum Arzt, sondern wandten sich an weise Frauen. Diese gaben ihnen günstige oder kostenlose Pflanzenheilmittel, während die Ärzte unverschämt hohe Summen dafür forderten und ihre Heilversprechen kaum jemals einhielten. Der beste Beweis für die wachsende Popularität der weisen Frauen war es, dass die Menschen mit der Zeit anfingen, auch in allgemeinen Lebensfragen wie Liebe, Reichtum und Glück ihren Rat zu suchen. Die Ratschläge solcher Frauen waren praxisorientiert und nicht von der Angst diktiert, von der die Religionen lebten. Immer mehr ganz normale Menschen gingen zu ihnen, um sich beraten zu lassen.

Dass diese Frauen den Menschen dabei halfen, sich von ihren Ängsten zu befreien und stattdessen in einer inneren Haltung der Liebe zu leben, war ein Alarmsignal für die dunklen Mächte. So gerieten die weisen Frauen auf deren Radarschirm. Schon zeichnete sich ab, dass es in allernächster Zukunft zwangsläufig zu einem Machtkampf kommen würde, obwohl das damals noch niemandem bewusst war.

Dass die Nachfrage nach ihrer Lichtarbeit immer größer wurde, war frustrierend für die Gemeinschaften der weisen Frauen, denn sie mussten immer erst warten, bis die Energie günstig war, um allen den wahren Gott zeigen zu können. Es missfiel ihnen, wie die Religionen den Namen Gottes zu ihren eigenen Zwecken missbrauchten, um Macht über die Menschen auszuüben. Sie hatten all diese Lügen so satt.

In den letzten 1.200 Jahren hatten die weisen Frauen das uralte Wissen bewahrt und von Generation zu Generation weitergegeben. Einige praktizierten immer noch die uralten atlantischen Techniken, mit denen man seine Lebensdauer auf mehrere hundert Jahre ausdehnen konnte. Der einzige vernünftige Grund, warum jemand seine Lebensspanne verlängern sollte, bestand darin, ein Bewahrer der Weisheit (eine lebendige Bibliothek) zu werden. Diese Bewahrer der Weisheit dienten den Seelen der Menschen und besaßen die Fähigkeit, Bücher zu schreiben, um das ursprüngliche Wissen für künftige Generationen zu bewahren. Damit reichten sie das alte Wissen an die Zukunft weiter. Um »vorübergehend unsterblich« werden zu können, musste man eine starke Seelenmission verfolgen. Das ist der einzige akzeptable Grund, physisch unsterblich zu werden.

Doch da die weisen Frauen im Geheimen und Verborgenen leben mussten, gerieten diese Praktiken allmählich in Vergessenheit. Es war gefährlich für diese Gemeinschaften, »Unsterbliche« bei sich zu verstecken. Die Söhne Belials waren nämlich in vielen Kirchen aktiv und versuchten den Menschen einzureden, dass sie ihnen überlegen waren. Sie suchten sorgfältig nach Hinweisen darauf, dass die »Kinder des Gesetzes des Einen« ihr Wissen womöglich an andere weitergaben, und bestraften sie auf grausame Weise, wenn sie sie dabei ertappten.

Statt ihre Lebensdauer zu verlängern, waren die weisen Frauen inzwischen zu einer anderen alten atlantischen Praktik übergegangen: Sie bereiteten die Seelen auf ihre irdische Reise vor, bevor sie in den Mutterleib eintraten. So sorgten sie dafür, dass ein Teil des alten Wissens in den Kindern erhalten blieb, die mit der Zeit zu jungen Erwachsenen heranwuchsen, und dass das Tor zur

Spiritualität sich nicht völlig verschloss. Diesen Seelen wurde dabei geholfen, sich ihre höhere Schwingungsenergie zu bewahren, damit sie ihre Mission ausführen konnten. In ihrer Kindheit erzählte man ihnen Geschichten von ihren außerirdischen Vorfahren, von Meister Thoth und anderen. Diejenigen, die ein starkes Interesse an Spiritualität zeigten, wurden insgeheim dazu angeleitet, aus alten Büchern zu lernen. Diese Bücher waren sorgfältig versteckt, so dass man sie nur schwer finden konnte, denn wenn die Söhne Belials sie entdeckt hätten, hätten sie sie entweder verbrannt oder konfisziert. Daher war es sicherer, die alten Lehren mündlich weiterzugeben.

Das war für alle Beteiligten eine sehr frustrierende Zeit, und der Rat der weisen Frauen fragte sich, ob sie einfach der Führung Gottes folgen oder selbst aktiv werden sollten, um etwas auf der Erde zu verändern. Sie waren stark und nahmen an einigen Kriegen teil. Doch der Rat der weisen Frauen überlegte sich schließlich, dass es doch sinnvoller wäre, sich aus seinen abgelegenen Verstecken herauszuwagen, unter den Menschen zu leben, die ihr Wissen gerne empfangen wollten, und sie zu unterrichten. Diejenigen Frauen, die sich in jemanden außerhalb ihrer Gemeinschaft verliebten, konnten diese Männer auch heiraten, wenn sie wollten, denn wenn ein Mann sich in eine weise Frau verliebte, würde er sich allmählich verändern, und das wäre eine Chance für die Menschen in seinem Umfeld, ebenfalls eine innere Wandlung durchzumachen. So würde diese Veränderung allmählich – Familie für Familie – immer weiter um sich greifen.

Die weisen Frauen wussten, dass Liebe die höchste Energie ist und dass bedingungslose Liebe alles Böse besiegen würde.

Aber auch die Gegenseite hatte eine starke Agenda: Sie unterzog die Männer einer Gehirnwäsche und flößte ihnen den Glauben ein, den Frauen überlegen zu sein. Frauen seien nur dazu da, Kinder zu bekommen und sich um ihre Männer und den Haushalt zu kümmern.

Die Hexenverfolgungen

Doch dann fühlten sich die Söhne Belials wieder bedroht, denn immer mehr Menschen begannen die weisen Frauen aufzusuchen und um Hilfe zu bitten. Krankheit macht keinen Unterschied zwischen Arm und Reich und trifft einen meistens gerade dann, wenn man am allerwenigsten damit rechnet. Natürlich hätten die weisen Frauen einfach wegschauen können, aber sie beschlossen, den Menschen in ihrem Leid zu helfen. Selbst Männer waren bereit, auf die Frauen zu hören, die sie von ihren schmerzhaften Krankheiten befreiten. Sie reparierten Knochenbrüche, heilten gebrochene Seelen, brachten den Menschen Weisheit und erinnerten sie an die Hoffnung und den Glauben. Und so sank das Angstniveau auf dem kollektiven Barometer immer mehr, und das Niveau bedingungsloser Liebe stieg an.

Die Söhne Belials mussten (aus ihrer Sicht) einen Weg finden, das zu verhindern und diesem für sie unheilvollen Treiben am besten gleich für immer ein Ende zu bereiten. Sie waren sehr listige, finstere Geschöpfe. Sie wussten, dass es Jesus gelungen war, Angst und physischen Schmerz zu überwinden und einen Katalysator für bedingungslose Liebe auf der Erde zu schaffen, nachdem ihre Vorfahren ihn gekreuzigt hatten – und sie vermuteten, dass einige dieser weisen Frauen die gleiche Ausbildung durchlaufen hatten. Also mussten sie diese Frauen über den Tod hinaus besiegen, um sie loszuwerden. Sie diskutierten lange hin und her, bis sie schließlich ein Szenario entwickelt hatten, um den Seelen des Lichts ein grausames Ende zu bereiten.

Sie sorgten dafür, dass die weisen Frauen als Hexen und ihre heilenden Fähigkeiten als Hexerei und Teufelswerk in Verruf gerieten. Jede Frau, die der Hexerei angeklagt wurde, wurde vor Gericht zum Tode verurteilt.

Diese Frauen wurden gefoltert und vergewaltigt, und ihre Kinder und Angehörigen wurden vor ihren Augen umgebracht. Wir möchten euch hier nicht mit grausamen Details quälen, doch eure Seelen erinnern sich vielleicht noch daran, wie ihr diese schrecklichen Szenen in hilflosem Zorn mitansehen musstet. Ihr wart zornig auf euch selbst, auf eure Gemeinschaft und auf Gott. Wie konnte so etwas geschehen?

Eure Seelen tragen dieses uralte Trauma immer noch mit sich herum, und deshalb haben viele von euch nach wie vor eine Todesangst davor, diese verbotene Tür zum Wissen um die Macht eurer eigenen Seele zu öffnen.

Die Seelenhöhle

Die Augen sind das Tor zur Seele. Während jeder Inkarnation zeichnet die Seele alle wichtigen Seelenverletzungen auf und speichert sie in der Seelenhöhle. Seelenverletzungen, die nicht in dem Leben geheilt werden können, in dem sie euch widerfahren sind, manifestieren sich in eurem nächsten Leben in Form von Blockaden und bleiben so lange bestehen, bis ihr stark genug seid, in eure Vergangenheit hineinzuschauen und sie zu heilen.

Das wussten die Söhne Belials und nutzten es zu ihrem Vorteil. Aus Erfahrung wussten sie: Wenn sie euch selbst folterten, würdet ihr das vielleicht einfach hinnehmen, so wie Jesus es getan hatte. Aber wenn ihr mitansehen musstet, wie die Menschen, die ihr liebtet, physisch und emotional gequält wurden, und man euch einredete, dass ihr mit eurem Handeln an ihren Qualen schuld wart, würde euch das bis ins Innerste eurer Seele hinein erschüttern und euren Willen brechen. Ihr würdet glauben, dass das alles eure Schuld sei, und früher oder später daran verzweifeln. Ihr würdet zu der Überzeugung gelangen, dass es ein Fluch ist, eine weise Frau oder Heilerin zu sein. *Die*

Söhne Belials wussten: Wenn ihr zusehen musstet, wie eure Kinder auf brutale Art und Weise langsam zu Tode gequält wurden und ihr sie nicht retten konntet, würdet ihr euch selbst die Schuld daran geben und diese Information in eurer Seelenhöhle speichern. Ihr würdet eurer Seele befehlen, eure besonderen Fähigkeiten NIE WIEDER einzusetzen, weil das zum Tod eines Menschen führte, den ihr von ganzem Herzen liebtet. Und diese Überzeugung würde stärker sein als euer Drang, in einem späteren Leben wieder einmal ein Heiler oder weiser Mensch zu sein und anderen zu helfen, weil ihr fest daran glaubtet, dass eurer Familie daraus nur Leid erwachsen würde.

Die Seelenhöhle ist das *Dokumentationssystem* eurer Seele, in dem nur Informationen von euren Inkarnationen hier auf der Erde gespeichert sind – im Gegensatz zu eurer Akasha-Chronik, die Informationen über all eure Existenzen im ganzen Universum enthält. Als der Surrogatgott Kristall im Inneren der Erde geschaffen wurde, um eure Seelenenergie in der irdischen Dimension zu verankern, hat euer höheres Selbst eure Seelenhöhle erschaffen, um all eure irdischen Leben aufzuzeichnen. Das war ein typischer Fall von Aktion und Reaktion – ein Beispiel für die Welt der Dualität, in der zwei Komponenten zusammenwirken, damit eines Tages eine Einheit erreicht werden kann. Diese Seelenhöhle soll euch daran erinnern, was ihr braucht, um in eurer Seele geheilt zu werden, bevor ihr euren Anker aus dem Surrogatgott Kristall herausziehen könnt. Was auf der Erde passiert ist, muss auch auf der Erde geheilt werden, bevor ihr den Reinkarnationskreislauf verlassen und wieder nach Hause zurückkehren könnt.

Jedes irdische Leben wird durch einen Kristall repräsentiert. Nur du allein hast Zugang zu deiner Seelenhöhle und niemand sonst. Die Söhne Belials konnten also nicht auf diese Informationen in deiner Seelenhöhle zugreifen. Aber sie konnten dich foltern, so dass du (aufgrund deiner eigenen freien Willensentscheidung) auf deine besonderen Fähigkeiten verzichtetest und nicht mehr den Weg des Lichts gingst, um die Welt zu verändern.

Deine Seele führt gesonderte Aufzeichnungen für künftige Inkarnationen, und sobald du bereit bist, dich wieder zu inkarnieren, sendet sie diese Informationen an dein Ego; und dein Ego baut dieses Programm in dein »Überlebenshandbuch« ein, in dem steht, »was du nicht tun darfst«. Mit anderen Worten: *Es wird versuchen, dich daran zu hindern, ein solches Leben (in dem du deine besonderen Fähigkeiten ausübst) noch einmal zu wiederholen, weil deiner Seele daraus in der Vergangenheit nur Kummer und Leid erwachsen ist.*

Die Seele kann zwar nicht zerstört werden, aber sie kann in einen Zustand des Gedächtnisverlusts eintreten und sich weigern, mit irgendjemandem oder irgendetwas (selbst mit Gott) zusammenzuarbeiten. Dann wandert sie einfach verirrt und richtungslos durch den Raum. Es gibt eine Instanz, die solchen Seelen hilft und untersucht, wie sie in diesen Zustand geraten sind. Kein Wesen der Dunkelheit oder des Lichts möchte dabei ertappt werden, am Zustand verlorener Seelen schuld zu sein, denn die Konsequenzen daraus sind sehr unschön und würden den Rahmen dieses Buches sprengen. Wenn du das hier liest, hat deine Seele höchstwahrscheinlich tiefe Verletzungen davongetragen, aber es handelt sich dabei *nicht* um eine verirrte Seele.

Der Krieg zwischen dem Reich der Dunkelheit und dem Reich des Lichts

Zur Zeit der *Hexenverfolgungen* durchlebten viele von euch drei bis fünf oder sogar noch mehr rasch aufeinanderfolgende Inkarnationen, die damit endeten, dass ihr verbrannt, ertränkt, verstümmelt, geköpft oder auf andere grausame Weise umgebracht wurdet. Nach jedem dieser Tode hattet ihr es eilig, wieder auf die Welt zu kommen, um eurer Gemeinschaft zu helfen und den Weg des Lichts am Leben zu erhalten. Ihr habt darauf gehofft und darum gebetet, etwas zu lernen, was euch helfen würde, diesem schrecklichen Genozid der Seelen, die auf dem Weg des Lichts wandelten, ein Ende zu bereiten. Das war tatsächlich ein Krieg zwischen dem Reich der Dunkelheit und dem Reich des Lichts. Wie wir bereits erwähnt haben: Mit dieser grausamen Behandlung wollten die Söhne Belials die Wesen des Lichts so einschüchtern, dass sie ihre besonderen Fähigkeiten nicht mehr zu nutzen wagten.

Die Söhne Belials versteckten sich in religiösen Anbetungsstätten, die erbaut wurden, um Macht über die Menschen zu gewinnen und sie auf »friedliche« Weise – mit dem Schwert der Angst – zu regieren. In ihrer finsteren Gedankenwelt glaubten sie, jetzt endlich ihre Ruhe vor den Anfechtungen der Lichtwesen zu haben.

Der Kampf geht weiter

Doch die weisen Frauen gaben nicht auf: Sie waren Kämpfernaturen mit einem starken Überlebensinstinkt. Denkt nur einmal an die tapferen Kriegerrinnen am Amazonas! Nachdem die Inquisitoren sie und ihre Familien im Namen Gottes auf brutale Weise umgebracht hatten, *wurde dieser Kampf für sie zu einem persönlichen Anliegen.* Sie beschlossen, ihr Schicksal selbst in die Hand zu nehmen und einander Hoffnung zu geben.

Diese Frauen waren so wütend und so verzweifelt darauf bedacht, sich und ihre Gefährtinnen zu retten, dass sie Gott nicht um Rat und Führung bei diesem Unterfangen baten. Sie glaubten, dass Gott kein Verständnis für die Schmerzen und Leiden hatte, die sie durchmachten. Sie waren verzweifelt und dürsteten nach Rache. Seit der Zeit des alten Atlantis haben diese Frauen sich immer wieder auf der Erde inkarniert. Sie hätten zwar die Möglichkeit gehabt, die Erde zu verlassen und nach Hause zurückzukehren, aber sie beschlossen, da zu bleiben, die Menschheit zu beschützen und die Frequenz der Liebe und des Lichts stark zu erhalten.

In all diesen Jahren hatten die weisen Frauen sich gegenseitig immer wieder ermutigt, weiterzumachen, doch nun, da es die Inquisition und die Hexenverfolgungen gab, hatten sie das Gefühl, dass die Menschheit sich niemals spirituell weiterentwickeln würde. Sie verloren die Geduld und wurden ihrer Bemühungen überdrüssig. Sie hatten es satt, sich verstecken zu müssen, unfair behandelt und gejagt zu werden – sie waren all dieser Morde an unschuldigen Menschen im Namen Gottes überdrüssig. War es etwa ihr Schicksal, umgebracht zu werden, weil sie nicht in blindem Gehorsam darauf hörten, was gewisse religiöse Männer ihnen einredeten – Männer, die die historischen Tatsachen verdreht und die Bibel mehrfach umgeschrieben hatten, nur um Macht und Kontrolle über die Menschen zu erlangen? Waren sie dazu verdammt, von der Erde ausgelöscht zu werden, nur weil ihre natürlichen Heilmittel wirksamer waren als die Medikamente der Menschen, die behaupteten, ausgebildete Ärzte zu sein? Mussten sie bestraft werden, nur weil sie intelligente Frauen waren, die sich weigerten, ein bedeutungsloses Leben zu führen? Sie hatten endgültig genug davon. Ihr tierisches Ego saß ihnen – metaphorisch gesprochen – wie ein Teufel im Nacken und drängte sie dazu, diesem Wahnsinn ein Ende zu machen und nach einer Lösung zu suchen.

Also versammelten sich die weisen Frauen, um (wieder einmal) darüber zu diskutieren, wie sie sich und ihre Gefährtinnen retten könnten. Sie erweckten uralte Rituale und die Energie ihrer Seelenmacht zum Leben und setzten diese Energie gegen die Menschen ein, die ihren Familien schadeten. Das war so, als würde man ein wildes Tier aus seinem Käfig befreien. In unserer heutigen Zeit würdet ihr das vielleicht dadurch beschreiben, dass diese Frauen die Vertreter der dunklen Mächte mit mächtigen Flüchen belegten, um ihren Missetaten ein Ende zu bereiten. Gemeinsam wehrten sie sich gegen die dunkle Seite, obwohl sie ihre Macht nicht gern dazu einsetzten, anderen Schaden zuzufügen; doch sie hatten das Gefühl, keine andere Wahl zu haben.

Stell dir einmal vor, wie mächtig diese Frauen waren. Wenn der Gedanke daran eine Saite in deinem Inneren zum Klingen bringt, solltest du dir darüber klarwerden, dass du damals selbst eine dieser weisen Frauen gewesen bist. Stell dir vor, dass du Flüche von enormer energetischer Kraft über deine Feinde verhängen konntest. Krankheit, geistige Verwirrung, Unfälle, Verletzungen, Armut, Dämonen und Tod – das waren nur ein paar der Flüche, die ihr weisen Frauen der dunklen Seite damals entgegengeschleudert habt.

Aber du darfst nicht vergessen, dass ihr das nicht aus Mutwillen, sondern aus Verzweiflung getan habt – weil ihr das Gefühl hattet, dass euch nichts anderes übrigblieb. Ihr fühltet euch in euren Möglichkeiten sehr stark eingeschränkt.

Karma und Flüche

Es gibt einen Unterschied zwischen der Energie des Karmas und der Energie von Flüchen. Karma manifestiert sich in deinem Leben oft in Abhängigkeit von deinen Taten. Wenn du in einer früheren Existenz beispielsweise ein Dieb warst und die Armen bestohlen hast, ist dadurch schlechtes Karma entstanden. Dann fällst du in deinem heutigen Leben vielleicht selbst Dieben zum Opfer oder wirst von jemandem, den du für einen Freund gehalten hattest, betrogen. Womöglich verlierst du eine Menge Geld, bevor dieses Verbrechen entdeckt und der Schuldige verhaftet und ins Gefängnis gesteckt wird. Dann bist du vielleicht zufrieden, weil der Gerechtigkeit Genüge getan wurde, aber letzten Endes besteht deine Aufgabe trotzdem darin, dieser Person und dir selbst zu verzeihen, dass ihr in eine solche Situation geraten seid. Die Energie der Vergebung fließt in dein Seelenkarma zurück, das dich heilt. Sobald du dich von diesem negativen Karma geheilt und befreit hast, muss sich die Situation in deinem Leben nie mehr wiederholen, und vielleicht kommst du jetzt zu dauerhaftem Reichtum, den du dir mit Ehrlichkeit und Integrität erworben hast.

Außerdem lebst du zurzeit in einer Phase, in der die Energie für euch Menschen günstig ist, so dass du dir deines Karmas bewusst werden kannst. Auf diese Weise kannst du deine karmische Schuld bewusst überwinden und schlechtes Karma auslöschen, indem du versprichst, den Weg des Lichts zu gehen. Es ist tatsächlich so einfach!

Bei Flüchen sieht die Sache ein bisschen anders aus. Ein Fluch, den du über jemanden verhängst, ist ein Teil der Energie deiner Seelenmacht, die du bewusst weggibst in der Absicht, Schaden anzurichten. Bitte höre dir die folgenden Worte in neutraler emotionaler Haltung an: *Es ist jetzt an der Zeit, zu verzeihen und geheilt zu werden.*

Mit der Aussage, dass die betreffende Person es doch schließlich verdient hat, kannst du in deiner jetzigen Inkarnation keinen Fluch rechtfertigen. Flüche sind wie Bumerangs: Sie kehren in Form furchtbarer Blockaden oder Hindernisse zu dir zurück oder manifestieren sich als dunkle Energie oder Wesenheit, von der du dann vielleicht glaubst, dass jemand sie dir geschickt hat, um dein Leben zu ruinieren. Stell dir vor, dass deine eigene negative Energie, die du vor ungefähr vierhundert Jahren ausgesandt hast, um jemanden anzugreifen, nun auf dich zurückfällt! Jedes Mal, wenn du dich von dieser Energie reinigst, kehrt sie zu dem geplanten Opfer zurück, doch im Laufe der Zeit kommt sie wieder zu dir. Sie begleitet dich von Existenz zu Existenz, bis du sie loslässt.

Du hast dich damit einverstanden erklärt, in deinem jetzigen Leben innerlich zu erwachen, um die Macht deiner Seele zurückzugewinnen. Diese Macht und dieses Wissen liegen nicht in deinen jetzigen Körper, sondern in deiner Seele und werden von deinem höheren Selbst bewacht. Du selbst hast sie dort versteckt. Um sie zu finden, musst du verzeihen und deine Seele heilen. Erst dann kannst du dir diese Macht zurückholen.

Anbruch eines neuen Zeitalters

Schließlich erkannten die weisen Frauen die Wahrheit der uralten Weisheit: Einen Machtkampf kann man nicht mit Macht gewinnen. Damit befreit man sich höchstens vorübergehend von dem Problem – bis die Gegenseite sich wieder erholt hat und mit neuer Kraft zuschlägt. Dadurch entsteht nur ein endloser Teufelskreis aus Leid und Konflikten. Einzig mit bedingungsloser Liebe kann man alles heilen und diesen Teufelskreis beenden.

Zu Beginn des sechzehnten Jahrhunderts wurden die noch lebenden Anführerinnen der weisen Frauen zusammengerufen, um ihre Strategie zu überdenken, wie man diesen unmenschlichen Morden ein Ende bereiten könnte. Die Flüche wirkten zwar, waren aber nicht stark genug, um die dunkle Seite endgültig zu stoppen. Die weisen Frauen wussten, dass sie den Kampf nicht gewinnen konnten. Diesmal begannen sie zu meditieren und Gott um Seine Führung zu bitten. Doch leider war die planetare Energiekonstellation damals nicht günstig, um die ganze Welt in bedingungslose Liebe einzuhüllen. Als die weisen Frauen den höchsten Ursprung channelten, erhielten sie die Anweisung, ihre Energie herunterzufahren. Das bedeutete, dass sie das Licht ihrer Seele zu einem winzig kleinen, kaum noch existierenden

Fünkchen abschwächen mussten, um die dunkle Seite zu verwirren und Zeit bis zum nächsten stellaren Aktivierungszyklus zu gewinnen. Das würde den Hexenverfolgungen ein Ende setzen und ihre Seelen vor weiterem Schaden bewahren.

Versenke dich nun bitte einmal in eine Meditation und gehe darin ungefähr vierhundert Jahre zurück. Spüre das wiedergewonnene Vertrauen zu Gott, das diese überlebenden weisen Frauen ausstrahlten, die sich damit einverstanden erklärt hatten, ihre Energie abzuschalten, statt nach superstarken Waffen zu verlangen, um die dunkle Seite auszulöschen.

Waren sie wütend darüber, was damals passierte? Haben sie sich machtlos gefühlt? JA! Hätten neue Waffen das Problem gelöst? NEIN! Du kennst doch sicherlich das Sprichwort: »Der Klügere gibt nach.« Statt nach einem Weg zu suchen, wie sie ihre Feinde vernichten könnten, haben die weisen Frauen einfach darauf vertraut, dass die Liebe am Ende den Sieg davontragen würde. DU HAST AUF DIE LIEBE VERTRAUT und die dunkle Seite überlistet.

Die Essenz deines Wesens liegt im Verborgenen

Die »Kinder des Gesetzes des Einen« waren bekannt dafür, die lebendige Verkörperung der Wahrheit zu sein. Sie konnten nicht bewusst lügen oder betrügen. Sie konnten ihre besonderen Kräfte und Fähigkeiten zwar so gut verbergen, dass niemand auf die Idee gekommen wäre, einen Meister vor sich zu haben, wenn er beispielsweise auf dem Markt an einem von ihnen vorbeigegangen wäre. Doch ihr moralischer Kompass als Verkörperung der Wahrheit verriet sie, sobald sie einer Seele begegneten, die um Hilfe flehte.

Dadurch, dass sie ihr Licht abschwächten, waren sie vorübergehend unfähig, anderen zu helfen. Sie baten ihr höheres

Selbst, die Macht (das Wissen) ihrer Seele in ihrem Inneren verborgen zu halten, so dass sie nicht darauf zugreifen konnten. Stell dir vor, deine Macht oder dein Wissen in einen dickwandigen Safe einzuschließen und den Schlüssel wegzuwerfen! Genau das haben die »Kinder des Gesetzes des Einen« getan. Sie mussten ihre Lebensweise als Verkörperung der Wahrheit aufgeben und ihren moralischen Kompass vorübergehend außer Kraft setzen.

Denke daran, dass du vor deiner jetzigen Inkarnation auch zu diesen Menschen gehört hast. Du hattest volles Vertrauen darauf, dass Gott und dein höheres Selbst dich schon zum richtigen Zeitpunkt daran erinnern würden, wo dieses verborgene und verschlossene Wissen zu finden war. Zu diesem Zweck hat jeder von euch ein persönliches Symbol geschaffen – euer Seelensymbol, das nur eure eigene Seele erkennen konnte. Dieses Symbol sollte für euch die Wahrheit repräsentieren. Dieses Seelensymbol wurde zu der Energie, die ihr in der Erde vergraben und dort belassen habt. Ihr bezeichnet es als das *Christusbewusstsein*, das in der Erde auf euch wartet. Das Seelensymbol ist der Schlüssel zu deinem dickwandigen Safe, in dem die Macht deiner Seele verborgen liegt.

Warum musst du diesen Schlüssel zuerst einmal finden?

Wenn du die Verkörperung der Wahrheit bist, wirst du dein Wissen niemals missbrauchen. Wer die universale Wahrheit kennt und auf dem Weg des Lichts wandelt, möchte den Seelen dienen, die bereit sind, sich helfen zu lassen.

Deine unbewussten Inkarnationen

Die Brüder und Schwestern der »Kinder des Gesetzes des Einen« (die weisen Frauen) versammelten sich noch ein letztes Mal. Hand in Hand standen sie rund um ein riesiges Feuer und sahen sich in die Augen. Sie liebten einander bedingungslos und wussten, dass sie nach diesem Ritual, durch das sie die Essenz ihres Wesens verborgen und verschlossen hatten, getrennte Wege gehen und sich in verschiedenen Teilen der Welt niederlassen würden. Sie würden sich gegenseitig vergessen und einsam sterben. Sie wussten, dass es mehrere hundert Jahre dauern würde, bis sie einander bewusst wiedererkennen würden. Tränen liefen ihnen über die Wangen, als sie sich zum letzten Mal zu ihren Gesängen unter dem Nachthimmel versammelten. Dieser Abschied zerriss ihnen das Herz, und doch taten diese tapferen Männer und Frauen etwas, was unmöglich zu sein schien: Sie nahmen die Essenz ihres Lichtwesens, sandten ihr Wissen an ihr höheres Selbst und vergruben ihre Symbole in der Erde. Das geschah spontan an mehreren Orten der Erde gleichzeitig.

In den letzten vierhundert Jahren hast du mehrere unbewusste Inkarnationen durchlebt. Vielleicht warst du Prostituierte, Bankräuber, Soldat oder hattest auch einen etwas ehrenwerteren Beruf wie beispielsweise Bauer, Lehrer oder Komponist. Worauf es uns dabei ankommt, ist, dass du höchstwahrscheinlich viele Existenzen erlebt hast, die du nicht gewählt hättest, wenn du damals im Besitz deines moralischen Kompasses gewesen wärst. Wenn du dich also beim Rückblick auf diese früheren Leben an etwas Negatives oder Ungünstiges erinnerst, dann verzeihe es dir. Denk daran: *Durch Bewusstheit kannst du dich von deiner karmischen Schuld befreien.*

Einige wenige Menschen (zum Beispiel Edgar Cayce, Bill Grey oder Ruth Montgomery, um nur ein paar herausragende Persönlichkeiten aus dem frühen neunzehnten Jahrhundert zu nennen) sind bereits früher innerlich erwacht und wurden zu Leuchtfeuern, an denen andere Menschen sich orientieren konnten. Sie haben euch Fragmente von Informationen hinterlassen, auf denen ihr aufbauen konntet.

Der nächste stellare Aktivierungszyklus fand im Jahr 2012 statt. Aber der Seelenruf erging bereits früher als geplant (im Jahr 1945) – zur Zeit einer Atomwaffenexplosion – an die Menschheit. Keine fortgeschrittene Technologie sollte als Waffe missbraucht werden, und wir alle machten uns damals große Sorgen um die Zukunft der Erde.

Eine Geschichte, die du bisher noch nie gehört hast

Eure Lebensreise ist voller interessanter Irrungen und Wirrungen. Genau wie es Zwillingsflammen bestimmt ist, einander in diesem Leben zu begegnen, um ihr *Begehren* zu überwinden und in Hingabe und Akzeptanz zu verwandeln, wurdet ihr auch in diese Existenz hineingeboren, um die Menschen wiederzutreffen, die euch damals Schaden zugefügt haben, damit ihr ihnen und euch selbst verzeihen könnt. Nur DU kannst dem Bumerang deiner Flüche ein Ende setzen.

Wir garantieren dir, dass du deinem *Feind* in diesem Leben begegnen wirst – vielleicht bist du ihm sogar schon begegnet. Vielleicht erkennst du irgendwann, dass der Mensch, der in dieser Existenz dein Freund ist, in einem früheren Leben dein Inquisitor war. Vielleicht bist du mit deinem *Feind* verheiratet, oder er oder sie ist als dein Kind in dein Leben getreten. Vielleicht hat ein Fremder dir zufällig etwas Gutes getan und dir damit das Leben gerettet. Und doch hast du das Gefühl, dass es zwischen dir und diesem Menschen etwas gibt, was geklärt und aufgelöst werden muss. Das Universum hat euch erneut zusammengeführt, damit ihr die Vergangenheit wiedergutmachen könnt und ihr beide euren Seelenfrieden findet. Diese Menschen haben ihre karmische Schuld bereits bezahlt. Ihr habt alle genug gelitten.

Aber wie wird jemand zum *Inquisitor*?, wirst du dich jetzt vielleicht fragen. Hatten diese Menschen etwa Spaß daran, andere zu quälen, umzubringen oder zu vergewaltigen? War das ein angeborener Charakterzug? Die Antwort lautet Nein. Diese Menschen wurden durch ihre Lebensumstände so geprägt und in die Enge getrieben, dass sie böse geworden sind.

Was wäre, wenn dir jemand einen so grauenhaften Beruf anböte und du ihn ablehnen würdest? Vielleicht würden deine Peiniger dir dann damit drohen, deine Schwester, deine Mutter, deine Frau oder deine Familie selbst umzubringen, wenn du es nicht tust. Wie würdest du dich dann entscheiden? Die Söhne Belials hatten es nicht nur auf eine bestimmte Person, sondern auf ganze Familien abgesehen. Angst ist eine sehr wirksame Strategie, um Macht über andere Menschen zu gewinnen.

Und wenn jemand einmal so eine Position angenommen hatte, blieb ihm nichts anderes übrig, als weiterzumachen – er musste lernen, damit zurechtzukommen, oder ihm drohte der Tod. Das ist ein Überlebensmechanismus, der euch einprogrammiert wurde. Viele begingen Selbstmord, aber selbst das half ihnen nichts. Manchmal tut man etwas, was man am Anfang verabscheut, und findet am Ende dann doch Gefallen daran. Auch das ist ein Überlebensmechanismus. Erinnerst du dich noch an die Annunaki und die Blutschwüre? Dieses Programm liegt euch so lange im Blut, bis ihr euch davon lossagt. Angst, Macht, Vergnügen. Und als sei das noch nicht schlimm genug gewesen, haben die Söhne Belials euch auch gezwungen, euch gegenseitig zu hintergehen. Sie folterten euch so lange, bis ihr behauptetet, eure Schwester sei eine Hexe, obwohl das gar nicht stimmte.

Angenommen, jemand würde deinem Kind ein Messer an die Kehle halten und dich auf diese Weise dazu zwingen, deine Schwester oder deine beste Freundin als Hexe zu verleumden. Wessen Leben würdest du retten? Eine schwierige Frage. Warum kommen wir auf dieses Thema zu sprechen? Die Söhne Belials haben nicht nur grauenhafte Verbrechen an euren geliebten Angehörigen begangen, die ihr gezwungenermaßen der Hexerei bezichtigtet, sondern euch das Gleiche angetan, sobald ihr keinen Wert mehr für sie hattet. Sie zwangen deine Schwester oder deine beste Freundin, dich zu verraten, und dann zwangen sie diese Person dazu, mitanzusehen, wie du zu Tode gequält wurdest, und dir dabei in die Augen zu schauen.

Du hast diese Frau gehasst, weil sie dich verraten hatte. Vielleicht hast du sie mit deinem letzten Atemzug sogar verflucht, während sie deiner Ermordung zusah, todunglücklich war und sich für ihren Verrat hasste. Kein Wunder, dass du in deinem heutigen Leben das Gefühl hast, niemandem vertrauen zu können, und dich von den Menschen fernhältst. Wem kann man denn noch vertrauen, wenn man so etwas erlebt hat?

Du kannst auf dich selbst vertrauen, und du hast auch die Möglichkeit, deine Brüder und Schwestern wieder in den Kreis der Menschen aufzunehmen, die du liebst. *Verzeih ihnen. Verzeih ihnen. Verzeih ihnen.* Ihr wurdet alle manipuliert.

Um das zwölfte Jahrhundert herum wurdet ihr dieses ständigen Aufruhrs und dieser Hexenverfolgungen dann schließlich überdrüssig. Also beschlosst ihr, nicht mehr auf Gott zu hören, sondern euer Schicksal selbst in die Hand zu nehmen, und als dann das sechzehnte Jahrhundert kam, hattet ihr nicht mehr die Kraft, weiterzumachen: Ihr habt eure Energie außer Kraft gesetzt und aufgehört, das Leben zu führen, das euch bestimmt war.

In unserer Sprache gibt es keine Werturteile, sondern nur bedingungslose Liebe. Wir können eure Schmerzen nachfühlen. Wir hören die Hilferufe eurer Seelen. Doch was ihr begonnen hattet, musstet ihr auch zu Ende führen, und das habt ihr getan.

Ihr seid die Tapfersten der Tapferen! Nun ist es an der Zeit, euren Weg weiterzugehen. Die Frage ist nur: Wollt ihr das auf eure eigene Weise tun, oder wollt ihr Gott folgen? Was für ein Schicksal liegt vor euch?

Der Weg zur Heilung

Die Dreiheit, die du brauchst, um die Flüche, negativen Gedanken und bösen Wünsche, die du damals in der Zeit der Verzweiflung ausgesendet hast, zu widerrufen, besteht aus *Vergebung, bedingungsloser Liebe und Licht.*

Da du diese Flüche damals im Rahmen eines Rituals verhängt hast, empfehlen wir dir, sie auch durch ein Ritual wieder rückgängig zu machen. Mithilfe von Ritualen kannst du deine Gedanken und deine Energie leichter fokussieren. Wenn du beim ersten Versuch dieser Art von Gefühlen überwältigt wirst, lass dir ruhig ein wenig Zeit! Geh sanft und liebevoll mit dir um. Wiederhole dieses Ritual jedes Mal, wenn du jemandem begegnest, von dem du das Gefühl hast, dass er in einer früheren Existenz ein Inquisitor gewesen sein oder dich oder deine Familie auf andere Weise in Bedrängnis gebracht haben könnte. Nur DU kannst dem Bumerang deiner Flüche ein Ende setzen und deine Seele befreien.

Wie man Flüche widerruft

Beschaffe dir drei weiße Kerzen. Teelichte eignen sich sehr gut für dieses Ritual. Du kannst aber auch andere Kerzen verwenden. Meditiere oder denke darüber nach, was für Absichten du mit deinem Ritual verfolgst.

Die erste Kerze steht für die Vergangenheit und alles, was damals geschehen ist. Sie erfüllt den Zweck, allen Menschen zu verzeihen, die dir oder deiner Familie jemals Schaden zugefügt haben. Aber sie ist auch dazu da, dir selbst zu verzeihen, dass du in diese Situation geraten bist.

Die zweite Kerze repräsentiert die Gegenwart und deine bewusste Entscheidung, alle Flüche und negativen Energien loszulassen.

Sie steht für bedingungslose Liebe. Diese Liebe ist die höchste Energie, die es gibt, und kann dich von allen Flüchen, negativen Gedanken und bösen Wünschen befreien. Sende den Menschen, die dir oder deiner Familie Leid zugefügt haben, bedingungslose Liebe. Lass diese Liebe in sie und in dich selbst hineinfließen. Falls es dir schwerfallen sollte, diesen Menschen Liebe entgegenzubringen, versuche an geliebte Menschen, Haustiere, an dein Lieblingsessen oder irgendetwas anderes zu denken, was du liebst – und empfinde die gleiche Liebe für die Personen, die dir geschadet haben, und auch für dich selbst. Es gibt keine Ausreden.

Die dritte Kerze steht für deine Zukunft – für das Licht, mit dem du allen Menschen, denen du verziehen hast, den Weg des Lichts erleuchten sollst. Sie können das Licht sehen und diesen Weg gehen, wenn sie möchten. Gleichzeitig erleuchtet dieses Licht auch dir denselben Weg.

Sobald du innerlich bereit dazu bist, zündest du die drei Kerzen an und sprichst deine Widerrufsformeln dabei laut vor dich hin, und zwar nicht aus deinem logischen Verstand, sondern aus dem Herzen heraus. Du musst das, was du sagst, auch wirklich meinen und empfinden, sonst sind es nur leere Worte.

Erste Kerze:
Durch die Zauberkraft der Drei
verzeihe ich euch.
(Damit sind alle Menschen gemeint, die dir, deiner Familie und deinen Freunden Schaden zugefügt haben.)

Zweite Kerze:
Mit der Kraft bedingungsloser Liebe
heile ich unsere Seelenverletzungen
und löse all unsere Seelenbande auf.
(Flüche oder negative Gedanken binden eure Seelen aneinander. So entsteht ein Bumerangeffekt.)

Dritte Kerze:
Mit der Kraft des Lichts
entzünde ich das Licht im Inneren
für uns alle,
damit es uns den Weg
zu einem neuen Leben erleuchtet.
(Unsere innere Finsternis und unsere Ängste können uns nicht mehr einschüchtern.)

Nimm dir nach diesem Ritual ein paar Tage Zeit, um darüber nachzudenken, wie weit du inzwischen gekommen bist und wie deine Reise weitergehen soll. Jetzt gibt es nichts mehr, was dich noch behindern oder blockieren könnte.

Die Aufgabe deiner Seele in diesem Leben besteht darin, geheilt zu werden, und das hast du jetzt erreicht. Was kommt als Nächstes? Was würdest du gerne tun? Wie kannst du der Welt und der Menschheit dienen?

Finde dein Seelensymbol

Nur du selbst weißt, wann du für diesen Schritt bereit bist. Übe dich tagtäglich darin, emotional neutral zu bleiben.

1. Schaffe einen sicheren Zufluchtsort für dein Ego, dein physisches Ich (wie ich es in Kapitel 6 beschrieben habe). Sage dir immer und immer wieder, dass du deine Fähigkeiten jetzt völlig gefahrlos wiederentdecken und nutzen kannst. Du bist IN SICHERHEIT.
2. Komm innerlich zur Ruhe, meditiere und übe dich darin, eins mit dem Universum zu werden. Schiebe deine Werturteile beiseite und befrage deine Ängste, denn sie liefern dir Anhaltspunkte dafür, was geheilt werden muss.

3. Übe dich darin, auf dein höheres Selbst und auf Gott zu vertrauen. Vielleicht musst du dazu erst einmal ein gutes Gespräch mit Gott führen, in dem du ihm dein Herz ausschüttest und darüber sprichst, wie verraten und zornig du dich gefühlt hast. Dann höre mit deinem ganzen Herzen auf die Antwort, während du bedingungslose Liebe in dich hineinfließen lässt.
4. Bitte darum, dich an dein Seelensymbol erinnern zu können, und achte dann auf Zeichen und Synchronizitäten in deinem Leben. Wahrscheinlich hast du dein Symbol schon oft gesehen und es bisher nur nicht bewusst erkannt. Wenn du dein Seelensymbol – den Schlüssel zu deiner Seele – findest, wirst du das merken. Das wird ein »Aha«-Erlebnis sein – ein Augenblick, in dem sich viele Türen für dich öffnen.

Sobald du dein Seelensymbol wiederentdeckst (das kann eine Zahl, eine geometrische Figur oder ein Bild sein, es kann dir in physischer oder feinstofflicher Form begegnen), solltest du es in dich aufnehmen oder vor deinem inneren Auge sehen und folgende kleine Übung machen:

1. Nimm dir fest vor, dass dein Leiden jetzt beendet sein soll. Lass dein Leben in Gedanken noch einmal an dir vorüberziehen und sei dabei ganz ehrlich zu dir selbst. Halte dir vor Augen, was in diesem Leben gut gelaufen ist und was nicht. Falls erforderlich, verzeihe dir selbst und anderen Menschen noch einmal. Mach das, was du gelernt hast, als Wissen zu einem starken Fundament für dein zukünftiges Leben. Du hast in dieser Existenz und in früheren Inkarnationen SEHR VIEL gelernt. Sobald du dir über dieses Fundament (das dich zu dem Menschen gemacht hat, der du heute bist) klargeworden bist, solltest du es akzeptieren und bedingungslose Liebe in dich hineinfließen lassen. Liebe

jeden Augenblick deines Lebens – die guten ebenso wie die schlechten Tage.

2. Lege eine deiner Hände mit der Handfläche nach unten auf deinen Nabel (dein drittes Chakra) und die andere Handfläche auf deinen Hals (dein fünftes Chakra). Dann sprich die untenstehenden Worte vor dich hin und SPÜRE sie (und die damit verbundenen Emotionen) in deinem Körper. Du musst die Energie dieser Worte spüren – denn wenn sie nicht von der Energie deiner Emotionen erfüllt sind, handelt es sich dabei einfach nur um leere Worte.

Ich lebe die Wahrheit! (3. Chakra)
Ich spreche die Wahrheit! (5. Chakra)
Ich bin die Wahrheit! (4. Chakra)

Dann wechselst du die Position deiner Hände im Uhrzeigersinn: Das heißt, du legst die Hand, die vorher auf deinem Nabel lag, jetzt auf deinen Hals, und umgekehrt. Wiederhole den oben beschriebenen Vorgang noch einmal und nimm dir Zeit dafür. Sprich die Worte im Rhythmus deiner Atemzüge und SPÜRE SIE. Als letzten Schritt legst du beide Handflächen auf dein Herz und atmest dieses Symbol ein. Werde eins mit deinem Seelensymbol und akzeptiere es als einen Teil von dir.

3. Nun stellst du dir vor, wie dieses Symbol zu deinem höheren Selbst aufsteigt, um dir das Wissen zu erschließen, das dein höheres Selbst jahrhundertelang für dich aufbewahrt hat. (Denn dein Seelensymbol ist der Schlüssel dazu.) Das Symbol verschmilzt jetzt mit deinem höheren Selbst und deinem Körper (Schlüssel + Wissen deiner Seele). Damit vereint dein Seelensymbol zwei auseinandergebrochene Teile deiner Seele

wieder miteinander und holt sie in deinen physischen Körper zurück. Dadurch wirst du wieder ganz.

Stell dir vor, dass du mit deinen Brüdern und Schwestern am Feuer stehst und dir das zurückholst, was du so lange versteckt hattest.

Wenn du das ehrlich und von ganzem Herzen tust, erlaubst du dir, künftig ohne Angst zu leben und zu fühlen. Damit begibst du dich auf eine neue Reise. Von nun an wirst du all deine physischen Aufgaben in einer Haltung der Ehrlichkeit und Integrität erfüllen. (Ich lebe die Wahrheit!) Du wirst dich stets in ehrlichen Worten ausdrücken und niemals Lügen oder leere Versprechungen machen. (Ich spreche die Wahrheit!) Du wirst zu deinem wahren Ich werden, und das Tor zu den uralten Wahrheiten wird dir offenstehen. Du wirst zu einer Verkörperung der Frequenz der Wahrheit werden (Ich bin die Wahrheit!) und mit deinem Funken auch andere Menschen für diesen Weg entflammen.

Wenn du dich von deinen alten Flüchen lossagst, beendest du den Bumerangeffekt, der dazu führt, dass immer wieder Blockaden in deinem Leben auftauchen. Die Entdeckung deines Seelensymbols öffnet dir das Tor zu der uralten Bibliothek der Weisheit, die in deinem höheren Selbst verborgen liegt. Das ist dein Weg nach Hause. Manchmal muss man denselben Weg zurückgehen und die zerbrochenen Teile seiner Seele wieder zusammenfügen, um die wahre Essenz seines Wesens zu finden und weiterzukommen.

11

Das Quantenfeld unbegrenzter Möglichkeiten

»Die Zukunft ist nicht in Stein gehauen.
Sie liegt in deinen Händen.«

Vertrauen ist der Schlüssel, und innere Führung ist die Landkarte, die dich in ein Quantenfeld unbegrenzter Möglichkeiten hineinführt. Du kannst selbst entscheiden, ob du in diesem Quantenfeld leben möchtest, und darauf vertrauen, dass sich alles in deinem Leben so entwickeln wird, wie es soll. Wenn du Vertrauen hast, versuchst du den Ausgang der Ereignisse in deinem Leben nicht zu beeinflussen. Dann ist dieser Ausgang ein göttliches Ergebnis deines Vertrauens. Wir fragen dich nun: Willst du dich nach allem, was du durchgemacht hast, für eine weitere Reise in ein Land neuer Möglichkeiten öffnen? Wirst du dich sicher genug fühlen, dir dein Seelensymbol zurückzuholen? Wirst du auf das Wissen vertrauen, das dein höheres Selbst dir vermittelt? Wirst du Vertrauen zur göttlichen Führung haben?

Wenn du diese Fragen mit Ja beantwortest, stehen wir dir auf diesem Weg zur Seite und überschütten dich mit bedingungsloser Liebe.

Wirf einen Blick zurück in deine Vergangenheit. Du bist schon oft gescheitert, weil du kein Vertrauen hattest. Die Inkarnationen, in denen du auf die göttliche Führung vertrautest, manifestieren sich in deinem jetzigen Leben nicht als Blockaden. Die Erinnerungen an diese Existenzen sind tief in deinem Inneren verborgen und warten dort auf dich, so wie ein unendlich kostbares, verstaubtes altes Buch in der dunkelsten Ecke der Bücherei versteckt steht. Diese Erinnerungen werden so lange auf dich warten, bis du bereit bist, sie aus ihrer Versenkung hervorzuholen. Sie sind mit der göttlichen Führung verbunden, damit du ihre wahre Bedeutung verstehen kannst. So sind die *Smaragdtafeln* beispielsweise nutzlos für dich, solange du nicht so weit bist, sie mit göttlichen Augen zu betrachten und nicht mit den Augen deines menschlichen Egos.[8]

Der nächste Schritt

Wenn du dein Ego neutralisierst, machst du es dir zum Verbündeten, und es ist nicht mehr dein narzisstischer Beschützer.

---

[8] Eine wundervolle Ausgabe der *Smaragdtafeln von Thoth dem Atlanter* gab, aus der Ursprache übertragen, der Amerikaner Doreal heraus. Sie erschien auf Deutsch in der Edition Assunta im Koha Verlag. Das bekannteste Channelmedium für Durchsagen von Thoth in Deutschland ist Kerstin Simoné. Leseproben ihrer neuesten Bücher *Das Kristall-Chakra*, *Der Transformationsschlüssel* und *Im All-Tag* finden Sie auf www.AmraVerlag.

Durch die Heilung deiner früheren Existenzen und Seelenverletzungen erreichst du die Zahl 8 der Fibonacci-Sequenz. Dann wirst du zu Gott. Du bist jetzt nur noch einen Schritt von der Erreichung des Surrogatgotts Kristall entfernt und dem Ziel, deinen Anker aus dem Kristall herauszuziehen, damit einen Schritt nähergekommen. Deinem ursprünglichen Lebensplan zuvor hättest du diese Stufe niemals erreichen können, solange du noch in deinem physischen Körper weilst. Das hätten die Söhne Belials womöglich als Bedrohung empfunden. Sie hätten dann vielleicht geglaubt, dass du hinter ihre finsteren Pläne gekommen bist. Doch die Regeln haben sich geändert, da wir in einer Zeit stärkerer spiritueller Unterstützung leben, so dass du dich an deine wahre Identität erinnern kannst. Dadurch können einige von euch diese Bewusstseinsstufe bereits in eurem physischen Körper erreichen.

Die Söhne Belials wussten, dass die Zukunft nicht in Stein gehauen ist. Man kann sie jederzeit verändern. Deshalb wird die dunkle Seite dich (sobald du dir deiner wahren Identität bewusst geworden bist) mit falschen Geschenken, falschen Prophezeiungen und falschen Channeling-Botschaften in Versuchung führen, und du wirst entweder Angst haben oder dich anderen Menschen überlegen fühlen oder das Gefühl haben, hinter irgendetwas herzujagen, was du niemals finden kannst, statt in bescheidener, neutraler Haltung auf deinem Weg zu bleiben.

Mach dir nichts vor: *Jesus wird kein zweites Mal auf die Welt kommen. Ihr seid ALLE JESUS.* Christus wohnt in eurem eigenen Inneren. Ihr seid die Schöpfer, die die Samen für eine neue Menschheit in die Erde legen. Diese neue Menschheit wird nicht aus den Samen entstehen, die ihr im Garten aussät oder die euch irgendjemand per Luftpost zusendet, sondern aus euren eigenen aktivierten Lichtcodes. Wenn DU dich veränderst, wirst du zu einem »neuen« Menschen. Wenn du die »drei Falltüren« überwindest, die ich in Kapitel 3 beschrieben habe, und dabei demütig und bescheiden bleibst, auf die göttliche Führung vertraust und dein inneres GPS darauf ausrichtest, der Menschheit zu dienen, bist du zu einem neuen Menschen geworden. Wenn deine Mitmenschen so leben möchten wie du – aus dem Herzen heraus und in einer Haltung der Ehrlichkeit, Integrität und bedingungslosen Liebe –, bist du zum Säer einer neuen menschlichen Rasse geworden.

Macht und Überlegenheit sind nicht von Dauer. Wenn die dunkle Seite dich nicht mehr braucht, wird sie dich fallenlassen, und du wirst Gott die Schuld daran geben. Du wirst glauben, dass er dir nicht hilft, dass er dich nicht liebt, dass er dich verraten hat und dich leiden lässt. Das ist in der Vergangenheit schon so oft geschehen. Aber ist Gott wirklich dieser »Er«, von dem du sprichst? Wem gibst du wirklich die Schuld an deinem Unglück? Hast du nicht zu große Angst, zuzugeben, dass du dich durch etwas in die Irre führen ließest, das du für Gott hieltest, weil es deinem menschlichen Ego gutgetan hat und dir vorübergehend das gab, was du dir »wünschtest«?

Gott ist weder Mann noch Frau. In deiner Dimension ist Gott die Unermesslichkeit bedingungsloser Liebe. In höheren Dimensionen ist Gott Frieden ohne jegliche Form – ohne Farbe, ohne Klang, ohne Emotion.

Gott *ist* einfach nur. Dieses »Es« hat viele verschiedene Sonnensysteme geschaffen, um deiner Seele die Erfahrungen zu ermöglichen, nach denen sie sich sehnt.

In welcher Form werden die alten Erinnerungen in dir aufsteigen?

Vielleicht wirst du Träume haben, es werden Erinnerungsfetzen vor deinem inneren Auge aufflackern, oder du wirst aus unerklärlichen Gründen von der Idee besessen sein, Atlantis zu finden. Stell dir vor, wie es wäre, wenn du dich hundertprozentig an deine Existenzen als Außerirdischer oder an das Wissen um hochentwickelte Technologien erinnern könntest!

Die Erinnerung an Jesus Christus ist auch nach über zweitausend Jahren noch in euch Menschen lebendig. Stell dir vor, was du alles schaffen kannst, wenn du das Christusbewusstsein in deinem Inneren zum Leben erweckt hast! Du nutzt auch heute noch Heilpflanzen – trotz allem, was dir in deiner früheren Existenz als weiser Frau widerfahren ist. Stell dir vor, was du alles für deine Mitmenschen tun kannst, sobald du dich hundertprozentig an das medizinische Wissen erinnerst, das in deinem Inneren eingeschlossen ist, und es zur Heilung von Krankheiten nutzen kannst, so wie du es in früheren Zeiten getan hast!

Das waren deine drei wichtigsten früheren Inkarnationen. Es gibt noch viele andere, aber diese drei haben deiner Seele am meisten geschadet. Nun, da du weißt, wie du deine Seele heilen kannst, kannst du dir diese alten Erinnerungen bewusst und gefahrlos ins Gedächtnis zurückrufen. Du hast dich in physischen Körpern verschiedener Hautfarben, Geschlechter, sexueller Orientierungen, Glaubensrichtungen und Religionen inkarniert. Warum? Weil die Menschen immer noch Grenzen *zwischen einander* errichten, mit dem Finger aufeinander zeigen und eine Religion für besser halten als die andere. Weil die Menschen sich schneller auseinanderentwickeln als zusammenzuwachsen. Du bist auf die Welt gekommen, um dieses Problem zu lösen und am Fundament für eine neue, bessere Menschheit mitzubauen.

Ein neuer Mensch

Nachdem du die Zahl 8 der Fibonacci-Sequenz erreicht und dich auf dieser Stufe stabilisiert hast, wirst du als Nächstes die Zahlen 13 und 21 erkunden. Du wirst mehrere Wiedergeburten durchlaufen, während der neue Mensch, der du bist, seine neue Persönlichkeit definiert. Dein neues Ich wird die DNA deiner Vorfahren nutzen und dabei trotzdem in einem menschlichen Körper leben. Dein neues Ich wird in der Lage sein, sich mühelos zwischen der dritten und fünften Dimension hin und her zu bewegen, so wie deine Vorfahren. Dein neues Ich wird nicht aus dem Verstand, sondern aus dem Herzen heraus leben und sein Einfühlungsvermögen und seine Gaben der Telepathie, des Hellhörens und Hellfühlens wirksam einsetzen können. Dein neues Ich wird mit dem Geist des Universums in Verbindung treten und neue Dinge erfinden, um die Erde zu einem besseren Ort zu machen.

Bevor die Mayas eure Dimension verließen, haben sie euch ein Geschenk hinterlassen: Sie schufen einen Kalender, der allem Anschein nach mit dem Jahr 2012 endet, um euch wissen zu lassen, dass ihr euch jetzt in einer Phase energetischer Neuanfänge befindet. Du hast nun die Wahl: Möchtest du ein neuer Mensch werden, der sich seiner uralten Fähigkeiten voll und ganz bewusst ist, und grenzenlose Möglichkeiten erschaffen, um deine Realität zu verändern, oder willst du die Geschichte wiederholen und wieder von vorn anfangen?

Wenn du von einer Ebene der Angst aus agierst, erschaffst du eine Realität, die auf Angst beruht. Wenn du aus einer begrenzten Wahrnehmung heraus handelst, erschaffst du eine Realität, die auf Einschränkungen beruht. Und wenn du dich in deinem Handeln davon leiten lässt, »was du willst und was deiner Meinung nach das Beste für diese Welt ist«, schaffst du eine diktatorische Realität, die nur von einer einzigen Person beherrscht wird (auch wenn du eigentlich positive Absichten damit verfolgst). Aber was dir positiv erscheinen mag, empfindet jemand anders vielleicht als kontrollsüchtig.

Wenn du deine persönlichen Bedürfnisse voll und ganz beiseite schiebst und auf die göttliche Führung vertraust, handelst du aus bedingungsloser Liebe und erschaffst eine Realität, die auf bedingungsloser Liebe beruht. Das wird nicht für euch alle dieselbe Realität sein, sondern sie wird euren individuellen Bedürfnissen gerecht werden. In dieser Realität werden alle Menschen glücklich sein. Fleischesser werden beispielsweise ihr Steak zum Abendessen genießen, während Vegetarier ihre Spinat-Quiche essen. Und beide werden glücklich sein, statt sich gegenseitig zu verurteilen.

Bedingungslose Liebe ist die höchste Frequenz für den physischen Körper. Die Liebe ist ein Zaubertrank. Sie ist die Essenz, die hinter jedem Wunder steht. Liebe macht das Unmögliche wahrscheinlich. Liebe ist blind. Liebe ist atemberaubend. Liebe ist das, wonach wir uns letzten Endes alle sehnen, egal auf welcher Seite (Dunkelheit oder Licht) wir stehen.

Wir haben dieses Buch mit einer Liebesgeschichte begonnen und wollen es auch mit einer Liebesgeschichte enden lassen.

Der Sohn Belials verliebte sich in die Tochter der »Kinder des Gesetzes des Einen«. Eine Zwillingsflammenliebe wurde entfacht, und die Hoffnung wurde geboren. Die beiden haben ihre Meinungsverschiedenheiten überwunden und in ihrem Partner das erkannt, was ihnen in ihrem eigenen Inneren fehlte. Sie vervollkommneten einander und machten sich gegenseitig ganz. Sie verzichteten auf ihre individuellen Träume und fanden Harmonie in ihrem neuen Ziel, den Himmel auf Erden zu erschaffen, indem sie zu *Frequenzhaltern bedingungsloser Liebe* wurden.

Die beiden begaben sich auf eine Reise gegenseitiger Heilung und heilten damit auch die Geschichte ihrer Vorfahren. Gemeinsam lernten sie, dass niemand besser ist als jemand anders und dass es keinen Grund gibt, jemandem wegen seiner Vergangenheit Vorwürfe zu machen. Durch die Heilung der Geschichte ihrer Vorfahren ist ein Katalysator in ihrem Leben entstanden. Man brauchte die beiden nur anzusehen, um zu erkennen, dass sie der Inbegriff des Glücks und gegenseitigen Respekts waren. Sie beschlossen, ein spirituelles Zentrum zu gründen, um auch anderen Menschen bei ihrer inneren Wandlung zu helfen. In diesem Zentrum lehrten sie das uralte Wissen ihrer Vorfahren in einer Haltung bedingungsloser Liebe. Doch diejenigen, die nicht zu dieser Wandlung in der Lage waren, weil ihr Ego ihnen dabei im Weg stand, gaben dem Sohn Belials und der Tochter der »Kinder des Gesetzes des Einen« die Schuld an ihrem persönlichen Versagen.

Der Sohn Belials und die Tochter der »Kinder des Gesetzes des Einen« hatten Vertrauen zueinander und folgten der göttlichen Führung. Sie wussten, dass sie den Menschen, deren Seelen nicht bereit dafür waren, nicht helfen konnten. Statt sich darüber aufzuregen, sprachen sie oft miteinander über ihre Gefühle und unterstützen sich gegenseitig mit bedingungsloser Liebe. Sie waren weise und ausgeglichen, und so wurden sie allmählich alt. Als ihre Lebenszeit zu Ende ging, hatten sie ihre Seelen vollständig geheilt. Sie waren jetzt bereit, ihre Energie aus dem Surrogatgott Kristall zu befreien und nach Hause zurückzukehren. Ihr spirituelles Zentrum hatte sich inzwischen etabliert und wurde von wahren Lehrern geleitet, die sie selbst ausgebildet hatten, damit auch nach ihrem Tod immer wieder neue Menschen, die auf der Suche waren, dorthin kommen konnten, um sich unterweisen zu lassen.

Der Kreislauf dieser beiden Seelen war abgeschlossen. Als sie eines Nachts im Bett lagen, fassten sie sich bei den Händen und wussten beide gleichzeitig, dass sie nun für ihre nächste Reise bereit waren. Sie waren froh und glücklich, als ihre Seelen ihre Körper verließen. Diesmal schwebten ihre geheilten Seelen sehr weit in die Höhe und verfingen sich nicht im vierdimensionalen Himmel, sondern reisten zu ihren Seelenfamilien im Orion und in den Plejaden, um einige Zeit dort zu verbringen, bevor sie sich auf ihre neue Reise des Einsseins mit dem Universum begaben. Damit war ihre irdische Reise abgeschlossen.

Wir lieben euch bedingungslos.

Die Plejaden

Danksagung

Segnungen werden uns auf verschiedenste Art und Weise zuteil, und zwar meistens dann, wenn wir am allerwenigsten damit rechnen. Für mich war es der größte Segen, die Plejader als Teil meiner Familie und meines täglichen Lebens zu akzeptieren. Das hat nicht nur mir ein Tor zu unendlichen Möglichkeiten geöffnet, sondern auch allen anderen Menschen, denen ich auf dieser Reise begegnet bin und die mutig genug waren, unter Anleitung der Plejader durch dieses Tor zu gehen und den grenzenlosen Spielplatz namens Leben zu betreten. An dieser Stelle möchte ich allen meinen Freunden und Klienten ein herzliches Dankeschön sagen. Ihr habt mich dazu inspiriert, dieses Buch zu schreiben. Möget ihr mit Glück, Gesundheit und innerem und äußerem Reichtum gesegnet und stets von bedingungsloser Liebe umgeben sein!

Außerdem danke ich meinem plejadischen Redaktionsteam, das mir bei der Arbeit an diesem Buch geholfen hat: Katie Thicke gebührt ein herzliches Dankeschön für die Erstredaktion der englischen Textfassung und dafür, dass sie meinen

Worten einen Sinn eingehaucht hat. (Wie ihr ja inzwischen wisst, ist Englisch nicht meine Muttersprache, und deshalb kann ich mich darin nicht immer so klar ausdrücken, wie ich gerne möchte.) Sie hat mich immer wieder zum Weiterschreiben ermutigt, wenn ich das Gefühl hatte, auf eine Blockade gestoßen zu sein, wollte die Geschichte aus möglichst vielen verschiedenen Blickwinkeln hören und hat den Plejadern viele Fragen gestellt. Meinem Mann Tom Marquez und meiner Tochter Eva Marquez danke ich für ihre geduldige Bearbeitung der zweiten und dritten Rohfassung des Manuskripts, dafür, dass sie diese Geschichte mit mir durchlebt haben, und für die vielen wunderbaren Gespräche, die sich daraus ergaben. Diese Augenblicke werden mir für immer in lieber Erinnerung bleiben. Dank gebührt auch meinem Sohn Ethan Marquez, der mir mit seinen hervorragenden Computerkenntnissen weitergeholfen und ebenfalls an der Redaktion dieses Buches mitgewirkt hat.

Großen Dank schulde ich meiner Freundin und wahren Lehrerin Ann, die ich schon seit vielen Existenzen kenne. Sie hat mir geholfen, mich an die Liebe Gottes zu erinnern, die ich lange nicht annehmen konnte, weil ich zu große Angst davor hatte. Die Plejader haben mir nicht verraten, dass Ann eine Frequenzhalterin bedingungsloser Liebe und göttlichen Friedens ist. Sie haben einfach nur hinter den Kulissen die Strippen gezogen und dafür gesorgt, dass wir beide eine Zeitlang denselben Weg gingen, so dass ich meine menschlichen Ängste ablegen konnte und mich entschieden habe, die gleiche Frequenz zu verkörpern. Bei einem unserer Besuche haben wir den Heilungscode der Plejader heruntergeladen. Ann hat mir beigebracht, die Lebensmuster zu erkennen und zu heilen, um die es in diesem Buch geht.

Meinen aufrichtigen Dank möchte ich David R. Hawkins für sein großartiges Buch *Das All-sehende Auge* aussprechen. Unter

Anleitung der Plejader habe ich die Bewusstseinsskala studiert, die der Autor in diesem Buch beschreibt.

Renata Jokl möchte ich für ihre Freundschaft danken. Dank ihren ungewöhnlichen Fähigkeiten als Akupunkteurin konnten wir zusammen auf Meditationsreisen gehen. Außerdem bin ich ihr dankbar für ihre Liebe zu den Plejadern, für das köstliche Frühstück, das sie mir immer zubereitet, wenn ich mal eine kleine Pause brauche, und unsere anregenden Gespräche.

Auch bei meiner Seelenfamilie in Charleston möchte ich mich herzlich bedanken – nicht nur bei den Angehörigen, die immer noch hier leben, sondern auch bei denen, die weggezogen oder ins Jenseits hinübergegangen sind. *Ihr seid meine Seelenfamilie.* Ich bin dankbar für unsere sehr persönlichen Gespräche, unsere Diskussionen über Aliens, unseren Heilkreis und all die gemütlichen Treffen und Potluck-Dinners. Ich liebe euch alle bedingungslos.

Ein ganz besonderes Dankeschön geht an Michael Nagula, den AMRA Verlag und sein wunderbares Team. Ich danke euch für die Chance, die ihr Autoren gebt! Die Plejader und ich sind euch sehr dankbar für alles, was ihr damit nicht nur für uns, sondern für die ganze Menschheit tut.

Verzeichnis der auf CD enthaltenen Übungen und Meditationen

Begleitend zu meinen Büchern sind bisher sieben CDs erschienen, die allerdings nur in deutscher Sprache bei AMRA vorliegen. Sie enthalten Anbindungen an unsere Sternenfamilie, Seelenheilungsreisen und zahlreiche Hilfsmittel für das Erwecken unserer verloren geglaubten Fähigkeiten. Die CDs können auch unabhängig von den Büchern verwendet werden. *DNA-Aktivierung* beruht auf zwei Meditationen, die ich in der Sprache des Lichts channelte. Dazu habe ich Einführungen und eine Anleitung geschrieben, die nur auf dieser CD zu finden sind. Die Übungen auf *Kontaktaufnahme* wurden von verschiedenen Völkern unserer Sternenfamilie übermittelt, damit wir unsere Seelenheimat finden können. *Seelenheilung* konzentriert sich auf atlantische Übungen und wird eingeleitet durch eine Plejaden-Botschaft meiner Freundin Pavlina Klemm. *Heilungscode* 1 bis 3 machen es stufenweise möglich, uns an unsere göttliche Schöpferkraft zu erinnern. Auch auf diesen drei CDs spricht Pavlina ihre Beiträge stets selbst. Die CD *Heilungscode Reiner Klang* komponierte Michael Reimann nach meiner ausführlichen Seelenhöhlen-Meditation, die nur dort im Booklet abgedruckt ist.

Heilungscode der Plejader (Reiner Klang)

Klangmeditation zur Erweckung deiner atlantischen Energien

72 Minuten, ISBN 978-3-95447-393-9
Musik von Michael Reimann

für Behandlungen und die Energiearbeit sowie zur Raumreinigung – mit exklusiv gechannelten Meditationsanleitungen von Eva im Zwölf-Seiten-Booklet.

Heilungscode der Plejader (CD 1)

Aktivierung atlantischer Schwingungen und des Seelensymbols

78 Minuten, ISBN 978-3-95447-384-7
Musik von Sayama

1. Aktiviere den Heiler oder die Heilerin in dir (19:11) – *Botschaft der Lichter des Universums*
2. Wie du den Schlüssel zu deiner Seele findest (11:57)
3. Öffne das Tor zu deiner Vergangenheit (16:58)
4. Neue Klangmeditation der Plejader (20:39) – *Reiner Klang, nur auf dieser CD*
5. Die Menschheit darf heilen! (9:16) – *geschrieben & gesprochen von Pavlina Klemm*

Heilungscode der Plejader (CD 2)

Meditationen zur kosmischen Liebe und Heilung der Zeitlinien

78 Minuten, ISBN 978-3-95447-388-5
Musik von Sayama

1. Die Liebe ist das Wichtigste, was es gibt! (7:53) – *geschrieben & gesprochen von Pavlina Klemm*
2. Einführung: Die Eröffnung des Siegels (3:11)
3. Meditation in dreizehn Schritten (41:40)
4. Heilung deiner Zeitlinien (11:44)

5. Schlusswort der Plejader (3:50)
6. Plejadische Heilmusik von Sayama (9:17) – *Reiner Klang, nur auf dieser CD*

Heilungscode der Plejader (CD 3)

Selbstheilung und Anbindung deiner außerirdischen Seelenanteile

79 Minuten, ISBN 978-3-95447-392-2
Musik von Sayama

1. Dein Aufstieg ins höhere Bewusstsein (5:29) – *Botschaft der Lichter des Universums*
2. Meditation »Same des Lichts« (16:03)
3. Erzählung »Der Türkisgarten« (5:56)
4. Meditation »Der Türkisgarten« (33:06)
5. Dein Zeitreise-Training (6:44)
6. Dich selbst akzeptieren (5:24)
7. Deine außerirdischen Anteile (3:37) – *geschrieben & gesprochen von Pavlina Klemm*
8. Lichtvoller Ausklang von Sayama (2:38) – *Reiner Klang, nur auf dieser CD*

DNA-Aktivierung durch die Sprache des Lichts

Seelenheilung und Wiederanbindung an unsere kosmische Familie

71 Minuten, ISBN 978-3-95447-348-9
Musik von Thaddeus

1. Die Erweckung deiner Sternenkind-DNA (7:45)
2. Worum es bei der ersten Seelenreise geht (1:36)
3. Worum es bei der zweiten Seelenreise geht (4:54)
4. Vorbereitende Übung für die Meditationen (6:03)
5. Erinnerung, Wiederanbindung, neues Erwachen (22:38) – *Geführte Meditation in Lichtsprache*
6. Plejadischer Heiltempel: Seelenheilung und Verjüngung (28:15) – *Geführte Meditation in Lichtsprache*

Kontaktaufnahme mit der kosmischen Familie

Energetische Übungen verschiedener Sternenvölker

78 Minuten, ISBN 978-3-95447-268-0
Musik von Sayama

1. Seelenruf der Sternenfamilie (5:17)
2. Heilende Lichtcodes der Plejader (4:38)
3. Werde zum Pendel (4:20) – *Andromeda*
4. Finde deinen Schutzbaum (7:20) – *Plejaden*
5. Lege deine Traurigkeit ab (6:22) – *Sirius*
6. Wähle deinen galaktischen Geistführer (13:03) – *Centaurus*
7. Reinige dein Energiefeld (7:35) – *Epsilon Eridani*
8. Vergib anderen und dir selbst (13:57) – *Lyra*
9. Aktiviere die Tiere in deinem Leben (4:39) – *Centaurus*
10. Wie arbeitet man bewusst mit seiner Energie? (5:10)
11. Deine Zusammenarbeit mit den Plejadern (4:42)

Seelenheilung und energetischer Schutz

Anleitungen der Plejader zur Durchlichtung mit kosmischer Liebe

78 Minuten, ISBN 978-3-95447-381-6
Musik von Sayama

1. Kosmische Liebe durchleuchtet jegliche Existenz auf der Erde (15:04) – *Botschaft der Plejader, empfangen & gesprochen von Pavlina Klemm, nur hier auf CD*
2. Aufladung mit bedingungsloser Liebe (7:37)
3. Öffnen und Schließen deines Energiefeldes (13:19)
4. Befreiung von Ängsten und unguten Gefühlen (6:43)
5. Selbstakzeptanz und ein glückliches Leben (11:16)
6. Aufhebung von Flüchen und Weg ins Licht (6:39)
7. So arbeitest du mit dem Lichtsymbol (8:37)
8. Plejadische Klangmeditation (8:47) – *Reiner Klang, nur auf dieser CD*

Alle sechs Übungs-CDs liegen auch als Audio Books zum Streamen und für den Download vor.

Eva Marquez

HEILUNGSCODE DER PLEJADER 2

Kosmische Liebe, Projekt Erde und die Heilung der Zeitlinien

AMRA Verlag, ISBN 978-3-95447-386-1
Hardcover, Motiveinband, Leseband, 224 Seiten
22,99 € [D] / 23,70 € [A]; auch als eBook erhältlich!

Unser Universum ist intelligente Energie, ein einziger brillanter Geist. Das wusstest du, bevor du auf die Erde kamst. Erst hier erfolgte deine Aufspaltung in Ego, Seele und Geist. Und jetzt ist der Zeitpunkt gekommen, an dem du die uralte Wahrheit endlich wieder sehen kannst.

Aus Wissen wird Weisheit geboren. Weisheit führt dich zu deinem Seelengedächtnis, und dein Seelengedächtnis aktiviert dein inneres Potenzial. Der Schlüssel dafür ist die kosmische Liebe.

Das Buch enthält eine Fülle von Schilderungen und Übungen: Was hat es mit dem Projekt Erde auf sich? Was wurde eigentlich aus Atlantis, Lemurien und den Essenern? Weshalb hilft es jedem Einzelnen von uns, mit der Galaxis zu kommunizieren? Wie können wir uns an das neue Kristallgitternetz von Mutter Erde anbinden? Und wie können wir ein Feld unbegrenzter Möglichkeiten aufbauen und unsere Zeitlinien heilen? Auf welche Zukunft dürfen wir uns freuen?

Im Mittelpunkt stehen dreizehn Schritte, um das Siegel zu eröffnen, damit sich unsere Seele an ihr altes Wissen erinnern kann, das sie während ihrer vielen Inkarnationen angesammelt hat.

»So viel altes Wissen kehrt zurück.
Wenn wir es anwenden, macht es uns wieder ganz.«

Aus dem Vorwort von Pavlina Klemm

Jetzt bestellen auf www.AmraVerlag.de.

Eva Marquez ist als Lebensberaterin und Heilerin, Lehrerin und Buchautorin tätig. Bei ihrer spirituellen Arbeit greift sie auf ihre plejadische Sternenkind-Energie zurück. Sie erinnert sich an die Sprache des Lichts und verfügt noch über einen großen Schatz weiterer uralter Seelenerinnerungen. Bei ihrer Arbeit stehen ihr ihre Geistführer zur Seite, die *Lichter des Universums*, eine Gruppe von Lichtwesen aus verschiedenen Sternenvölkern (unter anderem von den Plejaden). Sie arbeitet aber auch mit ihrem höheren Selbst, mit dem sie hin und wieder andere Menschen im Traum oder während der Meditation besucht, um ihnen zu helfen oder sie bei ihrem Heilungsprozess zu unterstützen.

Eva hat es sich zur Lebensaufgabe gemacht, die Menschen über ihre persönlichen Fähigkeiten aufzuklären, damit jeder sein eigener Guru werden kann. Sie bringt euch auch Erinnerungen an die unendliche Liebe Gottes. Liebe ist das wichtigste energetische Werkzeug, das wir besitzen. Eva versucht Menschen, die der Heilung bedürfen, auf allen Ebenen zu helfen. Zum Beispiel arbeitet sie mit Patienten, die an unheilbaren Krankheiten leiden, und mit schwangeren Frauen, die Kinder mit Geburtsfehlern erwarten. Sie hilft außerdem Menschen, die in einen Zustand tiefer Depression oder Verzweiflung verfallen sind, jegliche Hoffnung verloren haben, von Ängsten gequält werden, sich einsam fühlen oder körperlich und seelisch missbraucht wurden, und auch für alle anderen Menschen, die ihrer Hilfe oder Anleitung bedürfen, ist sie da. Mithilfe der besonderen Fähigkeiten, die sie ihrer uralten plejadischen DNA verdankt, unterstützt sie Sternenkinder dabei, ihre eigene DNA und ihre Erinnerungen zu aktivieren und mit ihren Seelenfamilien in Kontakt zu treten. Sie ist auf der Welt, um dir zu zeigen, dass es »LICHT am Ende des Tunnels« gibt und dass wir durch LIEBE zu diesem Licht gelangen können.

Eva möchte dir deine besonderen Fähigkeiten bewusst machen, damit du dein eigener Lehrer werden kannst. Außerdem bringt sie dir Erinnerungen an die unendliche Liebe Gottes und ruft das Wissen in dir wach: LIEBE ist das wichtigste energetische Werkzeug, das wir besitzen.

---

www.EvaMarquez.org
